우울의 힘

우울증은 무엇이며 어떻게 극복해야 하는가?

| 정신과 전문의 **유정희** 지음 |

하나醫學社

목차

우울의 힘

모든 방어 기제가 해체되고 모든 가면이 벗겨지고
가장 순수한 상태로 되돌아가는 것.
무방비 상태로 적대적인 세상 앞에서 기절해 쓰러지는 것.
무서운 적 앞에서 벌렁 자빠져서 죽은 척 하는 것.
움직이지 않는 곤충에 흥미를 잃고 마는 적들을 만나면
그들은 살아남는다.
그것이 그 유전인자가 이토록 질기게 살아남은 이유다.

잡아먹히거나 살아남거나 이미 아무런 차이도 없는 상태로
되돌아가는 순수함.
그것이 우울증이라고 하면 당신은 믿겠는가?
너무나도 큰 적대적인 세상 앞에서 발가벗겨진 자신을
방어조차 하기 싫은 오만함.
그러려면 그래라, 그러려무나.
너희들은 그러려무나.
내 살을 갉아먹고 피를 빨아먹고 맘대로 하려무나.
난 너희들과 대적해 싸워 이길 힘이 없다는 걸 인정해.
아니 너희들과 싸운다는 게 얼마나 처절하고도 더러운 짓인지도 다 알지.
그래 너희들은 잘 났고 난 능력이 없지.

본래 잘못된 세상에서 싸워 이긴다는 게 무슨 의미가 있겠어.
속에 음흉한 분노와 오만까지 감춘 채 의연하고도 점잖은 척 한다.

모든 종교의 기본원리와도 닮았다.
너무나도 철학적이고 초월적이기까지 하다.
그리고 그 패배게임엔 묘한 쾌감까지 있다.
그 묘한 쾌감에 중독된 그들은
스스로를 괴롭히고 죽이고 마약에 취하고 술에 취한다.

우울은 세상의 빛을 위해 그림자가 되어주는 무능력한 어머니.
때가 되어 살아남을 수 있게 힘을 비축해주는 개미들의 창고.
의미를 찾는 자들에게 종교적 화두를 제공하는 존재의 본질적 양태.
그러니 우울은 자연선택의 힘이 아닌가?

양심선언, 나도 환자다.

내가 정신과 의사를 안 했더라면 무엇이 되었을까 하고 자문해 본다. 아무리 생각해 보아도 난 정신과 환자가 되어 정신과를 들락거리면서 치료 받느라고 바빴을 것 같다. 정신과와 나와는 전생의 인연으로 강하게 묶여있는 그런 느낌이 드는 것이다. 환자들을 볼 때 그들이 내 일부분처럼 느껴지기도 하고 언젠가 똑같은 경험을 해본 것도 같다. 그리고 내가 오히려 그들 환자들에게서 치료 받고 있다는 생각까지 든다. 그러니 난 영락없는 환자가 아닌가?

우리가 의사면허를 따고 전공과목을 정할 때만(1979년) 해도 좀 또라이(?)기질이 있는 의과대학생들이 정신과를 택한다고 노골적으로 말하는 사람들이 있었다. 실제로 정신과를 선택한 많은 의사들이 이미 자신의 정신적 문제를 인식하고 관심을 갖다보니 학문적으로도 관심이 생겨 정신의학을 선택한다는 보고들도 있다. 스스로 고쳐보려는 노력의 일환으로 말이다. 일리가 있는 이야기다. 또 정신과 의사들이 환자들과 같이 지내다 보니 비슷해진다고 말하는 사람들도 있었다. 이 또한 일리가 있다.

그러나 심리학이란 인간에 대한 가장 근본적인 학문이다. 자기 문제가 있건 없건, 인간 근본 문제에 호기심을 갖지 않는 사람도 있을까? 자기 자신을 알고 싶은 사람, 인생을 알고 싶어하는 사람들은 모두 정신의학, 심리학에 관심을 갖는 것이 당연한 일이다. 다행히 요즘은 의사 지망생들에게 정신과가 인기란다. 육체노동을 기피하는 현상 때문인지 정신과 환자가 많아지고 인식이 달라져서 그런지 과거 같은 편견은 사라진다고 하니 다행이다.

모든 사회적 흐름, 경제의 흐름, 심지어 역사의 흐름까지도 실은 심리적 흐름과 강한 연관성을 가지니 심리학이란 꼭 자기 문제가 있지 않더라도 인간 행동과 문화를 이해하는 데 또한 역사, 사회뿐 아니라 경제를 이해하는데도 많은 도움이 되는 기초학문이다. 사실 모든 인문학 중에서 가장 기본이 되는 것 중의 하나가 심리학이고 그것을 질병의 차원으로 접목시킨 것이 정신의학이니 정신의학이야말로 모든 의학 중에 기본이 아닐까 생각해본다. 보통 의학적 지식보다는 인간의 심리를 잘 아는 의사가 명의가 되는 경향이 있다. 사람의 병을 치료한다는 것은 몸만 고쳐서는 안 되고 몸의 변화에 상응하는 정신의 변화를 감지하고 고쳐야 하기 때문이다.

몸과 마음을 분리시켜 이원론적으로 보면 정신과는 다른 과와 전혀 다르다고 볼 수도 있겠지만 몸과 마음은 결국 하나라는 것이 최근의 뇌 연구를 통해 증명되어 가고 있다.

아직은 마음을 물질적인 것으로 설명하는 데 한계가 있지만 언젠가는 뇌의 변화와 물질로 설명될 날이 올지도 모른다. 그렇다고 하여 심리학적 설명이 전혀 필요 없어지는 것은 아니다. 어떤 현상이나 증상을 아무리 생리적으로, 생화학적으로 설명해 본다 해도 역시 심리적인 설명으로 이해해야 할 부분이 남는다. 마음이라는 추상적인 변화를 설명하는 데는 언어라는 도구를 사용해야 하는데 언어 자체는 물질로 환원해서 설명할 수가 없기 때문이다. 어떤 현상을 심리학적으로 보느냐 생물학적으로 보느냐 하는 건 사실 같은 것을 이 방향에서 보느냐 다른 방향에서 보느냐의 차이일 뿐 본질적 차이는 없다고 생각한다. 뇌의 조작을 통해서 심리상태도 바꿀 수 있듯이 심리적인 변화를 통해서 뇌의 영상도 변화시킬 수 있다. 마음이 물질을 변화 시키고 물질이 마음을 변화시킨다고 하면 이해할 수 있다. 마음과 물질은 상호작용을 하는 것이다. 아니 어쩌면 같은 것을 다른 단어로 말하고 있는 것일지도 모른다.

그러나 아직도 육체의 반응과 변화를 중시하는 다른 과 의사와 달리 정신과 의사는 상담을 주로 하므로 의학적으로 무식하다는 편견이 있다. 뇌 과학이 발달되고 정신과에서도 병의 원인을 뇌의 생의학적 변화로 설명하고 약물치료를 중시하게 된 만큼 간극이 좀 줄어들긴 했지만 아직도 일부 의사들은 정신과 의사들을 좀 이상한, 의사가 아닌 사람으로 취급할 때가 있다. 얼마 전 노골적으로 어느 신경과 의사가 정신과 의사들을 싸잡아 욕하고 폄하하는 일이 발생하기도 했다. 아는 것도 없으면서 무식하게 약물을 너무 많이 쓴다는 것이다. 기분 나쁜 일이기는 하지만 이런 편견이 생기게 되는 이유가 뭘까 생각해 봐야 한다. 정신질환에서는 뚜렷한 병리적 현상이 없다는 점이 가장 큰 비난의 원인이 되는 듯하다. 그럼에도 너무 많은 치료제들이 나와 있고 병의 본질이 밝혀지지 않은 것에 비해서는 치료효과가 큰 것이 그런 비난을 받게 되는 이유가 아닐까 생각해본다. 실제로 신경과 질환들은 병리현상이 비교적 뚜렷이 밝혀져 있으나 치료가 잘 되는 환자들은 드물다. 잘 낫지도 않는 환자들을 지켜봐야 하는 의사들로서는 비교적 치료도 잘 되고 환자들과의 관계도 좋은 정신과 의사들이 부러울 만하다.

다시 문제를 원점으로 돌리면, 정신과적 문제가 있는 사람들이 정신과를 선택하는 경향이 있다는 것을 받아들인다 해도 잘못될 것은 없다. 실제로는 정신적 문제가 있는 사람들이 정신과 의사가 되는 것이 그렇지 않은 사람들보다 환자들에게 도움이 되기 때문이다. 자기를 아는 사람들이 남들도 잘 이해할 수 있다는 점에서, 그리고 같은 병을 앓고 난 의사들이 병을 앓는 환자들에 대한 공감과 동정을 훨씬 잘 느낄 수 있다는 의미에서 그렇다. 단 그 질병을 극복했을 때 그렇다. 의사가 지속적으로 질병을 앓는 상태라면 환자들에게 별로 도움이 될 수 없다는 건 자명한 일이다. 병에 의해서 감정이 불안정하고 판단력이 저하된다면 그런 의사를 믿고 어떻게 치료를 받겠는가?

그러나 양심선언을 하자면 나도 나 자신이 완전히 정신적으로 건강하다고 장담할 수는 없다. 스스로 만성 우울증에 시달린다고 생각한 적이 많았기 때문이다. 편두통과 과민성 장증상도 있다. 심할 때는 항우울증 약을 스스로 복용해서 자가 치료도 해 보았다. 부작용을 알기 위해 혹은 치료적 효과를 보려고 약물테스트도 많이 해 보았다. 분석가가 되기 위한 교육과정으로 심리 분석치료도 받아보았는데 분석을 받다보면 자기 문제 뿐 아니라 환자의 입장을 이해하게 되어 환자 치료에 큰 도움이 된다.

다른 환자들과 다른 점이 있다면 정신과 의사로 증상을 어느 정도 알고 있어 스스로 통제하거나 치료하는 데 좀 용이했다는 점쯤 될까? 물론 아주 심할 때는 의사라는 직업을 그만 둬야하나 생각이 든 적도 있지만 그때마다 어떻게 위기를 넘기곤 했다. 완벽한 정신건강을 갖지 않았기 때문에 환자들에게 좋은 의사가 될 수 없었는지도 모른다. 의사가 하는 일이 뭐 그다지 중요한 역할이 아니라고 한다면 핑계를 대고 빠져나갈 수도 있지만, 만일 나로부터 좋은 치료를 못 받았다고 생각하는 환자들이 있다면 이 기회를 이용해서 지면으로나마 용서를 빈다.

어찌 보면 환자를 진료해야 하는 사람으로서의 의무감으로 항상 긴장하고 살았기 때문에 어느 정도 스스로의 증상을 통제할 수 있었던 것 같기도 하다. 사회적 인격이라는 페르조나(가면)가 항상 나쁜 것만은 아닌 듯하다. 그것이 없었다면 어쩌면 난 심하게 무너져 버렸을지도 모를 일이니까. 그렇다면 나를 지탱해 준 것은 환자들이었다는 게 분명하다.

그리고 고백하건데, 오히려 환자들에게서 힘을 얻고 그들이 나의 치료자가 되는 경우도 많았다고 생각한다. 정말로 많은 교훈을 주는 환자들이 있었다. 밑바닥까지 내려갔다가도 안간힘을 써서 그 위기를 극복한 사람들, 경제적으로도 힘들고 열악한 상황에서 병까지 앓으면서도 강인한 생명력으로 모든 것을 극복해 나가는 사람들이 정말로 많다.

병이 있다고 적응력이나 생명력이 약한 건 아니라는 것을 환자들을 보면서 깨닫게 된다. 증상은 그들이 나약하다는 표시가 아니라 오히려 살아내려는 노력의 부산물이며 그 증거다.

그것을 극복한 사람들은 스스로도 자신감을 얻고 인생에 대한 이해의 폭이 넓어졌다고 말한다. 그렇다. 실은 병은 인간을 강하게 만든다.

그 동안 우울증으로 고생하는 사람들을 많이 보면서, 또 치료되어 가는 과정을 지켜보면서 이제는 뭔가 도움 되는 말을 할 수 있지 않을까 생각하게 되었다. 또 나 스스로도 우울증을 극복하려고 많은 노력을 했으므로 치료 효과를 보이는 것들에 대해 어느 정도는 말할 수 있을 것 같다. 최근 일본에서는 스스로 우울증을 극복한 사람들의 수기가 출판되는 붐이 일고 있는데 그들은 한결 같이 우울증이 하나의 잠재력이라고 강조한다. 근면 성실하고 인내심과 책임감이 강한 사람, 완벽주의인 사람들이 잘 걸리는 우울증은 그들의 특성 자체가 성공하는데 유리하다는 의미에서 그것을 극복하기만 하면 큰 힘이 된다는 것이다. 물론 모든 우울증이 그들이 주장하는 것처럼 그렇게 엘리트들만 걸리는 건 결코 아니다. 그럼에도 분명 우울증을 극복하면 전쟁터에서 살아남은 군인들처럼 훈장을 하나 달았다고 생각해도 된다. 평생 빛날 훈장 말이다.

그런 의미에서 나는 우울증을 재조명해보고자 한다. 우울증은 좋은 병은 아니다. 고통스럽고 피할 수 있으면 피하는 게 좋은 질병인 것만은 확실하다. 그럼에도 아플 수밖에 없다면 적극적으로 치료하고 긍정적 의미도 받아들여야 한다는 것을 말하고 싶다. 극복할 수만 있다면 많은 의미를 지닌 고통이라는 것, 그리고 반드시 극복될 수 있는 병이라는 사실을 이야기하고 싶은 것이다.

또 우리 사회에 만연하는 정신과나 정신질환자에 관한 편견에 대해 말하려고 한다. 그런 편견으로 고통 받는 사람들이 얼마나 많은지 그것을 벗어날 길이 무엇인지 알아보려 한다.

세상 밖으로

세상이 내게서 너무나 멀다.
사람들이 너무나도 멀다.
신이 너무나도 멀다.

먼 먼 곳에서 모르는 이의 손짓,
먼 먼 안개성에서 모르는 이의 손짓,
바로 죽음의 손짓.

난 어느새 세상의 굴레에 속박 당하고
난 어느새 세상 그 밖으로 추방당했다.

분노가 우울로 변하고
그것은 내 생의 에너지를 모두 살라먹고

난 저 지하의 세계로 자꾸자꾸 빨려 들어가고 있다.

그 누구의 잘못도 아닌 채
난 신의 눈길 그 밖에서 헤매고
그 누구의 잘못도 아닌 채

난 세상 밖으로 추방당해 있다.

[1부]

우울증에 대한 이해

1장, 우울증은 어떤 병인가?
2장, 우울증은 얼마나 흔한 병인가?
3장, 우울증은 왜 생기나?
4장, 우울증은 왜 늘어나나?
5장, 우울증의 증례들

1장 우울증은 어떤 병인가?

우울한 기분을 모르는 사람은 없을 것이다. 우울은 왜 언제부터 있어 왔을까? 감정이라는 것이 존재했던 때부터, 우리가 태어난 직후부터, 인간의 역사가 시작된 후부터, 우울의 감정은 있어 왔을 것이다. 행복, 즐거움, 쾌감과 상반되는 불행, 고통, 슬픔은 우리에게 얼마나 익숙한 감정인가?

우울감을 유발하는 가장 흔한 원인은 상실감이다. 먹을 것이 없을 때, 몸이 아플 때, 사랑하는 가족을 잃었을 때, 사람들은 슬픔과 상실감을 느낀다. 사람만 상실감과 슬픔을 느끼는 것은 아니다. 동물들도 새끼를 잃으면 슬퍼하고, 집단에서 소외된 원숭이는 우울해 보인다. 아마 우리의 선조 원시인들도 먹을 식량이 없을 때나 가족들이 죽었을 때 우울의 감정에 휩싸였을 것이다. 아무리 명랑한 사람이라도 가족이나 친지가 죽으면 슬퍼지고 우울해진다. 현대인들은 직장을 잃거나 돈을 잃거나 실연당하거나 집단 사회에서 소외되었다고 느낄 때 우울해진다.

정서(Affect)는 감정의 외부적 표현을 말하고 기분(Mood)은 내면적인 감정 상태를 말하므로 우울한 기분은 정서의 장애가 아니라 기분의 장애라고 할 수 있다. 그래서 과거엔 우울증을 “정동장애(Affective Disorder)”라고 했는데 최근엔 “기분장애(Mood Disorder)”

라고 부른다. 기분장애는 기분이 비정상적으로 좋아지는 조증(Mania)과 나빠지는 우울증(Depression) 모두를 포함한다.

우울한 기분이라고 다 우울증은 아니다. 통상적인 우울한 기분과 병적인 우울증의 차이는 무엇인가? 기분장애는 "인지기능, 정신운동기능, 생리적 변화 뿐 아니라 대인 관계의 장애를 동반하는 기분의 장애"라고 정의한다. 단지 기분뿐 아니라 생리적인 변화를 동반하고 사회생활까지 지장을 주는 것을 병적이라고 보는 것이다. 기분도 나쁘고 몸의 느낌도 불쾌하고 슬픈 생각이 떠오르는 등 총체적인 불행감이 지속되어 일상생활에 방해를 주는 상태를 우울증이라 보면 되겠다.

우울증의 발생기전

우울증은 어떤 심리적 메카니즘으로 우리에게 생기게 되는 것일까?

간단히 몇 가지 학설을 얘기해 보기로 한다.

1) 다윈은 생물의 겉모양과 마찬가지로 정서나 행동도 진화한다고 생각했다.

인간을 비롯한 포유류는 새끼가 태어나 어미의 젖을 먹고 보살핌을 받아야 생존할 수가 있어서 엄마-아기 애착관계를 유지하는 것은 아주 중요하다. 아기가 자신의 배고픔이나 고통을 나타내기 위해 울거나 몸부림치는 행동을 하는 것은 적응 시스템으로 진화시킨 결과다. 이런 감정들은 "나를 먹여주세요", "나를 돌봐주세요" 하는 사회적 의사소통이며 생존을 위한 시그널로 작용하는 것이다. 우울증의 정서는 이런 시그널과 일맥상통한다.

유아는 자기를 돌보는 사람(주로 엄마)과 분리시켰을 때 처음엔 울고 흥분하는 저항 반응을 보이다가 어느 정도 시간이 지나면 주변에 흥미를 잃고 무기력해진다.(Bowlby) 이것이 바로 우울증의 원형이다.(Anaclitic Depression) 인간은 포유류 중에서도 가장 긴 보살핌을 받아야 생존할 수 있는 진화적 특징을 갖고 있다. 그래서 어머니와의 분리나 이별을 경험할 확률이 높아지고 따라서 절망감을 경험할 기회가 더 많아지게 된다. 성인이 된 후에도 이와 비슷한 상실을 겪게 되면 같은 절망감과 우울 반응을 보이게 되는 것이다.

2) 우울증에 대한 정신분석적 설명은 다음과 같다.

프로이드는 정상적인 슬픔과 우울의 유일한 차이는 자애심의 추락이라고 보았다. 슬픔은 무엇을 상실했는지 의식적으로 알지만 우울증에서는 자기가 무엇을 상실했는지 모른다. 사랑이나 애착의 대상이 사라지면서 그것에 부과되었던 에너지(리비도)를 철회시켜 안으로 투사하면서 잃어버린 대상과 자신을 동일화시킨다. 그리고 상대방에 대한 비난의 화살이 자기 자신에게 돌려져 자기를 비난하고 비하하게 된다. "네가 나를 버렸으니 너는 벌 받아야 돼. 너를 징벌하고 싶어," 라는 증오감이 자기에게 돌려져 "나는 벌 받아야 돼" 라는 마음이 된다. 자기 자신을 벌주고 응징하고 싶어지면서 동시에 자아가 사용할 삶의 에너지(리비도)가 고갈되면서 자기애도 없어진다. 자신은 쓸모없고 무능력하고 도덕적으로 타락한 사람이라고 비난하게 된다. 이렇게 우울증 환자는 대상에 관련된 상실감보다는 자아와 관련된 상실감을 호소하는 경향이 있다.

우울증에서 보이는 유아적인 특성에 대해 프로이드의 제자 칼 아브라함은 사랑의 대상을 잃은 결과 성숙한 자아에서 퇴행하여 유아기적 상태에 고착되는 것이라고 했다. 또 어릴 때 어머니로부터 받은 과잉보호가 나르시시즘적 성격을 만들고 인생의 장애물을 만나면 자신감을 상실하고 나르시시즘 상태로 후퇴한다고 했다.(Kohut)

3) 우울증에 대한 융의 분석심리학적 견해는 다음과 같다.

우리의 의식은 항상 외부 세계에 향하고 있고 우리 무의식에 있는 왜곡된 부모상이나 자아상과 안 좋은 관계를 유지하며 끊임없이 그것들과의 관계를 단절하고자 하는 욕망에 빠진다. 그러나 단절하고자 하면 할수록 더욱 더 무의식의 힘은 강해져서 우리의 의식을 사로잡는다. 무의식의 어두움과 개인적인 그림자 부분(본인이 인정하지 않는 또 다른 자신)이 우리의 의식을 사로잡는 상태가 바로 우울증에 대한 융의 설명이다. 또는 삶을 살아오던 의식적 태도가 너무 일방적이어서 정신적 균형이 깨져서 나타나는 증상으로 에너지는 무의식에 정체되고 지금까지 돌보지 않던 내면세계가 큰 세력을 가지고 의식을 압박하는 것으로 내면의 소리에 귀기울이라는 무의식의 경고라는 것이다. 무의식은 항상 전체가 되고자 하는 자율적 조정기능을 갖고 있으므로 의식과 무의식의 단절을 극복하기 위해 의식을 자극한다.(이부영)

우울증의 증상

우울증은 이렇게 무의식적 갈등에 너무 많은 정신적 에너지가 소모되어 삶의 정상적인 기쁨을 누릴 수 없는 상태인 것이다. 그래서 다음과 같은 증상이 나타나게 된다.

1) 에너지의 고갈, 의욕저하

에너지가 고갈되어 나타나는 증상으로 주변 상황에 대한 관심과 의욕이 없어지고, 모든 일상적인 활동에 대해 흥미와 즐거움이 사라지게 된다. 불안하여 안절부절 못하는 경우도 있지만 반면 무기력하게 하루 종일이라도 누워있게 되는 경우도 있다. 증상이 경할 때는 아침엔 괜찮다가 저녁으로 갈수록 더 피곤해진다. 그러나 증세가 심해지면 아침잠에서 깨어났을 때 불안하고 힘들고 저녁이 되면 다소 나아지는 경향이 있다. 의욕이 없어져 평소 좋아하던 일, 취미 활동, 쇼핑등도 하기 싫고 옆 사람들도 귀찮고 독서나 일도 집중이 안 되어 못하게 된다. 가정주부들은 밥, 청소 등 집안일도 제대로 못하는 경우가 허다하다. 자신은 쓸모없으며 가족들에게도 전혀 도움이 되지 않는다고 자책한다. 전체적인 정신 신체 기능도 낮아져서 기억력도 감퇴되고 말도 느려지고 결단력도 없어져서 갈팡질팡한다. 주위에서 보기에 "멍 때린 것 같다"고 말하는 그런 상태가 된다.

2) 불안, 분노

우울한 사람들은 절반 이상에서 불안이 동반된다. 또 감정조절이 안 되고 과민해져서 아무 일 아닌데도 화를 잘 내고 눈물도 잘 흘린다. 화를 내는 사람을 보면 에너지가 넘치는 것처럼 보이지만 우울한 상태에서의 분노는 무의식에 정체된 좋지 않은 에너지가 분출되어 나오는 것이다. 아이들을 키우는 엄마들은 자기 아이들에게 화를 내는 것이 비정상적이라고 느끼고 그것 때문에 자신이 우울증에 걸린 걸 알게 되기도 한다. 한의원에서 "울화병"이라고 진단되는 것이 대부분 우울증에서의 분노를 말한다. 때로는 폭력으로 화하기도 하고 간혹 그것이 자기 자신에게 향하는 자살로 이어지기도 한다.

3) 부정적인 생각들

우울한 기분에는 항상 그와 걸 맞는 비관적인 생각들이 동반된다. 자신은 아주 무능력하고 형편없으며 머리도 나쁘고 못생겼다는 자기비하적인 생각들이 강박적으로 떠오르게 된다. 과거의 인생도 전부 잘못된 것 같고 크게 실수를 했다는 생각도 들면서 자책감, 죄책감, 자괴감에 빠진다. 미래에도 아무런 희망이 없어 보이고 살아 보았자 좋은 일이 일어나지 않을 것 같아 그대로 끝장내고 싶은 충동도 생긴다.

간혹 이런 생각들은 전혀 현실 감각이 없는 망상의 형태로 발전하는 경우도 있다. 이럴 때 나타나는 망상을 "절망적 망상"(Nihilistic Delusion)이라 하는데 자신이 경제적으로 파산지경에 있다거나, 암 같은 불치병에 걸렸다거나, 아니면 배우자를 의심하는 부정망상을 보이는 수도 있다.

4) 신체적 증상

삶의 즐거움 중에서 가장 대표적인 것은 먹는 즐거움과 성(sex)의 즐거움이다. 따라서 사는 즐거움이 사라지는 우울증에서 가장 먼저 나타나는 것이 식욕과 성욕의 감퇴다. 신체 리듬이 변하면서 잠도 안 오고 아침에 일찍 깨기도 한다. 식욕이 없어 몸무게가 감소되는 신체적 변화도 생긴다. 우울한 정서가 지속되면 신체적으로도 변화가 생겨서 여기저기 설명할 수 없게 아픈 경우가 많다. 소화불량, 두통이 가장 흔하고 근육, 관절이 아프거나 가슴이 답답하고 아픈 증상이 나타난다. 이런 증상에 대한 집착은 건강염려증적 상태가 되기도 하는데 이런 집착은 우울증에서 드물지 않게 보이는 증상이다.

5) 체중과 수면의 변화

우울증에서는 보통은 불면증, 식욕저하 등의 증상이 나타나지만, 반대로 우울한 정서에 대한 반작용으로 오히려 더 많이 먹고 더 많이 자서 체중증가로 이어지는 경우도 있다. 어린아이처럼 잠자리에 누워 꼼짝도 안 하고 잠만 많이 자게 되거나 유아기 때 보였던 구강 애착이 생겨 뭐든지 먹으려고 하고 살이 찌는 경우가 있다. 유아기로의 퇴행으로 보이는 증상들이다. 그래서 수면과다 및 폭식증, 비만증의 상당 부분은 우울증의 결과일 수 있는데 식이장애나 기면증(비정상적으로 잠이 많아지는 병)으로 잘못 진단되기도 한다.

대체로 위와 같은 증상이 주로 나타나는데 실제 사람에 따라 나타나는 양상은 천차만별이다. 그리고 우울증은 단일한 우울 증세로 나타나는 경우도 있지만 실은 많은 정신질환, 정신분열증이나 여러 가지 신경증에서 복합적으로 나타나는 경향이 있다. 정신분석학자들은 모든 신경증(노이로제)의 초기 증상으로 우울한 기분이 온다고 하였으며 이는 증상으로 유발되는 자존감 상실의 결과라고 했다.(Fenichel) 실제 정신과를 방문하는 우울증 환자들은 불안장애, 강박증, 불면증, 신체화장애 등 다른 진단명을 같이 갖고 있는 경우가 많다. 공존질환 중에서는 불안장애가 가장 많은데 전체 우울증의 50~60%에서 불안장애를 갖고 있다.(Zimmerman)

우울증 척도검사

임상에서 가장 많이 쓰이는 진단 검사지로는 베크 우울 척도(BDI, Beck Depression Inventory)가 있다. 다면적 인성검사(MMPI,

Minnesota Multiphasic Personality Inventory)를 하여 우울증 척도로 진단하기도 한다. 이외에도 해밀턴 우울 평가 척도(HRSD, Hamilton Rating Scale for Depression) 와 자기평가우울척도(SDS, Self Rating Scale)가 있으나 연구용 이외에는 그리 많이 쓰이지 않는다.

베크 우울 척도, BDI(Beck Depression Inventory)

베크 우울 척도 검사는 우울증의 인지적, 정서적, 신체적 증상의 영역을 포함하는 21개 문항으로 구성되며 각 항목을 0점에서 3점까지 채점하여 합산하여 진단한다.

1961년 개발되어 전 세계적으로 가장 널리 쓰이는데, 문항은 다음과 같다.

1. 나는 슬프지 않다. (0점)
   나는 슬프다. (1점)
   나는 항상 슬프고 기운을 낼 수 없다. (2점)
   나는 너무나 슬프고 불행해서 도저히 견딜 수 없다.(3점)

2. 나는 앞날에 대해서 별로 낙심하지 않는다. (0점)
   나는 앞날에 대해서 용기가 나지 않는다. (1점)
   나는 앞날에 대해 기대할 것이 아무 것도 없다고 느낀다. (2점)
   나의 앞날은 아주 절망적이고 나아질 가망이 없다고 느낀다. (3점)

3. 나는 실패자라고 느끼지 않는다. (0점)
   나는 보통사람보다 더 많이 실패한 것 같다.(1점)

내가 살아온 과거를 뒤돌아보면 실패투성이인 것 같다. (2점)
나는 인간으로 완전히 실패자라고 느낀다. (3점)

4. 나는 전과 같이 일상생활에 만족하고 있다. (0점)
나의 일상생활은 예전처럼 즐겁지 않다. (1점)
나는 요즘에는 어떤 것에서도 별로 만족을 얻지 못한다. (2점)
나는 모든 것이 다 불만스럽고 싫증난다. (3점)

5. 나는 특별히 죄책감을 느끼지 않는다. (0점)
나는 죄책감을 느낄 때가 많다. (1점)
나는 죄책감을 느낄 때가 아주 많다. (2점)
나는 항상 죄책감에 시달리고 있다. (3점)

6. 나는 벌을 받고 있다고 느끼지 않는다.(0점)
나는 어쩌면 벌을 받을지도 모른다는 느낌이 든다.(1점)
나는 벌을 받을 것 같다. (2점)
나는 지금 벌을 받고 있다고 느낀다. (3점)

7. 나는 나 자신에게 실망하지 않는다. (0점)
나는 나 자신에게 실망하고 있다. (1점)
나는 나 자신에게 화가 난다. (2점)
나는 나 자신을 증오한다. (3점)

8. 나는 다른 사람보다 못한 것 같지는 않다. (0점)
나는 나의 약점이나 실수에 대해서 나 자신을 탓하는 편이다.(1

점)
나는 한 일이 잘못되었을 때는 언제나 나를 탓한다. (2점)
일어나는 모든 나쁜 일들은 다 내 탓이다. (3점)

9. 나는 자살 같은 것은 생각하지 않는다. (0점)
나는 자살할 생각을 가끔 하지만, 실제로 하지는 않을 것이다.(1점)
자살하고 싶은 생각이 자주 든다. (2점)
나는 기회만 있으면 자살하겠다. (3점)

10. 나는 평소보다 더 울지는 않는다. (0점)
나는 전보다 더 많이 운다. (1점)
나는 요즈음 항상 운다. (2점)
나는 전에는 울고 싶을 때 울 수 있었지만, 요즈음은 울래야 울 기력조차 없다. (3점)

11. 나는 요즈음 평소보다 더 쉽게 짜증을 내는 편은 아니다. (0점)
나는 전보다 더 쉽게 짜증이 나고 귀찮아진다. (1점)
나는 요즈음 항상 짜증을 내고 있다. (2점)
나는 짜증스럽던 일에 요즈음은 너무 지쳐서 짜증조차 나지 않는다.(3점)

12. 나는 다른 사람들에 대한 관심을 잃고 있다. (0점)
나는 전보다 다른 사람들에 대한 관심이 줄었다. (1점)
나는 다른 사람들에 대한 관심이 거의 없다. (2점)

나는 다른 사람들에 대한 관심이 완전히 없어졌다. (3점)

13. 나는 평소처럼 결정을 잘 내린다.(0점)
나는 결정을 미루는 때가 전보다 더 많다. (1점)
나는 전에 비해 결정 내리는 데에 더 큰 어려움을 느낀다. (2점)
나는 더 이상 아무 결정도 내릴 수가 없다. (3점)

14. 나는 전보다 내 모습이 더 나빠졌다고 느끼지 않는다. (0점)
나는 나이 들어 보이거나 매력 없어 보일까봐 걱정한다. (1점)
나는 내 모습이 매력 없게 변해버린 것 같은 느낌이 든다. (2점)
나는 내가 추하게 보인다고 믿는다. (3점)

15. 나는 전처럼 일을 할 수 있다. (0점)
어떤 일을 시작하는 데에 전보다 더 많은 노력이 든다. (1점)
무슨 일이든 하려면 나 자신을 매우 심하게 채찍질해야만 한다. (2점)
나는 전혀 아무 일도 할 수가 없다. (3점)

16. 나는 평소처럼 잠을 잘 수가 있다. (0점)
나는 전에 만큼 잠을 자지는 못한다. (1점)
나는 전보다 한 두 시간 일찍 깨고 다시 잠들기 어렵다. (2점)
나는 평소보다 몇 시간이나 일찍 깨고, 한번 깨면 다시 잠들 수 없다. (3점)

17. 나는 평소보다 더 피곤하지는 않다. (0점)
나는 전보다 더 쉽게 피곤해진다. (1점)
나는 무엇을 해도 피곤해진다. (2점)
나는 너무나 피곤해서 아무 일도 할 수 없다.(3점)

18. 내 식욕은 평소와 다름없다. (0점)
나는 요즈음 전보다 식욕이 좋지 않다. (1점)
나는 요즈음 식욕이 많이 떨어졌다. (2점)
요즈음에는 전혀 식욕이 없다. (3점)

19. (다이어트로 체중을 줄이는 경우는 해당 안 됨)
요즈음 체중이 별로 줄지 않았다. (0점)
전보다 몸무게가 2Kg 가량 줄었다. (1점)
전보다 몸무게가 5Kg 가량 줄었다. (2점)
전보다 몸무게가 7Kg 가량 줄었다. (3점)

20. 나는 건강에 대해 전보다 더 염려하고 있지는 않다. (0점)
나는 여러 가지 통증, 소화불량, 변비 등과 같은 신체적 문제로 걱정하고 있다. (1점)
나는 건강이 염려되어 다른 일은 생각하기 힘들다. (2점)
나는 건강이 너무 염려되어 다른 일은 아무 것도 생각할 수 없다.(3점)

21. 나는 요즈음 성(sex)에 대한 관심에 별다른 변화가 있는 것 같지는 않다.(0점)

나는 전보다 성(sex)에 대한 관심이 줄었다. (1점)
나는 전보다 성(sex)에 대한 관심이 상당히 줄었다. (2점)
나는 성(sex)에 대한 관심을 완전히 잃었다. (3점)

21개 문항의 점수를 합산하여 총점을 구하여 평가한다.
총점, 0~9점 ; 우울하지 않은 상태
10~15점 ; 가벼운 우울 상태
16~23점 ; 중한 우울 상태
24~63점 ; 심한 우울 상태

이와 같이 평가하는데 한국 일반인(환자가 아닌 사람들)들은 보통 8.4점을 보이고 우울집단은 23.4점을 보인다.(이영호 등) 16점을 넘으면 우울증 진단을 내릴 수 있다.

보통은 이런 척도검사를 하지 않고 환자들과의 면담만으로도 우울증 진단은 쉽게 내릴 수 있다. 또 환자 본인들도 의사에게 오기 전에 이미 자신이 우울하다는 걸 잘 안다. 그래서 우울증이란 진단을 내리는 데는 큰 문제가 없다.

그러나 사람에 따라서는 슬프다, 혹은 우울하다는 느낌을 잘 못 느끼는 사람들도 있다.

어떤 강한 자존심이나 도덕적인 인생관이 있을 때 심리적인 장치로 인하여 아예 우울하다는 기분이 무의식에서 의식으로 올라오지 못하게 차단되어 우울하다는 감정을 못 느낀다. 또 흔히 어떤 충격적 사건이 있은 후 나타나는 심리적인 마비(psychic numbness) 때는 자신의 감정조차 모른다.

일부의 우울증 환자들은 우울하냐고 물으면 전혀 그렇지 않다, 의욕은 넘치고 오히려 죽을까 겁이 나니 우울증이 아니라고 주장한다. 단지 화가 잘 나고 집중이 안 되고 기억력이 나빠졌을 뿐이라고 말하기도 하고 아니면 몸의 어느 한 부분(주로 심장이나 위장 혹은 관절 근육)이 많이 아플 뿐, 우울하지는 않다는 것이다. 절망망상에 집착할 때조차 우울한 기분을 못 느끼는 환자들도 있다.

또는 청소년의 경우 학습 장애나 반항적인 행동을 보이기도 하고 노인일 경우 치매는 아니면서 치매 같은 증상을 보이기도 한다. 이것을 가성 치매라고 하는데 노인성 치매와 구별해야 할 필요가 있다.

우울한 기분이라고 하면 누구나 다 느끼는 기분이라 생각하기 쉽지만 심한 우울증의 고통은 그들 말대로 "경험해 보지 못한 사람들은 상상할 수 없는 고통"인 것이다. 전체 우울증의 절반 이상에서 불안을 동반하는데 특히 심한 불안을 동반할 경우 잠시도 가만히 있지 못할 정도로 몸과 마음이 안절부절 못하는 극심한 고통을 경험한다. 그 순간의 고통을 그칠 수만 있다면 죽음이라도 불사할 것 같은 절박한 심정이 될 때도 있다. 이런 상황에서 자살시도를 감행하는 경우도 있으니 조심해야 한다. 말하자면 우울증의 고통은 신체적인 통증이 아니라 심리적인 통증이라고 말할 수 있다.

물론 모두 다 이렇게 심한 우울증의 형태로 시작하는 건 아니다.

가족이나 가까운 지인이 죽었을 때 느끼는 우울감은 정상적인 애도반응이다. 또 여러 가지 상실도 정상적인 슬픈 감정을 유발한다.

즉 돈이나 사랑, 직장을 잃었거나 혹은 신체의 일부를 잃었거나 애완동물을 잃었을 때도 우울해진다. 이런 슬픔은 낭만적으로 보이기까지 하지만 당사자들은 무척 괴롭다.

증상이 가벼운 우울감의 형태로 올 때는 치료하지 않고도 몇 개월 이내에 사라지는데 오래가도 6개월을 넘지 않는다. 우리의 정신엔 자가 치료 기능이란 것이 있어서 건강한 자아의식을 가진 사람이면 스스로 기분 전환을 위해서 많은 노력을 하게 되기 때문이다. 모든 인간은 살려고 하는 본능이 있고 자기 애착이 있기 때문에 가벼운 우울증은 스스로 이겨내는 것이다. 물론 가벼운 우울증의 경우에도 상담 치료나 약간의 약물로 도움을 받으면 그 기간을 단축할 수 있다.

우울한 감정은 이렇게 정상적인 애도반응, 정상적인 감정의 변화에서부터 극심한 우울증까지 정도가 다양한데 어디에서부터 비정상으로 볼까, 어디부터 치료를 받아야 하는 건지 결정하는 건 쉽지 않다.

아주 심한 경우는 옆에서 보기만 해도 알지만, 우울증은 겉으로 표시가 잘 안 나기 때문에 잘 모를 수도 있다. 치료가 꼭 필요한 경우는 다음과 같은 경우라고 보면 된다.

1. 수면 장애, 식욕 저하, 성욕 저하, 자율신경의 변화, 소화 장애 등의 신체 증상이 있다.
2. 직장, 학교, 결혼생활 등 일상적인 사회적 역할을 수행할 능력, 욕구가 저하된 상태다.
3. 자살 생각이나 행동이 있다
4. 망상, 환청, 착란 등의 정신병적 증상을 보인다.

이럴 땐, 꼭 정신과 의사를 찾아가 전문적인 치료를 받아야 한다.

구체적인 증상에 대해서는 5장 "우울증의 증례들"에서 자세히 살펴보도록 한다.

● 어둠을 살라먹고 ●

간혹은 내 속의 어둠에 굴복당합니다.
내 어둠이 안내하는 대로 밑바닥으로,
밑바닥으로 내려갑니다.

나의 불행 속으로
나의 고통으로
나의 절망으로

나의 어둠이 만들어낸 이유들은
무게가 없는지도 모릅니다.
가상의 이유를 만들어내고
거기에 매달려 있는지도 모릅니다.

오늘 아침 깨어나 맑게 갠 하늘을 보았습니다.
눈을 감았습니다. 빛이 보입니다.

계속 그것이 내 어둠을 살라먹었으면 좋겠습니다.
한밤의 어둠을 살라먹고
동쪽 하늘에 고개를 내민 해님처럼.

나는 세상에 빛이 있음을 알고 있습니다.
나는 세상에 어둠이 있음도 알고 있습니다.
어느 날 내가 그 어둠에 휩싸여 죽을 수도 있음을
알고 있습니다.
다음날 아침 깨어난 사람이 내가 아닐 수 있음도
알고 있습니다.
어제 저녁 나를 굴복시킨 어둠은 어쩌면
일종의 놀이였는지도 모릅니다.

어제는 어둠 놀이를 하고 오늘은 빛의 놀이를 합니다.
그 놀이들에게는 무게가 없는지도 모릅니다.

2장 우울증은 얼마나 흔한 병인가?

우울증은 인간이 앓는 정신질환 중 가장 흔한 것이고 정신과를 방문하는 환자들의 거의 30% 이상을 차지한다. 정신질환 중에 가장 흔한 병이다. 미국과 유럽에서는 심장질환 다음으로 국민생활에 지장을 많이 주는 질환으로 보고되고 있다.

증상도 다양하고 정도도 여러 단계이므로 정확한 통계조사는 어려운 상태이나 대체로 한 사람이 평생 동안 한 번 이상 우울증에 걸릴 가능성을 이야기하는 평생 유병율은 조사에 따라 10%에서 20%로 나와 있다.(김광수) 우리나라 성인 여성의 20% 내외, 성인 남성의 10% 내외에서 우울 증상을 보이고 있으며 장기 요양시설에 거주하는 노인들에선 39%까지 보고된 것도 있다.(조맹제)

우울증은 일종의 스펙트럼 질환이다. 증상이 가벼운 것부터 심한 것까지, 짧은 에피소드(2주 정도의 삽화)에서부터 만성적인 것까지, 우울한 기분을 포함하는 다른 정신질환이나 신체질환과 동반된 경우까지 모두 포함하는 포괄된 질환인 것이다. 그래서 어디부터 병적으로 볼 것인가에 따라 진단율이 달라지는 문제가 있다. 우울증의 모든 스펙트럼을 다 포함할 경우 전 인구의 3분의 1에서 우울증이 있다고 보아야 한다는 학자도 있다.(Pope) 그러므로 어찌 보면 누구나 걸릴 수 있는 병으로 보아야 한다. 진단분류에 따라 또 사회문화적 변화에 따라서 진단율이 달라지기도 한다. 그래서 진단 척도검사가 필요해지는데 이런 검사는 검사시점에서만 진단 할 수 있는 것이므로 질병의 경과까지 알아낼 수는 없고 검사종류에 따라 진단이 달라질 수도 있는 문제점이 있다. 실제로는 얼마나 많은 사람들이 증상으로 불편을 호소하고 치료받으러 병원에 가느냐에 따라 질병의 빈도가 달라지므로 매우 가변적인 진단율이라 할 수 있다.

미국 젊은이들의 10%에 달하는 수가 심한 우울증에 걸린 경험이 있다고 하고 일본에서는 90만 명 이상이 우울증으로 치료받고 있다.(Nesse, 레이)

1960년부터 1990년대까지 미국, 유럽 등 여러 나라에서 조사해 본 결과, 보통 성인의 15%에서 30% 까지 과거에 우울증을 겪었다고 했으며, 한 사람이 일생동안 한 번 이상 앓을 가능성인 유병률은 8%에서 20% 정도이다(Klerman). 그 중에서 약 25%만이 전문적 치료를 받는다고 한다.

보통 여성에서 남성보다 2배 정도 많이 나타난다. 여성호르몬에 의한 생리 전 증후군, 산후 우울증, 갱년기 장애 뿐 아니라 아직도 많은 불이익에 노출되는 사회 문화적 여건 때문에 여성에서 더 많은 것 아닌가 추측된다. 그러나 조울증(양극성기분장애)의 경우는 전 인구의 0.4~1.2%에서 발병하며 남녀 성별 차이는 없다.

우리나라에서는 대략 오백 만 명의 우울증 환자가 있다고 추정된다. 그러나 그 중에서 치료를 받는 환자는 10~15%에 불과한 실정이다. 건강보험심사평가원에 의하면 51만 명이 우울증으로 치료받는다고 한다.(2012년) 노출을 꺼려 보험공단에서 추적되지 않게 치료받는 환자도 있으리라 생각되지만 전반적으로 치료 받는 비율은 다른 선진국에 비해 많이 낮은 편이다.

우리나라는 OECD 국가 중 자살률이 1위, 하루에 자살하는 사람이 40명 정도이고 특히 청소년이나 노인들의 자살이 많이 늘었다고 하는데 모든 자살의 절반 이상이 우울증의 결과이니 우울증이 얼마나 늘고 있는가를 알 수 있다.

연예인들의 자살, 전직 대통령의 자살, 유명 기업인들의 자살, 어린 학생들의 자살 등등 이제 자살은 남의 일이 아니고 우울증도 낯선 병이 아니다. 점점 우울증이 늘어나는 추세이니 전 국민의 20% 정도는 살면서 적어도 한 번 이상 이 병으로 고통을 받을 거라고 보면 절대로 가볍게 생각할 병이 아닌 것이다.

그런데 우리나라 사람들 중 60%는 자신이 우울증이 아니라고 생각하고 있으며, 본인이 경증 혹은 중증 우울증이라고 판단하는 경우는 20% 정도라고 한다. 우울감을 느껴도 정신과를 찾지 않는 이유에 대해서 절반 이상은 심각한 수준이 아닌 것 같아서 라고 하는데 12%는 치료경력이 남을 것 같아서 라고 대답했다. 정신과에 대한 막연한 두려움이나 소문이 날까봐 라는 응답도 7% 가량 된다.(KTV한국정책방송 조사, 2012) 결국 20%의 우울증 환자들은 자신이 환자라는 게 밝혀질까봐 정신과를 방문하지 않는다는 뜻이다.

과거보다는 병원에서 치료받는 환자들이 많아졌지만, 치료받는 환자보다는 통계에 잡히지 않는 우울증, 전혀 병원에 오지도 않고 스스로 해결해보려고 한다거나 병원 이외의 장소에서 치료를 받는 우울증 환자가 더 많다고 보인다.

다행히 치료받지 않아도 회복된다면 별 문제 없지만, 약간의 정신과 치료로 그 기간을 단축시켜 주거나 자살로 가는 걸 예방할 수 있다면 정신과에 대한 막연한 두려움은 없어져야 할 일이다. 환자로 밝혀지면 불이익이 있겠다는 생각이 없어지려면 한국 사회에 보편적으로 존재하는 정신과에 대한 편견도 사라져야 하지만, 현실적인 불이익도 없어져야 할 것이다. 많은 사람들은 국민건강보험공단이나 국세청 자료를 통해 자신의 병력이 노출될 수 있을 거라 걱정하거나 취업 등에서 불이익을 받지 않을까 우려한다. 실제 우리나라 국가공무원법이나 의료법에 명시된 불이익 조항(자격증 취득이나 취업 제한 등에서)만 해도 77개나 된다고 한다. 미국, 영국, 호주 등에서는 정신질환자에 대한 권리보장, 차별철폐 등을 위해서 법과 제도가 바뀌고 있다. 정신질환이나 정신질환자에 대한 편견으로 말하면 우리나라는 아직 후진국 수준이다.

변화속도가 점차 빨라지는 사회, 정치적인 불안, 청년 실업난, 노령 인구의 증가, 이혼과 가정 해체, 그에 따른 독신 가정의 증가, 경제적 문제 등 사회적인 요인 등에 의해서 우울증이 더 늘어나면 늘어났지 줄어드는 추세가 아닌 것은 분명하다. 지난 수년간 그 비율이 꾸준히 상승해서 많은 산업국가에서도 약 10년마다 유병율이 두 배씩 증가하고 있는 추세다. 드디어 우울증의 시대가 된 것이다.

언젠가는 직접 겪든지 아니면 가까운 주변에서 겪든지 할 우울증은 결코 낯선 병이 아니다. 감기 독감과 같은 가장 흔한 질환으로 봐야하는 단계에 와 있어 그에 대한 상식과 치료 방법에 대해서 알아두는 것이 좋을 것이다.

"마음의 감기"라고 하여 쉽게 보는 경향이 있는데 그리 쉽게 볼 병은 물론 아니다. 극복하면 많은 긍정적인 의미도 있고 창조적인 측면도 있지만 극복하기까지의 과정이 쉬운 건 아니다. 가벼운 감기 증상에서부터 폐렴, 사망(자살)으로 이어질 수 있는 다양한 증상이 있다. 겪어 본 사람들은 알겠지만, 우울증은 급성일 때는 나오려고 허우적거릴수록 더 깊이 빠지는 수렁이고 만성일 때는 결코 끝나지 않을 것 같은 길고 긴 암흑의 터널이다. 절대로 만만한 병은 아니다. 우울증을 직접 앓아보고 우울증에 관한 책을 여러 권 쓴 우에노 레이는 우울증은 마음의 감기가 아니라 마음의 폐렴이라고 경고한다. 또 우울증을 이겨내면 진정한 강자가 된다고 주장한 노구치 다카시는 마음의 지진이라고 표현한다. 마음의 폐렴, 마음의 지진… 타고난 면역력이 약해서든 주변의 강한 폭풍이나 지진에 의해서든 마음은 끝없이 요동치는 것이라 어떤 한계선이 넘는 상황이 오면 누구라도 걸릴 수 있는 병이라는 것을 명심해야 한다.

창밖에선 봄이

창 밖에선 봄이 오나 본데
산에 가면 산수유랑 개나리가 피어있을 텐데
햇빛은 찬란하고 땅은 축축한 열기를 내뿜고 있을 텐데
나무들은 연신 땅의 생기를 빨아올리고 있을 텐데

내 안의 세계는 꽁꽁 얼어붙은 밤.
앞이 하나도 안 보여.
너무 추워.
너무 배고파.

"정희야, 놀자"
친구들이 대문 밖에서 부르는 소리가 들리는데
내 다리는 꼼짝 할 수가 없어.
꿈속의 꿈이 내 의식을 잡아당겨
깨어날 수가 없어.

3장 우울증은 왜 생기나?

위에서 살펴보았듯이 우울증은 일단 상실감이 주요 원인인데 우리는 살면서 누구나 상실감을 느낀다. 젊음이 가고, 가족이 죽고, 돈을 잃는 등의 일을 겪지 않고 사는 사람은 없는데, 왜 어떤 사람들은 그런 상실감과 실망을 잘 극복하는 반면 다른 사람들은 못 견디고 임상증상을 나타내는지 설명하는 것은 그리 간단한 일은 아니다.

유전적인 요인의 유무, 타고난 성격, 성장할 때의 가정환경, 실패나 좌절의 경험, 현재 받고 있는 스트레스의 양, 또 신체적 질병 유무 등이 복합적으로 작용한다.

우선 유전적 영향은 분명히 어느 정도는 있다고 생각되지만 실제 조울증을 제외하고는 그다지 뚜렷하지 않다.

성격적으로는 유아적이며 의존적인 성격이나 완벽하고 강박적인 성격, 나르시시즘적(자기애적) 경향이 강한 사람, 히스테리적인 성격에서 우울증이 많다는 보고가 있다. 반대로 반사회적이거나 편집증적인 성격에서는 우울증이 적게 나타난다.(Kaplan)

어린 시절의 성장 환경과 타고난 성격

우울증 환자들을 보면 부모 중에 우울증이 있는 경우가 꽤 많다. 병 자체가 유전되었다기보다는 성격이 닮았다거나 그런 우울한 부모가 조성하는 불안하고 어두운 환경에서 성장한 영향 때문인 것으로 보인다.

누구나 추측할 수 있겠지만, 어릴 때 부모의 사랑과 격려를 충분히 받고 자란다는 것은 정신 건강에 필수적인 요소다. 자신은 사랑받을 자격이 충분하다는 건강한 자아상, 세상엔 자기를 사랑해주는 사람들이 많다는 믿음은 살아가는데 아주 중요한 자본이 된다. 그 자신감을 바탕으로 인간은 타인을 신뢰하고, 자기 힘으로 환경을 조정할 수 있게 되고, 자신의 꿈을 실현시킬 수 있는 힘이 생긴다.

어릴 때 부모를 잃은 경우의 상실감은 거의 평생을 가며 성인이 되어 우울증에 걸릴 확률이 유의하게 높은 것으로 알려져 있다.(Bowlby) 물론 부모 대리인이 충분한 사랑과 양육을 해주었을 때는 큰 문제가 없지만 중요한 애착관계가 진행되는 결정적인 시기에 부모를 잃으면 인격형성에 지대한 영향을 주게 된다.

어머니 태내에서의 환경, 출생 시의 뇌 외상 등도 향후 심리 발달에 중요한 역할을 한다. 그런가 하면, 어릴 때 성추행을 당했다거나 갑작스런 사고 등으로 신체적 정신적 충격(trauma)을 받으면 소아우울증이 나타날 가능성이 많고, 그 상처는 성인이 된 후에도 두고두고 영향을 미친다.

우울증이 있는 부모는 자식들에게 제공할 에너지, 즉 사랑이 부족하여 상대적으로 관심이 덜하고 자신의 분노를 어린 자식들에게 표출할 가능성이 많다. 또 부부싸움이나 폭력 등을 자식들에게 노출할 가능성도 많다.

우울한 부모, 냉랭한 분위기, 분노와 비난 속에서 자란 아이들은 스스로 쉽게 자기비하감에 빠져버린다. 자기가 한 행동에 관계없이 폭력과 비난을 받으면서 자라므로 정확한 자아상을 성립하기 힘들어진다. 모두 다 자기가 잘못하고 못 나서 사랑받지 못하는 거라고 생각해 버리고 자신을 사랑하지 않는 부모와 세상에 대한 분노를 간직하게 된다. 성인이 되어서 어떤 난관에 부딪쳐도 곧 그런 자기비하감 속으로 후퇴해 버리게 되는 것이다.

호나이는 적대적인 세상에서 나 홀로 무력한 상태로 남아있는 느낌인 근본적 불안(Basic Anxiety)을 모든 신경증의 원인으로 보았다.

그런가 하면 너무 완벽주의이고 바라는 바가 많은 엄격한 부모도 원인이 된다.

아이들은 부모의 눈치를 보면서 부모의 요구에 응하기 위해 노력하는데, 그런 부모의 요구가 내재화되어 강박적이고 완벽한 성격이 되어 스스로에게 요구하는 바가 높아지게 된다. 이들은 매우 높은 자기 성취 욕구가 있어 끝없이 노력하지만 만족감을 쉽게 느끼지도 못하고 자기 긍정에도 인색한 편이다. 한 가지 목표가 완성되면 한 단계 더 높은 목표로 스스로를 몰아치므로 한계까지 가서, 결국 우울증이라는 증세가 나타나야 멈추는 상태가 되기도 한다. 우리나라의 경우, 어릴 때부터 최고가 되어야 하고 경쟁에서 이겨야 한다는 가치관과 부모의 그런 양육태도가 상당히 많은 어린이들과 학생들을 우울증으로 몰고 갈 것이라 예상된다.

부모의 지나친 과잉보호 속에서 성장한 사람들에서 간혹 지나친 의존적 성향을 발견할 수 있는데, 이들은 즉각적인 만족이 없으면 불안해하고 주위의 애정과 관심이 없으면 곧잘 우울해 한다. 이들

중 일부는 나중에 알코올 의존증이나 마약 의존증이 될 수 있다. 여러 명의 딸을 낳은 뒤 귀하게 얻는 외아들(요즘엔 이런 아이가 별로 없겠지만)이나 아이가 없다가 늦게 생긴 외둥이들이 분별없는 무조건적인 과잉 애정을 받는 바람에 심리 발달 단계가 그 시기에 고착되어 자아 통제력이 약해져서 이런 우울증을 앓을 가능성이 생긴다.

히스테리적인 성향의 사람들도 관심을 못 받을 경우 심한 좌절감을 느낀다. 이들에게 우울증은 주변의 애정을 갈구하는 형태로 나타나거나, 무의식적으로 주위 사람들을 컨트롤하려는 목적을 갖는다. 조금 더 심한 경계선적 인격 장애를 가진 경우는, 자기 모멸감으로 드물지 않게 자살시도를 하기도 하고 자해를 하며 주위 사람들에게 무조건적인 사랑을 갈구하며 폭력적인 시도도 한다. 소위 가학-피학적(Sadism-Masochism) 정신 병리를 보이기도 하는 것이다.

성격적 패턴은 오랜 치료 후에도 별로 바뀌지 않는 아주 견고한 성과 같다. 성격이란 어떤 외부의 자극을 뇌가 인지하고 그에 대해 반응을 보이는 무의식적 방어기제로 거의 자동화 시스템으로 발전되기 때문이다.

그러나 분명한 것은, 어릴 때의 환경요인 때문만으로 우울증이 생긴다고 확언할 수는 없고 여러 가지 유발요인 중 하나라고 추측할 수 있을 뿐이다. 어릴 때 안 좋은 환경에서 자라도 건강하게 잘 성장하는 사람들도 많다.

직면한 스트레스

위에서 살펴본 어릴 때의 환경과 타고난 성격 이외에 현재 직면한 환경적 스트레스도 큰 원인으로 작용하는데, 어느 것이 더 중요한지 정확한 데이터는 없는 실정이다.

실제 임상에서 보면, 우울증은 현실적으로 닥친 어떤 큰 상실이나 실패 이후에 나타나는 경우가 대부분이다. 청소년의 경우는 왕따나 구타의 경험, 젊은이에서는 대학 입시의 실패, 취업의 실패. 실연, 이혼, 가족의 죽음, 경제적 타격 등이, 중년 이후는 호르몬 등 신체의 여러 가지 변화와 퇴직, 노년기 이후는 질병과 외로움 등이 큰 유발요인으로 작용한다. 성인이 겪는 스트레스 중 가장 척도가 높은 것이 배우자의 사망으로 알려져 있다.

다소 병적인 사람들도, 의존적이거나 히스테리 적이거나 지나치게 완벽하다거나 등의 문제가 있음에도 평소엔 환경과 잘 조화를 이루며 그런대로 산다. 그런데 큰 스트레스가 생기면 그 병적인 심리 기전들이 더욱 심하게 작동되고 건강한 방어는 무너지게 된다. 무언가를 상실했을 때, 그 반응으로 위에서 살펴본 바와 같이, 자기애의 상실, 의욕 저하, 자기비하감으로 이어져 우울증 증세를 보이는 것이다.

스트레스가 우울증상을 일으키는 것에 대해서, 긍정적인 자기 방어이며 스트레스에 대한 일종의 적응현상이라고 보는 견해도 있다. 정신신체 기능이 전반적으로 낮아지는 것이 과도한 스트레스로부터 자신을 보호하려는 생물학적 보존의 법칙이라는 것이다.(Schumale)

왜 스트레스가 많을 때 반응이 더 느려지는가? 갑자기 너무 심한 운동을 했을 때 근육이 지치고 심하면 쥐가 나고 마비가 오는 것과 마찬가지로, 스트레스가 많아 뇌에 피로가 누적되면 즉, 입력된 정보의 양이 많아지면 반응 속도가 빨라야 함에도 반대로 느려지게 되는 것이다. 어떤 자극에 어떤 반응을 보여야 할지 정보 처리할 능력 이상으로 입력 정보가 많아져서 뇌가 일시적으로 작동을 감소시키는 반응을 보이는 것이라는 설명이다. 우울증일 때 집중력과 기억력 모두가 저하되고 판단력이나 결단력에도 지장을 받는 것이 모두 이것으로 설명 가능하다.

삶의 전환기

청소년들이 문제를 일으키면 "사춘기 반항"이라고 받아들이는 경향이 있다. 정신의 발달 단계 중에, 의존적인 소아에서 독립적인 성인으로 가는 청소년기, 인생의 꽃이 시드는 중년기, 죽음을 가까이 받아들여야 하는 노년기 모두에서 일시적으로 우울증 같은 증상이 온다. 각 과정마다 인간이 극복해야 할 발달 과제가 있어 이런 현상이 나타나는 것이다. 이런 우울증은 인생의 한 과정에서 필연적으로 오는 일종의 과도기 현상으로 받아들이는 태도가 필요하다. 정도가 심하거나 너무 오래가면 당연히 치료를 받는 게 좋겠지만, 무엇이든지 병으로 보는 건 문제가 있다.

중년기에 오는 우울증에 대해서 분석 심리학에서는 이때까지 살아온 삶의 방향이 너무 외향화 되어서 그것의 균형을 맞추기 위한 무의식의 경고로 본다. 사실 우리가 느끼는 대부분의 스트레스는 외부적인 것이다. 밖에서 오는 평가, 돈, 명예, 일 등 우리는 너무 외적인 것에 집착해서 살고 있는 것이다. 게다가 요즘은 세계화의 영향도 있고 하여 더욱 더 우리의 가치관이 외향화 되어가고 있다.

자식들 키우는 데만 열중했던 중년의 부인, 직장 생활만 열심히 해 오던 퇴직 시기의 중년 남자들은 갑자기 찾아온 변화에 어떻게 대처할지 모른다. 이제까지의 삶의 방식대로라면 젊음의 상실, 일의 상실이 곧 인생의 끝을 의미하기 때문이다. 그런데 그것은 삶의 종말이 아니고 제2의 인생의 시작인 것이니 우울증이라는 위기만 잘 넘기면 내면에 충실한 좀 더 여유 있는 멋진 사람이 될 수 있다. 외적인 실패나 상실은 이제 "당신의 내면을 바라보고 챙기라"라는 우리 영혼의 깨달음이라고 볼 수도 있는 것이다.

신체적 질환과 뇌기능의 변화

면역성 질환, 만성 경과를 취하는 대사성 질환, 류머티즘 등의 신체질환은 오랜 투병생활로 인한 스트레스로 정신까지 황폐화시킨다. 또 암이나 에이즈 등 죽음의 공포를 이겨내야 하는 병, 여성성의 상실을 의미하는 자궁이나 유방 적출, 기분에 직접 관여하는 호르몬의 일종인 갑상선 질환 등은 모두 우울증과 값은 관련이 있다. 또, 항상 사회적 편견과 싸워야 하는 동성애자들이나 신체장애를 가진 사람들이 우울증에 빠질 확률이 더 높다.

반대로 우울증이 오래 갈 경우, 신체의 면역기능이 약화되어 여러 가지 암의 유발원인이 될 거라는 견해도 있고 부정맥, 심장발작 같은 심장 증상을 악화시키기도 한다. 정신과 신체는 서로 서로 상호 영향을 미치지 않을 수 없기 때문이다.

최근 이, 삼십 년간 우울증의 원인으로 정신분석적 논의 대신 뇌의 생의학적인 원인으로 설명하려는 시도들이 많아졌다. 지금은 거의 일반인들조차 내과적 질환들과 마찬가지로 우울증에도 약이 필수적이라는 것을 받아들이는 추세다.

뇌에서 신경세포와 신경세포 사이를 연결하는 시냅스에서 활동하는 신경전달물질 중에서 단가아민들이 우울증과 관련된다고 하여 그것을 조절하는 약물들이 사용되어져 왔다. 그러다가 1980년대 후반에 세로토닌을 조절하는 SSRI(Serotonin Selective Reuptake Inhibitor, 선택적 세로토닌 재흡수 차단제)인 프로작이라는 약이 우울증에 있어서 기적의 약으로 등장하면서 우울증은 약물치료하면 낫는 병이라는 인식이 널리 퍼지고 있다. 주로 세로토닌과 노르에피네프린이 우울증과 관련이 되어있다고 알려져 있는데 두 가지 물질의 기능이 저하되어 있을 때 우울증의 임상증세가 나타나고 그것을 올려주는 약물들이 치료효과가 있다.

최근에는 CRF(코르티코트로핀 방출인자)등 스트레스 호르몬이 관여한다고 알려졌으며 다른 내분비 체계, 뇌하수체 호르몬, 부신 호르몬, 갑상선 호르몬 등도 관련이 된다. 또 해부병리학적으로는 우울증에서 해마의 크기가 감소되었다는 보고가 있고 전전두엽의 에너지 소모량이 떨어진 것으로 나타났다.(Sapolsky). 전반적으로 해마와 전전두엽의 기능저하가 우울증과 연관되는 것으로 추정된다.

그런 변화들이 우울증을 일으키는 뇌의 일차적인 원인인지 스트레스 등의 외부 환경요인 때문에 부수적으로 일어나는 변화인지 확실치 않다. 우리가 느끼고 생각하는 모든 것들이 뇌에서 일어나는 현상이니 우울한 감정과 사고를 동반하는 우울증에서 당연히 뇌의 변화를 동반하게 된다. 신경생리학자들은 정신질환을 성격이나 환경보다는 뇌 작용의 병적인 변화에 기인한다고 보는 경향이 있지만 정확히 뇌에 어떤 병변이 어떤 기전을 통해서 증상을 나타내는가에 대해서 밝혀진 것은 거의 없다. 우울증을 마음의 병이 아닌 뇌의 병으로 보려는 학자들은 뇌의 병리를 일차적인 원인으로 생각하고 심리적인 현상을 중시하는 의사들은 스트레스에 의한 이차적인 뇌의 변화라고 생각하는 경향이 있다. 이것 또한 끝나지 않을 논란 중의 하나다.

아무튼 뇌는 항상 외부 환경에 따라 변화한다는 의미에서 환경적인 변화나 스트레스가 뇌에 많은 변화를 일으킬 수 있으므로 스트레스의 영향을 간과해서는 안 된다.

원인을 요약하자면

1. 환경적 스트레스
2. 어린 시절의 상실 혹은 상처
3. 타고난 성격
4. 유전적 경향, 가족력
5. 뇌의 변화
6. 사회문화적 변화

위와 같은 요인들 중 어떤 한 가지 때문에 증상이 나타나는 것이 아니라 서로 복합적으로 상호작용하여 우울증을 일으킨다고 보면 된다.

사회문화적 변화에 관한 것은 다음 4장 "우울증은 왜 늘어나나?" 에서 자세히 살펴보기로 한다.

속죄

만일 당신에게 고통이 다가오면,
세상에 진 빚을 갚는 중이라고 생각하라.
언젠가 이름 없는 미물들이 당신 발아래
짓밟혀 고통 받았을 테니.

만일 가슴이 불안하고 떨리면, 곧 죽을 것 같이 무서워지면,
누군가 언젠가 당신의 검은 그림자에 놀라
죽을 것 같은 공포를 경험했을 거라 생각하라.
아마도 분명히 그런 일이 있었을 거다.
기억하지 못하겠지만.

만일 먹을 것이 없고 배가 고프면 언젠가 당신이
넘쳐나는 음식을 배불리 먹고도 남겨 버릴 때,
바로 그때, 지구 어디에선가 당신이 버린 그것도
못 먹은 누군가들이
굶어 죽어가고 있었을 것이니,
그 아픈 영혼들을 기억하라

네가 먹어치운 수 백 마리, 수 천 마리 닭들, 물고기들,
그리고 소들, 돼지들.
뿌리째 뽑혀 네 밥상에 오른 풀과 과실들에게 미안해하라.
만일 어떤 고통이 오거들랑,
세상에 진 빚을 갚고 있는 중이라 생각하라.

4장 우울증은 왜 늘어나나?

인간의 생존에 적당히 필요한 이 슬픔과 우울이라는 감정이 지금 정도 이상으로 늘어나고 있다. 지난 10 년간 우울증 환자는 전 세계적으로 두 배가 늘었다고 한다.(Nesse)

현 세대의 젊은이들에서 우울증과 자살률이 는다는 많은 보고들이 있고 경제성장의 속도가 빠른 사회일수록 우울증에 걸리는 비율도 더 높게 나타난다. 랜덜프 네스는 이 현상에 대해 대중 매체의 확산과 공동체 붕괴를 원인으로 들었다. 경제 성장속도가 빠른 사회에서 우울증이 는다고 그것을 경제적 풍요와 직접 연결시키는 것은 잘못이다. 말하자면 배불러서 생기는 병이 아니고 그 밑에는 더 미묘한 사회적, 심리적 문제들이 있다. 자세한 내용을 알아보자.

세계화, 질병관의 변화

세계화, 지구화의 결과 우리는 매스컴과 인터넷을 통해 실시간으로 전 세계와 연결되어 있다. 경쟁도 세계화되어 세계 최고이어야만 한다는 강박 관념에 빠지게 된다. 예전에는 자기가 사는 소집단에서 우수하면 인정을 받았으나 이젠 전 세계적으로 두각을 나타내야 하는 것이다. 물론 덕분에 성공하게 될 가능성도 높아져 케이 팝 등이 두각을 나타내게 되긴 했지만 반대로 세계적인 경쟁에서 살아남아야 하는 부담이 생긴 것이다. 이 무한 경쟁의 시대에 어떻게 패배감을 느끼지 않고 살 수 있겠는가? 이 경쟁구도가 우울증을 늘게 하는 요인이 될 것이라 추측된다.

이런 실질적인 스트레스 말고도 생각해 볼 수 있는 것이 질병에 대한 사회적 태도의 변화다. 과거 우리는 씨족 사회로 일가친척들이 한 마을을 이루고 살았다. 사회적 동물인 인간은 그 공동체로부터 정신 건강에 필요한 사랑, 지지, 위로, 물질적 도움 등 생존에 필요한 여러 가지 도움을 받고 살았다. 다소 무능하고 아픈 사람들도 공동체 인원들의 도움으로 생명을 유지하고 살 수 있었던 것이다. 심지어 아주 심한 증상을 보이는 정신분열증(조현병) 환자들도 가족들이나 친척들의 배려로 그럭저럭 보호받고 살 수 있었다. 이제는 세계화의 물결 속에 가치관이 획일화된 결과, 거의 문화 다양성이라는 것이 없어지는 추세다. 아픈 사람들이 보호받을 수 있었던 문화적 다양성이 없어져 이들은 환자로 분류되고 치료시설 등으로 보내진다.

이와 더불어 많은 국가에서 사용하는 미국식 진단분류도 질병의 증가 요인이 된다. 너무 자세한 증상의 분류로 지나치게 많은 진단명을 갖는 미국식 질병관(DSM)이 과거라면 받아들여졌을 증상마저 환자로 낙인찍어 이 사회로부터 격리시키려 한다고 주장하는 학자도 있다.(Ethan Watters)

1980년부터 사용되는 미국식 진단분류인 DSM-III에서는 2주 이상만 증상이 지속되면 주요우울증(Major Depression)으로 진단되고 과거엔 우울증에 속하지 않았던 감정기복이 심한 순환형 성격이나 가벼운 우울증상, 비전형적인 증상들, 과거 신경쇠약이나 다른 신경증으로 진단되던 증상들도 우울증으로 분류되어 진단율이 높아지게 된 것이다.

사실, 시대에 따라 관심을 받는 질환이 달라지는 경향이 있다. 이차 대전 후 실존철학이 유행하면서 "실존적 불안"이 화두가 된 적이 있었다. 그때 정신과에서는 불안증이 관심을 받았으며 그 결과인지 1960년대엔 "바리움" 등의 항불안제가 과소비되기도 했었다. 미국여성의 20%가 바리움(벤조디아제팜)이라는 약을 복용했다는 보고도 있다.(Hugh) 1970년대 이후 관심의 방향은 우울증으로 쏠리는 경향이 나타났다. 핵전쟁의 위험, 인구증가에 따른 식량부족, 생태계 파괴 등 미래에 대한 비관적인 예측이 팽배하면서 시대상이 바뀌어 간 것이다.

캐나다 의료사학자 에드워드 쇼터에 의하면 사람들은 무의식적으로 당대의 의학적 진단과 일치하는 증상을 만들어내려는 경향이 있다. 자신의 내면의 갈등이나 괴로움을 그 문화에서 고통의 신호로 인정받는 증상이나 행동으로 나타내려 한다는 것이다. 일종의 유행심리인데 임상 현장에서 일하다 보면 너무 뚜렷하게 경험하는 일이다. 유명 연예인들이 자살하면 평소보다 더 많은 우울증 환자들이 병원을 방문하는 현상을 경험한다. 자살이 늘고 우울증이 늘어난다는 보도가 더욱 더 우울증 환자를 늘어나게 할 가능성도 있다. 지나치게 많은 정보망이 이런 심리적인 효과를 키운다. 티브이에서 어떤 질환을 설명하는 프로그램이 나오면 자기가 그 병이 아니냐고 하면서 방문하는 환자도 는다. 요즘 매스컴에서는 정신과 질환을 비롯한 많은 병에 대한 건강 프로그램이 늘어나는 추세다. 우울증, 치매, 공황장애 등에 관한 프로그램이 방영되면 비슷한 증상을 보이던 환자들이 병원을 방문하므로 환자들의 진단율이 높아지게 되고 국민건강보험공단에서 추적되는 환자 수도 많아지게 된다. 발표되는 환자 수의 증가는 실제 환자 수의 증가를 반영하기 보다는 질병을 미리 추적하고 예방하려는 시대정신의 결과일 가능성도 많다.

자유경제의 병폐같이 들리는 좀 슬픈 말이지만, 다국적 제약 회사에서 비싼 연구비를 들여 개발한 약물들을 소비시키려고 환자들을 양산한다는 말까지 있다. 미국은 물론 우울증을 일종의 문화로 받아들이는 태도가 강했던 일본인들의 질병관까지 변화시켜 "우울증은 감기다."라고 광고하여 가벼운 환자들까지 다 프로작 등의 약을 먹게끔 만들었다는 이야기다.(에단 와터스) 한국의 경우도 그리 다르지 않을 것이라 보인다. 일제 식민지 시대, 6.25전쟁 등을 겪으면서 우리나라에도 얼마나 많은 우울증 환자들이 있었겠는가? 우리 조상들은 웬만큼 고통스럽거나 슬픈 것이라면 그저 운명으로 받아들이거나 인내심으로 견뎌냈을 것이다. 참는 것을 미덕으로 여기던 보편적인 사회정서도 있었다.

그래서 정말 필요 없는 사람들까지 약을 먹게 되었는가는 더 자세한 관찰이 이루어져야 할 일이지만 전반적으로 우울한 분위기를 경계하고 질병화 시켜버리는 측면은 있는 것 같다. 요즘은 명랑하지 않고 사교적이지 않은 사람들은 이 사회에서 살아남기가 힘들다. 자신감과 자기과시 욕구가 어느 정도 있어야 입사 면접시험에서도 높은 점수를 받는다고 한다. 우울한 분위기가 멋지고 낭만적이고 창의적으로 보이는 시대는 갔다. 우울증은 경계해야 하고 피해야 할 흉측한 괴물이 되어버렸다. 피하려 하기 때문에 그 괴물은 더욱 더 크게 변하고 있는지도 모른다. 과거 우울증이 “영혼의 갈증” 혹은 “실존적 공허감” 등의 철학적 의미로 받아들여졌다면 지금은 오로지 “임상적 우울증”만 있을 뿐이다.

공동체 붕괴, 가상 공동체

우리나라에서의 서구화는 너무 빨리 진행되어 왔다. 가치관의 변화로 대가족에서 핵가족으로, 그리고 최근엔 그런 핵가족마저 붕괴되어가고 있는 추세다. 이혼의 증가로 가족이 해체되기도 하고 다른 이유로도 거의 나 홀로 세대가 많아졌다. 나 홀로 가구가 전체 가구의 25% 라고 한다. (2012, 통계청).

공동체도 가족이나 친족 공동체보다 이해관계가 개입된 단체나 온 라인 상의 가상 공동체가 대부분이 되었다. 사람들은 홀로 살아야 하기 때문에 어디선가 위안과 지지를 얻고 싶은 본능으로 가상의 공동체에라도 의지하게 된다.

우리 주변에 인터넷이나 휴대전화를 쓰지 않고 사는 사람들이 얼마나 되는가? 몇 시간 동안만 그것이 끊어져도 돌봐주던 엄마를 잃어버린 유아들처럼 불안해한다. 이런 인위적인 공동체는 결정적인 순간 도움을 주기 보다는 위협이 될 수도 있다. 수많은 사람들이 인터넷 댓글이나 악플로 마음의 상처와 고통을 받고 있는 것만 보아도 이런 공동체는 얼마나 무너지기 쉽고 위험한 것인가 알 수 있다.

하나의 정보가 그것이 정확하고 진실한 것이든 아니든 인터넷이나 페이스북, 트위터, 등의 SNS(Social Network Service)를 통해 순식간에 퍼져나가 영웅은 너무 쉽게 영웅이 되고 죄인은 더 빨리 몰락

한다. 마녀 사냥식의 비열함이 정당화되는 곳이 바로 SNS 다. 집단은 개인보다 훨씬 더 유아적이고 유치해지는 경향이 있다. 집단적인 행동은 개인에게 부과되는 책임감에서 다소 자유로울 수 있고 익명성을 유지할 수 있어서 그렇다.

인터넷을 통한 소통을 하다보면 직접적인 감정적 교류보다는 유행과 같은 집단 군중심리에 더 쉽게 휩쓸리게 되고, 끊임없이 고정화된 관념적인 틀과 비교하면서 살게 된다. 그래서 사람들의 정서는 더욱 불안정해지고 관념적인 다수의 집단에 속하지 못할 것 같은 불안으로 일부를 집단에서 제거하려는 왕따 현상이 생길 수 있다. 소외당할 것 같은 두려움을 위장하고 부정하기 위해서 사람들은 남들을 소외시키는 것이다. 즉, 왕따 당할까봐 불안해하는 겁쟁이일수록 남들을 왕따 시키는 데 합류한다. 이 심리는 전염성이 있어서 집단 따돌림의 현상을 유발하기도 하는데 최근 이것은 큰 사회적 문제가 되고 있다.

인터넷을 통한 가상적이고 피상적인 관계가 직접적인 감정의 교류와 더불어 발달할 수 있다면 별 문제가 없겠지만, 사람들이 모두 한 꺼풀 가면을 쓰고 인터넷 소통에만 매달린다면 많은 정서적인 문제와 부작용을 초래할 것이다. 이것도 소외감, 불안, 우울증의 증가요인이 되고 있다. 산업시대 이후로 인간들이 개발해낸 기계의 발달 수준은 인간들의 정서가 도저히 따라갈 수 없는 지경이 되고 있는 것이다.

경제 불황, 양극화

수년 전부터 시작된 세계적 불경기, 경제적 양극화도 우울증을 늘어나게 하는 중요한 원인이 된다. 먹고 사는 문제는 생존의 문제인 만큼 돈이 없다는 것은 치명적 스트레스다. 매스컴에서 흔히 접하는 가족들과의 동반 자살은 대부분의 이유가 생활고 비관 등 경제적인 문제다. 경제적인 짐을 모두 지고 사는 가장에게서 경제적 무능력은 자아 정체성이나 자존심에 타격을 주는 요인이 된다.

그럼에도 가족이 있는 사람들의 고통은 나 홀로 먹고 살아야 하는 개인의 고통보다 덜하다고 할 수 있다. 혼자 사는 많은 사람들이 과거에는 주변으로부터 충분히 받았을 정서적인 지지와 사랑은 못 받고 먹고 사는 문제까지 스스로 해결해야 하기 때문에 외로움은 더 커진다. 요즘 젊은이들 중에는 대학 공부까지 하고도 사회에 나와 취직도, 결혼도 못하는 사람들이 많다. 결혼을 못하니 당연히 자기 유전자를 퍼뜨리려는 기본적 본능이 좌절되고 성적 만족도 없으니 우울해지지 않을 수 없다.

또 양극화에 의한 상대적 박탈감도 의욕을 저하시키는 요인이 된다. 알프레드 아들러는 열등감을 신경증의 주요 원인으로 보았다. 경쟁이 치열해지는 사회일수록, 승자독식의 구조가 강해질수록 열등감을 느낄 가능성이 많아진다는 의미에서 우울증이 늘어나는 것은 당연하다고 하겠다. 과거엔 본인만 열심히 하면 개천에서 용이 날 수 있어서 나름 영웅적인 성공담을 가질 수 있었는데 요즘 젊은이들은 개천에서 용 난다는 말을 믿지 않는다고 한다. 아무리 해도 부모 세대의 사회적 경제적 격차를 메울 수가 없다는 것이다. 요즘 젊은이들은 절망을 더 먼저 배우는 것 같다.

물론 더 가난했던 시절에도 자살률이 이렇게 높지 않았다는 점에서 경제 그 자체의 문제보다는 가치관의 변화가 더 큰 우울증의 요인일지도 모른다. 이제는 과거처럼 가난해도 행복할 수 있다는 생각을 하는 사람은 거의 없고 “행복은 성적순이 아니잖아요.”하고 생각하는 젊은이도 드문 것 같다. 보험금 타려고 아내나 남편을, 친족을 죽이기도 하는 시대, 사랑도 가족도 돈으로 살 수 있으리라 생각하는 시대가 된 것 같다.

돈, 돈, 돈…… 이제는 어딜 가도 돈이 화두다.

수명의 증가, 고령화

또 하나 우울증의 증가요인으로 생각해 볼 수 있는 것이 수명의 증가다.

신체적으로 경제적으로 누군가에 의지하고 살아야 하는 노년기가 너무 길어지면서 노인의 우울증은 사회적인 문제로 대두된다. 또 그들의 부양 의무를 떠맡은 가족들이나 사회의 스트레스도 전반적인 우울의 원인이 된다. 평균 수명의 증가는 물론 의료 수준이 높아져서일 테지만 젊은이들의 떨어지는 출산율과 합쳐져 우리 사회의 고령화를 심각한 수준으로 끌어올리고 있다.

“노년을 즐기자”는 문화적 추세가 있고 고령에도 얼마든지 창의적으로 사는 어르신들도 있지만 여분의 삶이 점차 줄어드는 걸 매일 느끼는 노인들은 쉽게 우울해진다. 노령인구의 39%까지 우울증이 있다는 보고가 있다.

자식들과 같이 살든 따로 혼자 살든 아픈 몸을 이끌고 죽음에 가까이 가는 노인들에게 삶은 차라리 지옥일 수도 있다. 최근 백세가 넘은 러시아 할머니가 죽음을 기다리기가 너무 지겹다면서 자살했다는 소식이 들렸다.

머지않아 삶의 대열에서 추방될 거라는 소외감과 두려움, 그리고 생존을 위해 누군가의 도움을 필요로 한다는 사실은 노인들의 자존심을 여지없이 망가뜨린다. 젊은 시절 누구보다도 열심히 살아왔고 자식들을 위해 온몸을 바쳐 희생해 왔지만 지금 곁에 자신을 반기는 사람이 아무도 없다는 배신감과 절망감은 우울증의 온상이 된다.

우울증을 앓는 노인 환자들 대부분은 죽고 싶은데 죽어지지 않는다고 하소연한다. 남의 도움을 받지 않고 살다가 자는 듯 죽고 싶다는 것이 그들의 한결같은 소원이다. 실제 자살률도 늘었다. 지난 10년간 80세이상 노인의 자살은 세배가 늘었다. 특히 남자 노인들의 자살이 늘었다는데 평균수명이 여성들보다 짧은 남성들이 더 어려움을 느낀다는 건 많은 생각을 하게 한다. 할머니들은 손주들을 돌보거나 집안일도 도와줄 수 있고 혼자서도 비교적 잘 산다. 반면 돈이 없는 할아버지들은 가사생활에 도움도 안 되고 자식들과의 관계도 안 좋기 십상이다. 젊을 때 사회생활에만 치중하던 남성들도 이제 좀 여성적인 역할을 배워야 하지 않을까?

자살이 아니더라도, 홀로 살다가 홀로 죽는, 고독사의 노인들이 늘어 사망 후에 한참 지나서 발견되는 경우도 있다. 수명은 늘어도 삶의 질이 높아졌다고 볼 수는 없는 것이다.

수명이 늘어난다는 좋은 현상의 이면에 숨은 슬픈 현실은 그 사회적 비용이나 책임을 모두 젊은이들이 져야 한다는 사실이다. "88만 원 세대"(우석훈)에서는 세대 간 경쟁, 세대 간 착취라는 말이 나온다. 노인들과 기성세대가 이미 너무 많은 기득권과 부를 소유하고 있어 젊은이들은 일자리도 없고 가난하여 결혼도 못하고 아이도 못 낳는 가슴 아픈 시대가 온 것이다.

요즘 젊은이들은 정말 불쌍하다. 정치, 경제에는 관심이 지대하나 철학, 심리학, 역사 등 순수 인문학에 관심 갖는 젊은이는 거의 없다. 모두들 어떻게 하면 취업해서 살아남을까 에만 신경 쓰는 것 같다. 대학생들도 좋은 성적 받아야 하고, 수많은 영어시험에서 높은 점수도 받아야 하고, 각종 자격증도 따야 하기 때문에, 소위 좋은 스펙을 얻기 위해, 기를 쓰고 공부한다. 우리 세대의 사람들은 상상조차 할 수 없는 무한 경쟁에 내몰린 그들, 정말 보기만 해도 숨이 막힐 지경이다. 그들이 어찌 병에 걸리지 않고 살 수 있겠는가? 공황장애, 우울증, 정신분열증, 등등 …….

정말로 삭막한 양육강식의 정글에 홀로 내동댕이쳐진 세대, 불행한 세대가 현재의 젊은이들인데 그들은 이에 필요한 생존전략을 아직 갖추지 못한 상태다. 우리 유전자는 아직 구석기시대에 머물고 있다고 한다.(최재천) 그러나 지금 우리를 둘러싸고 있는 사회는 구석기에서는 상상도 못할 가공할 만한 기계들로 채워져 있지 않은가? 이 기계 문명은 겨우 지난 200년 동안에 일어난 일이다. 이상한 나라에 와 있는 엘리스처럼 모두들 어리둥절하면서 그 기계들을 따라 잡으려고 애를 쓴다. 쓰나미처럼 몰려오는 여러 가지 정보들 속에 파묻혀 뒤떨어지지 않으려고 기를 쓰다 보니 우울증이 늘 수 밖에 없는 것이다.

이 불행한 시대의 젊은이들이 우울증의 파도를 넘어 어떻게 진화할 것인지 알 수 없지만, 아마도 여러 가지 문화적 변화의 양상으로 승화 과정을 겪으면서 극복할 수 있지 않을까 추측해 본다. 그리고 그 극복의 이면에 우울증이 중요한 역할을 할 수도 있지 않을까 상상해 본다.

세상의 바다

세상과 나를 가로막는 망망대해 같은 심연과
우주와 나를 가로막는 헤아릴 수 없는 고독으로부터
해방되기 위해 내가 해야 할 일은,
바로 저 세상 속으로, 단 홀로의 쪽배를 타고 가는 일.
오로지 그것 밖에는
생이라 이름 붙여진 내 나머지 몫이 몇 년 인지 모르나,
그 몇 년 동안이라도
내가 과거의 생이라 이름 붙인 그동안 염원하고
꽃피우기를 바라던,
그 무엇인가를 행하기 위해
세상의 바다 속으로 떠나야 하는 일.
오로지 그것 밖에는

5장 우울증의 증례들

우리는 살면서 우울한 기분을 수없이 많이 느낀다. 슬픔이나 상실감을 못 느끼면서 사는 사람은 없을 것이다. 파도타듯이 항상 기분은 바뀐다. 어디까지 정상으로 볼 것인가, 어디부터가 비정상인가도 구별하기 힘들다. 정상적인 것은 일상생활을 방해하지 않는 일시적인 슬픈 기분, 가까운 가족 친지의 죽음을 맞은 후 그 상실에 대한 정상적인 애도, 경제적인 손실 후의 낭패감, 그리고 사랑하는 사람들과의 이별 등을 들 수 있다. 우울한 기분의 정도가 일상생활을 방해할 정도로 심하다거나 그 기간이 몇 개월 이상 지속된다든지 하면 그것을 병적인 것이라고 볼 수 있다.

또 개인마다 견디는 힘이 다르다. 같은 슬픈 감정도 잘 견디는 사람들이 있는가 하면 조금도 우울한 기분을 못 견디는 사람들도 있다. 조금만 문제가 생겨도 곧 주변에 도움을 요청하는 사람들도 있고 심할 때까지 혼자서 견뎌 보려다가 아주 심한 상태까지 가는 사람들도 있다. 작은 노력으로도 스스로 극복하는 사람들도 있고 주위의 많은 도움에도 점차 증상이 악화되는 경우도 있다.

그러므로 치료적 전략은 각 개인마다 달라지고 약물에 대한 반응도 개인마다 다르기 때문에 우울증의 종류를 분류한다는 게 사실상 큰 의미가 없다. 그저 임의적으로 분류해 볼 뿐이다.

외부의 요인이 뚜렷한 경우 반응성 우울증이라 하여 다른 경우 보다 비교적 치료하기가 쉽다. 그러나 별다른 뚜렷한 이유도 없이 생기는 것을 내인성 우울증이라 하는데 이런 경우 체질적, 성격적 요인이 더 크다고 보인다. 6개월 이내에 소실되는 급성 우울증은 큰 문제가 안 되나 증상이 만성적으로 수년 이상, 혹은 평생 동안 지속되는 만성 우울증이나 자주 재발하여 직장 생활이나 일상생활에 많은 지장을 주는 재발성 우울증이 가장 문제가 되고 치료 또한 어렵다. 조증과 우울증이 번갈아 나타나는 경우를 양극성 장애(Bipolar disorder) 혹은 조울증(MDI, Manic Depressive Illness)이라 하고 우울증만 나타나는 경우를 단극성 우울증(Unipolar Depression)이라 한다. 최근엔 양극성 장애의 범주를 넓게 보려는 경향이 있지만, 전형적인 조울증은 전체 기분장애의 10% 정도만 차지하므로 우리가 보통 이야기하는 우울증은 대체로 단극성 우울증을 말한다.

또 연령에 따라서 소아 우울증, 청소년 우울증, 산후 우울증. 갱년기 우울증, 노인 우울증 등 나타나는 증상의 양상이 다르므로 자세한 진찰이 필요하다.

나타나는 양상의 차이는 사람들의 성격적 특성, 문화적 특성, 체질적 특성 등에 따라 달라지는데 그 다양함이란 사람의 얼굴모양 만큼 실로 여러 가지다.

몇 가지 실제적인 임상 증례를 들어보기로 한다.

여기에서 든 증례들은 증상은 실제이지만 환자들의 정보 보호를 위해 인적사항 등은 각색해서 만든 것임을 알려둔다.

1) 가벼운 우울증 에피소드

그녀는 34세의 독신 직장 여성이다. 어머님은 초등학교 때 돌아가시고 아버지가 재혼하여 새어머니와 같이 살았다. 새어머니가 데리고 온 동생이 있었는데 많은 차별을 받았다고 한다. 새어머니의 인정을 받으려고 공부도 열심히 하고 명랑하게 살려고 노력했다. 대학에 들어간 후 독립하여 살고 있는데 졸업하고 안정된 직장에 취업하게 된다. 성격도 사교적이고 적극적이어서 직장 동료나 친구들과도 좋은 관계를 유지하고 살아왔다. 몇 개월 전 남자친구와 가벼운 말다툼 끝에 헤어지게 되었는데 아마도 새로운 여자가 생긴 것 같다고 한다. 그녀의 말로는 큰 상처가 아니라고 했다. 그런데 그 얼마 후부터 잠들기가 힘들고 자주 깨고 아침잠에서 깨면 몸이 천근만근 무겁게 가라앉는 것을 느끼기 시작했다. 일어나 직장에 출근해야 한다는 게 큰 부담으로 다가오지만 참고 억지로 출근했다. 일의 능률도 예전 같지 않고 상사의 지적이나 동료의 말 한마디에도 예민하게 반응을 하게 되어 자주 화가 나고 눈물이 날 때도 많아졌다. 그녀는 몇 번 정신과를 방문하려고 마음을 먹었으나 정신과를 찾아간다는 자체가 스트레스로 여겨지고 정신병자라는 낙인이 찍힐까봐 두려워 가지 못했다. 그녀는 스스로 해결해 보려고 안 다니던 교회에 다시 나가고 헬스장에 등록하고 하루 한 시간 정도 운동에 몰입해 보려고 노력했다. 한 달 정도 지난 후 그녀의 우울한 기분은 사라졌고 평상시로 돌아올 수 있었다. 그녀는 수년 후 우울증상이 다시 생겨 처음으로 병원을 방문하게 된다.

실은 많은 사람들이 이 경우에 속한다. 스트레스가 쌓이거나 과로가 누적될 때 일시적으로 우울한 기분에 휩싸이다가 나름대로의 방법으로 스스로 해결하게 되는 것으로 이럴 때 병원을 찾게 되는 경우는 많지 않다. 이 환자는 처음엔 가벼운 우울증 삽화(에피소드)로

끝났지만 몇 년 후 재발한 것을 보면 우울증의 경향은 있어 보인다. 어릴 때 어머니와의 사별, 새어머니로부터 받은 부당한 대우 등으로 받은 상처가 있었는데 남자친구와의 이별로 이 상처가 자극된 것으로 보인다. "버림받은 느낌"이라는 상실감은 우울증으로 곧잘 연결된다.

가족 중에 누가 죽었다거나 사랑하는 사람을 잃었을 때의 정상적인 애도반응도 우울증의 일종으로 볼 수 있지만 병원에 가서 치료받는 경우는 거의 없다. 이런 정상적인 애도반응은 보통은 6개월 이내에 회복되지만 잃은 사람과의 정서적 관계에서 해결되지 못한 문제가 있을 경우 좀 더 복잡한 우울증 양상으로 나타나는 수도 있다.

그렇지만 이런 가벼운 우울증의 경우에도, 정신과 의사나 상담 치료사에게 상담을 받으면 자기가 왜 우울증에 걸렸는지 자신의 어떤 기질과 습관이 우울증을 유발하는지를 미리 알게 되어 재발을 방지하는데 또 전반적인 인생을 살아가는데도 도움이 된다.

2) 만성 반복성 우울증

현재 40대 후반인 그는 비교적 유복한 가정의 맏아들로 태어나 부모의 큰 기대 속에서 성장했다. 그의 어머니는 자신이 많이 교육받지 못한 것이 한이 되어서 자식들에게 공부를 강요했다. A씨는 공부를 잘 했는데도 항상 실패하지 않을까 하는 두려움이 컸다고 한다. 그는 일류 대학을 실패한 후 재수를 했는데도 또 실패하여 부모님께 떳떳하지 못한 기분으로 살았다. 동생들은 더 좋은 학교에 가고 교수, 변호사도 되었다고 한다. 그는 대학을 나온 후 한동안 취업을 못 해서 걱정을 했지만 당시에는 우울증은 아니었다고 한다. 일년 후 운이 좋게도 국영기업체에 취업이 되었고 얼마 후엔 부모님의 중매로 좋은 여자와 결혼도 했다. 부인은 적극적이고 생활력도 강하고 다소 남성적이다. 그는 그럭저럭 직장생활을 하다가 30대 중반에 승진에서 누락된 후 우울증이 시작되었다. 아침에 일찍 잠에서 깨어나긴 하지만 일어날 수가 없어 출근을 못하여 의욕이 안 나고 자신도 없어진다. 몸도 이상하게 아팠다. 처음엔 간이 나빠진 줄 알고 내과만 돌아다녔다. 그는 B형 간염 보균자로 간이 나빠질까봐 항상 조심하고 살아왔다. 우울증 진단을 받고 처음엔 한 달 정도의 병가를 쓰면서 치료받고 회복되었다. 그러나 일 년 후에 재발했다. 그때부터 정신과 치료 받고 어느 정도 나아지면 출근했다가 약을 끊고 다시 재발하면 휴직하고를 반복하게 된다. 보통 이, 삼 년 만에 한 번씩 재발하는데 나중엔 딱히 유발요인이 될 만한 스트레스가 없이도 재발하고 약물에 대한 반응도 썩 좋은 편이 아니어서 회복속도도 더 느려졌다. 치료가 잘 안 되므로 병원도 여러 번 바꾸었다. 평소엔 사교적이지는 못해도 성격이 온순해서 남들에게 인정도 받고 성실한 편이나 우울증이 생기면 하루아침에 일어나지 못하게 되어 그의 부인도 그의 병을 잘 이해하지 못한다. 심지어 꾀병이라고 하고 배가 불러서 생기는 병이라고 한다. 다행히 그의 부인이 작은 자영업을 하면서 가정경제를 책임지고 있어서 병만 나면 직장을 그만두겠노라고 했다가 회복되면 다시 직장에 나가곤 했다.

이렇게 재발이 잦은 우울증은 인생을 매우 소모적으로 만들고 개인이 이로 하여 받는 피해는 상당하다. 또 한 두 번이면 몰라도 수도 없이 재발하는 경우 가족이 받는 스트레스도 상당하고 결국 부부생활도 파탄에 이르는 경우도 많다.

위 환자의 경우 어머니의 지나친 기대와 그에 못 미친다는 자책감, 열등감이 원인이 되고 성격적으로 의존적이어서 조금만 본인에게 부담되는 일이 생긴다거나 누군가로부터 가벼운 비난이라도 받으면 못 견디고 우울증의 상태로 빠져버리는 것 같다. 너무 의존적이거나 히스테리 적인 성격의 문제로 생기는 우울증일 경우 재발도 잦고 딱히 약물에 의한 효과도 뚜렷하지 않다. 이런 경우야말로 오랫동안의 정신치료가 필요한데 이들은 저항도 많은 편이라 치료가 오래 유지되기 힘들고 중간에 상태가 좋아지면 병원치료를 끊어서 더욱 재발이 잦아지게 된다. 부모 같은 권위적인 존재와의 관계 형성에 문제가 있어 의사와도 좋은 관계를 유지하기 힘든 경향이 있다.

3) 불안을 동반한 갱년기 우울증

그녀는 52세의 중년 가정주부다. 결혼생활 28년 동안 남편이 경제적으로 무능하여 그녀는 식당일, 파출부 일 등을 하며 남매를 대학까지 보내면서 열심히 살아왔다. 남편은 술만 좋아하고 생활력이 약해 도움이 안 되었다고 한다. 아이들이 대학을 다 졸업하고 생리가 끝나갈 즈음부터 그녀는 몸이 후끈 달아오르면서 진땀이 나는 것을 경험하게 된다. 처음엔 기분이 우울하다고 느껴지지는 않지만 잠들기가 힘들고 공연히 불안했다. 일이 손에 안 잡히고 집중이 안 되어 일단 하던 일은 그만 두고 집에서 쉬기로 했는데 점차 불안이 가중되어 가만히 앉아 있기조차 힘들었다. 지나간 세월이 자꾸 되뇌어지고 억울하고 슬프다는 생각이 밀려들면서 눈물이 났다. 자식들도 잘못 키운 것 같고 앞으로의 인생도 막막하게 느껴진다. 의욕이 없어지면서 죽고 싶은 생각까지 든다. 어느 날 억지로 잠이 들고 자는 둥 마는 둥 하다가 중간에 깨어날 때 그녀는 극심하게 심장이 뛰고 금방 어떻게 될 것 같은, 위기의식을 느껴서 119에 구조를 요청하였다. "심장이 너무 뛰어서 멈추거나, 아니면 정신이 획 돌아서 미쳐버릴 것 같은 느낌" 이었다고 한다.

종합병원 응급실에 실려 간 그녀는 심장 검사 및 혈액 검사를 받았으나 아무 이상이 발견되지 않았다. 응급실에서 정신과 치료를 권유받고 정신과로 옮겨져 우울증이라는 진단으로 입원 치료를 받기 시작했다. 처음에 약물치료를 통해 수면을 이룰 수 있었고 심한 공황발작은 없어졌다. 그러나 막연하게 불안하고 밥맛이 없고 속도 메스꺼운 것 같고 몸도 찌릿찌릿한 증상은 지속되었다. 자신이 정상이 아니란 생각이 들고 불치병에 걸렸다는 생각도 들고 평생 고쳐질 것 같지 않고 결국 이렇게 죽어야 하나보다 하는 극단적인 생각까지 든다. 그녀의 증상은 거의 두 달이 되어서야 서서히 나아지기 시작했다. 그녀는 나중에 너무 힘들어서 차라리 죽고 싶었다고, 다시 그 상태로 되돌아가면 죽는 게 낫겠다고 말했다.

중년기 우울증의 특징은 이런 극심한 불안이다. 소위 공황발작이라는 이 불안증은 너무 충격적이라 한 번 겪고나면 다시 그 증상이 올까봐 두려워하는 이차적 공포증이 생기는 것이 보통이다. 갱년기 우울증은 여성 호르몬의 저하 등 신체적 이유 이외에도 자식을 키워야 한다는 인생의 의무감에서 벗어나고 동시에 자식들이 멀어진다는 점 등이 유발요인이 된다.

이 경우는 입원을 요하는 우울증에 해당하는데 자살충동을 억제하지 못하는 수가 있기 때문이다. 극도의 불안 상태에서 아파트에서 추락하거나 목매어 자살할 위험이 있는데 같이 사는 가족들도 예측을 못하는 수가 있다.

간혹은 환경에서 오는 약간의 스트레스가 도움이 된다. 예를 들면 벌어 먹일 어린 자식들이나 돌봐야 할 가족들이 있을 때는 우울할 여유조차 없어 우울증을 잘 극복하기도 한다. "내가 무너지면 어린 자식들은 어떻게 사나?" 하는 절박한 생존 욕구가 살게 해주는 힘이 되는 것이다. 적당한 동기부여, 스트레스와 긴장감은 우리 인생을 활성화시켜 주는 좋은 버팀목이 된다. 그래서 젊은 시절 곧잘 우울증을 잘 견디던 사람들이 아이들을 다 키운 중년기 이후에 본격적으로 우울증을 앓기도 한다.

4) 망상을 동반한 우울증

59세의 대기업 간부인 그는 완벽한 성격의 소유자로 사회적으로나 가정적으로나 타의 모범이 되는 인생을 살아왔다고 자부하는 사람이다. 아버지는 일찍 돌아가시고 어머니는 그를 사랑했으나 도와줄 능력이 안 되어서 어릴 때부터 거의 고학으로 자수성가했다. 그 나이까지 그는 자기가 뜻한 바를 이루지 못한 것이 거의 없었다. 집안에서도 그는 거의 영웅처럼 대접받았다. 그러던 그가 최근 직장으로부터 은근히 퇴직 압력을 받고 있으며 친지의 권유로 부동산에 투자한 것이 잘못되어 신경을 많이 쓰게 되었다.

처음에 생긴 증상은 불면증인데 그는 술을 조금씩 마시면서 잠을 이루곤 했다. 그러던 것이 차츰 술로도 잠을 이룰 수 없는 상태로 되고 가족들에게 화를 내고 의심을 하기 시작했다. 그는 이제 곧 자신의 직장에서도 쫓겨나고 부동산 투자 건 때문에 무일푼으로 전락할 거라고 하면서 심히 불안해했다. 직장에서 자기를 쫓아내려는 세력이 부동산 관련업자와 내통하고 있다고 의심도 하고 직장 내에서 자기의 명예가 실추되면 차라리 죽는 게 낫다고 하기도 하고 누군가가 자신의 비리를 캐내려 한다고도 했다. 나중엔 자기 부인도 의심하여 재산을 빼돌리려고 한다고 두려워했다.

결국 직장생활도 못하게 되고 주변에서도 눈치 채서 입원치료를 받게 되었는데 그는 자기가 입원하고 있는 사이에 살던 아파트가 경매에 붙여질 거라는 등 망상적 사고를 보이며 심히 불안해했다. 다행히 그는 이 개월의 입원치료로 호전되어서 다시 직장에 복귀할 수 있었고 얼마 후 퇴직을 받아들였다. 물론 지속적인 약물치료는 계속 되었다.

평소 의심이 많은 편집증적 성향이 있는 경우 우울증이 올 때 이런 망상이 나타날 수가 있다. 증상이 비슷하기 때문에 다른 편집성 정신병, 정신분열증이나 조울증 등과 구별해서 진단해야 한다. 이렇게 정신병적 증상을 보이는 것은 전체 우울증의 약 10% 정도에 불과하나 급속도로 나빠지기 때문에 하루라도 빨리 치료를 시작해야 한다. 이 환자와 같이 겉으로 아주 강인해 보이는 사람들이 지나치게 성공 지향적으로 살다보면 반대로 무의식에 추락과 실패에 대한 공포가 비대해지게 된다. 그 비대해진 공포는 망상의 형태로 증상으로 나타나게 된다. 우울증에서 나타나는 망상은 주로 절망적인 상황에 관련되어 자기가 곧 망한다든가, 몸에 불치병이 생겼다거나 하는 소위 절망망상(nihilistic delusion)이 많다. 그런 믿음은 너무나도 강력하여 아무리 옆에서 아니라고 부인하고 설득하여도 믿지 않는다.

이외에도 우울증에서 "빙의 망상"을 수반하는 경우도 있다. 몸에 집착하는 성향이 강한 사람들 중에 자기 몸에서 나타나는 증상이 외부의 영적 존재가 침입한 결과로 믿는 증상이다. 특정 종교적 신념에 의거해 기독교를 믿는 사람은 자기 몸에 사탄이 들어왔다고 믿게 되고 무속을 믿는 사람들은 조상 혼이 들어왔다고 믿게 된다. 증상은 아주 구체적으로 혼이 어떤 실체적 물질처럼 몸에서 여기 저기 돌아다니면서 아프게 하고, 위로 올라와서 숨구멍을 막아서 숨을 못 쉬게 한다거나, 위장에 들어와서 밥을 못 먹게 한다고 착각하기도 한다. 종교적 안수기도나 축사치료(엑소시즘)로 그것이 나간다고 믿어서 일시적으로 증상이 호전되는 수도 있다. 또 무속신앙에서는 조상 혼이 들어왔다고 하여 혼을 떼는 굿을 권하기도 한다. 이런 빙의 현상은 대체로 다른 망상과 같은 병리현상을 갖고 있지만 문화적 종교적인 영향으로 다소 변형되어 나타나는 것으로 보인다. 정신분열증이나 망상증에서 나타나기도 하지만 근본적으로는 우울감이 주된 정서일 경우가 많다.

5) 조울증에서의 우울증

40대의 사업가인 그는 20 대 군복무를 할 때 처음으로 조증이 발병했다. 자신이 아주 중요한 군사기밀 업무를 담당하고 있으며 그것이 신의 계시라는 과대망상을 보여 군 병원에 입원하게 된다. 그는 어릴 때부터 독실한 기독교 신자였고 어머니가 간혹 정신착란을 일으킨 적이 있다고 한다. 처음 3개월의 입원치료 후에 회복되어 퇴원했지만 극심한 우울증에 빠져 군대 내에서 자살 시도를 하여 다시 입원치료를 하게 되고 결국 의병 제대를 하게 된다. 그 후부터 거의 몇 년에 한 번씩 조증과 우울증을 반복적으로 앓게 되었으며 20년 이상 정신과 치료를 받고 있다. 상태가 좋을 때는 대인관계도 좋아서 결혼도 하고 아이들도 태어나 겉으로는 정상적인 생활을 유지했다. 약물치료를 계속 받으면서 재발의 빈도가 줄어들고 재발하여도 잠시 동안의 증상만 지나가면 곧 정상으로 회복되었다. 제대 후 직장을 취직하였으나 재발하여 그만 두고 30대 중반부터 사업을 시작하였다. 재발할 때마다 위기도 있었지만 잘 극복하고 부인이 도와주어서 지금은 상당히 돈도 많이 벌고 안정적인 상태를 유지하고 있다.

이 환자는 유전적 성향이 좀 있는 듯하다. 이와 같이 조증과 우울증이 번갈아 나타나는 질환을. 양극성 기분장애라고도 하는데 전체 우울증의 10% 정도를 차지한다. 이 질병은 유전적인 경향이 많으며 주로 어머니 쪽의 유전자를 통해서 유전된다고 알려져 있는데 일부는 염색체 11번의 문제라는 보고도 있다.(Kaplan) 전 인구의 1% 내외에서 발병한다.

조증일 때는 기분이 좋고 에너지가 충만하여 먹지도 않고 자지도 않는데도 기운이 넘치며 매사 긍정적으로 생각하여 금방 큰 성공을 이룰 거라고 예상하고 말도 많아지고 돈도 흥청망청 많이 쓰고 남들에게도 기부하는 등 너그러운 사람이 된다. 증상이 가벼울 때는 주위사람들 까지도 기분을 좋게 해주는 전염성이 있고 본인도 상당한 행복감을 느낀다. 그러나 그 정도가 너무 지나치면 안절부절 잠시도 가만히 있지 못하고 감정적이 되어 남들에게 시비도 걸고 싸우려고 하기도 하여 옆의 사람들을 불안하게 한다. 먹지도 자지도 않고 술도 많이 먹게 되어 건강에 적신호가 오기도 하고 이 환자와 같이 종교적 과대망상이나 피해망상이 오는 등 정신병적 증상이 나타나기도 하기 때문에 많은 경우 입원치료가 필요하다. 보통 이런 조증은 2, 3개월 정도 지속되다가(물론 약물치료로 그 기간이 단축될 수 있다) 기분이 가라앉게 되는데 가라앉을 때 우울증이 수반되는 경우가 많다. 그래서 조증과 우울증이 번갈아 나타나는 양상이 되는 것이다.

조울증의 발병은 대체로 이, 삼십 대로 일찍 나타나는 편이다. 또 재발도 많이 해서 일단 진단이 내려지면 수년 이상, 혹은 평생 약물치료를 계속 받아야 한다. 비교적 지능도 높고 창의력이 높은 사람들에서 나타나는 경향이 있으며 아무리 재발을 많이 해도 개인의 지적 능력이나 사회적 능력 등엔 별다른 손상이 없는 경우가 많아 사회적으로 성공한 기업가들이나 예술가, 작가들에서 많이 보인다. 이 환자도 재발이 많았음에도 결혼생활도 잘 유지하고 사업적으로도 성공했다. 달리 말하면 병을 일찍 발견하고 치료를 적절히 하면 얼마든지 성공적인 삶을 살 수 있다는 말이다. 그런 의미에서 정신과 의사의 역할이 중요한 질환이다. 자신의 병을 받아들이고 치료자와 좋은 관계를 유지하며 치료를 지속한다면 그리 나쁜 병이라고 할 수 없는 질환이다

6) 알코올 중독

병원에 처음 올 당시 그는 35세의 무직자였다. 평소 술을 아주 좋아해서 20대 부터 거의 매일 술을 마셨다고 해도 과언이 아닐 정도다. 부모는 환자가 아주 어릴 때 이혼하여 아버지하고는 인연을 끊고 살아서 아버지 얼굴도 모른다고 한다. 이후 계속 어머니와 둘이서 살고 있는데 어머니가 늦게 얻은 유일한 자식이라 과잉보호를 한 편이었다. 여러 가지 직장을 전전하고 한 군데에 정착을 못하는 편이어서 어머니가 돈을 벌어야 했다. 잘 생긴 편이고 유머감각도 있어 여자를 잘 사귀지만 오래 가지 않는다. 20대 중반에 어떤 여자와

동거하여 아들이 한 명 태어났는데 곧 헤어졌으며 아들은 여자가 키우는데 가끔 아들을 만나러 간다고 했다. 그는 그냥 친구들과 술을 마시는 분위기가 좋아서 마시는 것일 뿐 중독도 아니고 술에 의한 금단증상도 없으니 문제 될 것이 없다고 주장하며 살았다. 그러나 술을 안 마실 때는 말도 없고 짜증을 잘 내고 어머니와 자주 다툰다고 한다. 점차 주량이 늘어나면서 술 취한 상태에서 옆 사람과 언쟁을 한다거나 폭행을 하는 등 실수를 하게 되고 혼자서 마시는 횟수도 늘어나기 시작했다.

어머니가 병원을 데리고 왔는데 불면증 때문에 술을 끊을 수 없으니 불면증 약만 달라고 요구하였다. 그는 약물 치료 2개월 간 금주에 성공하였으나 다시 술을 먹기 시작했고 더욱 더 많이 먹게 되어서 결국 알코올 병동에 입원하게 되었다. 그는 수차례 입 퇴원을 반복하다가 수년 후에 자살로 생을 마감하게 된다.

이 환자는 어머니의 과잉보호로 의존적 유아적 성격이 되었고 아버지가 없어서 마땅히 본받아야 할 롤 모델이 없었던 것 같다, 자신의 아들에 대해서도 아버지 역할을 못하고 다시 의지할 수 있는 어머니에게 돌아왔다. 사회 부적응은 우울한 기분을 더 심화시키고 이런 우울한 기분을 다스리기 위해 술을 찾고 하던 것이 습관화되어 알코올 중독증이 되었다. 이들은 성격상 자아도취적이어서 밖에서 끊임없이 자기를 충족시킬 무언가를 찾는다. 어머니의 사랑을 흠뻑 받던 그런 유아기 시절에 고착되어 있어 그런 기분으로 돌아가는 상태에 탐닉하는 것이다.(Kohut)

술 의존증이나 마약 중독 뿐 아니라 다른 약물 중독증, 게임, 도박. 섹스 중독 등도 실은 우울한 기분을 감추기 위한 도피로 설명될 수 있다. 무언가에 스스로의 의식을 마취시키지 않으면 정서적 불안이나 우울한 기분을 벗어날 수 없어서 그런 몰입에 의존한다. 이런 중독증은 치료가 힘들어서 정신분석적으로는 "만성적인 자살"로 설명되기도 한다. 또 이 환자처럼 자살로 생을 마감하는 경우도 많아 알코올중독은 위험한 자살요인 중 하나로 꼽힌다.

7) 신체로 증상이 나타나는 우울증

45세의 자영업을 하는 그는 10대에 시골에서 맨몸으로 상경하여 많은 고생을 했다고 한다. 가난한 농부 부모 밑에서 8남매의 6번째로 태어나 관심과 사랑도 못 받고 충분한 교육을 받을 기회도 없었다. 밑바닥 일부터 안 해본 것이 없을 정도로 열심히 일을 하여 차츰 돈도 벌었다. 그의 성격은 소탈하고 큰 욕심도 없는 편이다. 우연히 살던 집이 재개발되어 큰돈을 한꺼번에 벌 기회가 생겼다. 부인도 같이 열심히 벌어서 몇 년 전 강남에 큰 아파트를 장만하게 된다. 두 아들도 공부 열심히 하고 착하다고 한다. 그의 형제들이나 고향 친구들 중에 그런 아파트에 사는 사람은 없다고 자랑한다. 그러나 강남으로 이사 간 후부터 이상하게 위장증세가 나타나기 시작했다. 위가 항상 더부룩하고 조이는 느낌도 들고 장은 거의 움직이지 않아서 밥을 먹을 수도 없고 술도 마실 수 없고 일상생활을 하기가 몹시 힘들고 불쾌하다는 것이다. 그의 부인은 오히려 더 걱정을 하면서 일도 하지 말고 치료에 전념하라면서 환자를 위로했다. 그는 위장증세를 고치려고 유명한 병원을 수십 군데 돌아다니면서 검사도 하고 한방치료도 받아보고 종교집단에서 하는 치료도 받아보고 그의 말대로 "할 건 다 해봤다"는 데도 위장증상은 여전하다. 위장이 불편하여 잠도 잘 수 없다고 하면서 정신과를 방문했는데 치료를 받으면서 조금씩 나아지고 있다. 그는 기분이 안 좋은 것이 몸이 아파 그런 것이지 정신의 문제는 아니라고 주장한다.

이 환자는 어릴 때부터 관심도 못 받고 자신감도 없이 그저 살아남으려고 기를 쓰고 살아온 사람이다. 열등감도 많으리라 추측된다. 그러다가 운 좋게 능력 있고 이해심 많은 부인을 만나고 너무 큰돈을 벌게 된 것이 화근이 된다. 역설적이게도 이런 행운은 그가 감당하고 "소화시키기에는 너무 큰 것"이기에 그에게 소화 장애가 생긴 것 같다. 증상은 간혹 상징적인 의미를 지닌다. 심리기전에 의해 무의식에 있는 어떤 불편한 느낌, 우울감이나 불안 등을 신체로 투사시켜 그 증상에 집착을 보이는 것일 수도 있고 반대로 우울한 기분이 신체적 생리적 변화를 초래하여 신체 증상이 실제로 나타난 것일 수도 있다. 그러나 이런 기능적인 변화는 내과적 진찰로 이상소견이 잘 안 나타난다. 이들은 병이 심리적 원인으로 온다는 사실을 받아들이지 못하고 몸의 이상만을 찾으려 하는데 이렇게 건강염려증적인 증상은 우울증에서 의외로 꽤 흔하게 볼 수 있다. 대체로 이런 환자들은 내과나 가정의학과, 신경과 등 다른 과에서 치료받는 경향이 있다.

이 경우와 같이 어느 정도 성공한 후에 증상이 나타나는 것을 "성공 우울증"이라고 하기도 하는데 너무 외면적인 것에 치중하다가 어느 정도 만족할 만한 상태로 가면 내면적인 무의식적 갈등이 나타나는 것이라 보인다. 외적인 것보다 돌보지 않던 내면을 들여다보라는 신호이기도 하고 이때까지 받지 못했던 사랑을 스스로의 몸에게 퍼주는 보상 행위로 볼 수도 있다. 혹은 자신의 성공으로 과거 권위적인

인물에 가졌던 적대감이 자신에게 되돌아올 것 같은 두려움으로 우울증에 빠지기도 한다.(Kolb)

8) 화병, 울화증

현재 70대인 여자환자는 50 대부터 증상이 시작되었다. 처음엔 아랫배로부터 뭔가 뜨거운 것이 위로 올라와 가슴에서 멈춘다는 증상으로 찾아왔다. 가슴이 너무 뜨거워서 얼음찜질 팩을 가슴에 올려놓거나 뛰쳐나가서 한참 걸어 다니다가 들어와야 진정이 된다고 한다. 뜨거운 느낌 이외에 가슴의 통증이나 두통도 호소하였고 불면증도 있었다.

그녀는 평범한 가정주부로 살면서 5남매를 낳아 키웠는데 남편이 바람기가 있고 딴 살림도 차린 적이 있어 젊을 때부터 화병 비슷한 게 있었고 머리가 자주 아파 두통약을 달고 살았다고 한다. 그러다가 남편이 간암에 걸려 몇 개월 만에 죽었고 그 후부터 이런 증상이 나타났다. 남편이 자신을 사랑도 안 해주다가 죽어서 원망감과 배신감이 크다고 했다. 그녀는 자신의 아픔에 대해 여기 저기 호소하는 경향이 있어서 자식들을 무척 힘들게 했다. 처음에 종합병원 내과에 입원하여 검사받고 치료했으나 낫지 않아서 결국 정신과로 옮겨져 약물치료 받으면서 점차 호전되어갔다. 거의 20년 간 지속적인 약물치료를 받고 있는데 약이 없으면 하루도 못 잔다고 호소한다.

이 환자는 평소에도 신체로 증상을 호소하면서 주변의 관심을 끌어보려는 히스테리적인 성격이었던 것 같다. 남편의 죽음이 우연히도 호르몬의 변화를 보이는 갱년기와 겹쳐져서 애도반응이 우울증상과 함께 화병의 형태로 온 것이다. 특히 젊을 때 남편의 외도로 생졌던 배신감과 분노가 그의 죽음으로 다시 되살아난 것 같다. 갱년기는 여성으로서의 성기능 상실을 의미하므로 남편의 사망, 여성 성기능의 중지가 모두 깊은 상실감을 불러일으킨 것으로 보인다.

보통 중년이나 노년층의 여성들에서 가슴이나 얼굴에 열이 오르고 울화가 치민다고 호소하는 사람들이 많다. 너무 열이 치밀어 겨울에도 이불을 덮지 못한다거나 심지어는 두피에 열꽃 같은 피부발진이 돋는다고 호소하는 사람들도 있다. 갱년기 장애 증상 같지만 갱년기가 지나도 지속되는 경향이 있다. 한의원에 가면 보통 화병, 혹은 울화병이라는 진단을 받는데 바로 우울증의 일종이다. 한때 이것은 한국이라는 독특한 문화에서 발생하는 일종의 문화 관련 질환인 듯 알려지기도 했었다. 유교적 봉건적 문화에서 평생을 억압과 순종으로만 살아온 여성들이 중년기에 억압되었던 것들로 인하여 부적절한 분노가 몸의 증상으로 변화되어 나타나는 것이라는 설명이다. 그러나 실제로 임상에서 보면 어떤 큰 스트레스 상황, 이를테면 누구에게 폭행이나 사기를 당했다거나 억울한 일을 당한 경우에 이런 비슷한 증상들을 보이는 젊은 남자들도 많다. 억압하는 문화 탓이 아니라 실은 분출되지 못한 분노가 모두 화병과 같은 증상을 나타내는 것이라고 보인다.

9) 분노 폭발

그는 52세의 보석 세공 기술자이다. 아주 섬세하고 꼼꼼한 성격의 소유자인데 최근 들어 술 먹는 횟수가 증가하고 아내와 싸우는 일이 잦아졌다. 별 일도 아닌데 꼬투리를 잡고 술에 취하면 욕도 하고 폭력도 쓰게 되었다. 그리고 거래처 사람들과도 다투게 되어 일의 주문양도 줄었다. 쉬는 날이면 하루 종일 누워있고 옷도 안 갈아입고

씻지도 않는다고 한다. 허리가 아프다고 자주 통증 크리닉 등 다니면서 치료를 받는데도 별 호전이 없다.

그는 무서운 아버지 밑에서 말 한마디 못하면서 컸다고 하는데 어릴 땐 아버지에게 매도 많이 맞았다고 한다. 아버지가 무서워 일찍 집을 나와 기술을 배웠다. 그는 평소에도 말이 없고 말 많은 여자들이 싫다며 부인과도 말을 잘 안하면서 살았다. 부부싸움이 너무 잦아지다 보니 아내가 가출하게 되고 이혼 이야기도 나오고 하여 주변의 권유로 부부 상담을 받으러 병원을 방문하여 되었다. 치료가 시작되고 나서는 화내고 폭력 쓰는 것은 많이 줄었으나 말이 없는 것은 여전하다고 한다.

이 환자는 어릴 때부터 자신의 감정을 억압하는 습관이 있었던 것 같다. 특히 폭력적인 아버지로부터 받은 모멸감, 분노 등이 무의식에 억압되어 있었을 것이라 보인다. 이런 분노는 우울증일 때 폭발하는 경향이 있다. 우울증에서는 불안, 의욕의 저하와 더불어 가장 흔히 나타나는 증상 중의 하나가 분노 조절이 약화되는 것이다. 조그만 자극에도 화가 나서 견딜 수 없어 폭발하게 되어 평소에는 점잖은 사람이 주변 사람들과 싸우고 특히 아이들을 키우는 어머니들이 자식에게 매를 든다거나 욕을 하는 등의 발작적인 분노를 표출하게 된다. 부부싸움도 많이 하고 주위 동료들과도 다툼이 잦아진다. 어릴 때 폭력에 노출되어 있던 사람들이 커서 같은 폭력을 쓰게 되는 경향이 있는데, 가해자에게 되갚고 싶은 욕구가 다른 사람들에게 향해지는 것이다. 은연중에 가해자를 닮게되는 것이다. 위의 경우처럼 평소에 감정을 억압하던 사람들이 우울증이 나타나면서 분노가 폭발되는 경향이 있다.

결국 우울증에서 보이는 자살이라는 것도 분노 폭발이 자신의 몸으로 향해지는 폭력의 일종이다. 분노라는 화의 덩어리가 무의식에 있다가 의식의 표층으로 나오고 그것이 어느 한계점을 넘으면 분출되어 폭력으로 화하게 된다.

우리는 흔히 화를 참을 수 없어 폭발되는 것을 "머리꼭지가 열렸다." "뚜껑이 열렸다."라는 표현을 자주 쓴다. 화가 나는 사람은 얼굴이 붉어지고 눈이 충혈 되는 등의 반응을 보이게 되는데서 연유한 말인 듯하다. 자율신경계 중에서 교감신경의 흥분이 극대화되어 싸울 태세로 있다가 그것이 어떤 한계를 넘어 폭발하게 되는데 우울증에서는 분노의 양이 많아지고 그것을 폭발하게 되는 한계치도 낮아지게 된다. 우울증이 치료되고 불안이 없어지고 마음의 여유가 생기면 교감신경의 흥분도 줄어들게 되고 분노의 조절이 가능해진다.

무의식에 깔린 에너지는 겉으로 보면 잔잔한 호수같이 평화롭고 온순해 보이지만 그 위험한 에너지가 폭력의 형태로 나타나면 심한 파도나 해일을 일으킬 수가 있다. 그러므로 자신 안에 얼마나 많은 분노의 에너지가 있는지 미리 미리 알아내고 치료하는 일이 중요하다. 평소 자신을 들여다보고 관찰하고 분석하는 태도는 정신건강을 유지하는 데 큰 힘이 된다. 특히 화를 잘 내서 주변 사람들과 문제를 자주 일으키는 사람의 경우 매일 분노지수를 체크해 보는 것도 도움이 된다.

10) 자신이 우울증인 줄 모르는 사람들

29세의 그녀는 쌍둥이 자매 중 언니로 어릴 때부터 부모의 사랑을 두고 자매가 서로 경쟁하면서 살았는데 지기를 싫어해서 가족들과 잘 부딪쳤다고 한다. 일란성 쌍둥이인데도 언니인 환자는 강한 성격이고 동생은 온순한 편이라고 한다. 대학을 나오고 직장을 다니면서도 아버지의 성격을 닮아 따지기를 좋아해서 특히 아버지와 충돌이 많았다. 아버지는 고집이 세고 완고해서 자식들을 엄하게 교육시켰다고 하는데 2년 전에 위암을 선고받고 일 년 만에 사망하게 된다. 그녀는 아버지가 돌아가시기 전부터 위가 아프다고 검사를 받고 암이 아닐까 걱정하는 증상이 생겼다. 여러 병원을 전전하면서 검사를 받기 시작했는데 정상이라고 하면 딴 병원에 가서 다시 검사를 받기도 했다. 위암이 아니라고 하면 좀 괜찮다가 곧 다른 증상이 생겨 다른 검사들을 받고 또 정상이면 다른 증상을 보이곤 한다. 간암, 대장암, 백혈병 등을 의심하며 여러 병원에서 여러 가지 검사하느라 버린 돈도 엄청나다고 한다. 결국 가족들의 권유로 정신과를 방문하였는데도 자신은 정신과 환자가 결코 아니라고 주장했다.

이 환자의 경우 아버지의 죽음에 대한 죄책감으로 우울증이 자기 징벌 욕구로 변해 자신의 몸으로 투사된 것으로 보인다. 아버지 속을 썩이고 반항한 것이 후회되고 죄책감이 생겨 증상으로 나마 아버지의 고통을 나눠보려는 무의식적 욕구로 아버지와 같은 암이라고 믿게 되는 것이다. 이런 환자들처럼 본인의 감정을 잘 모르고 인정 못하는 경우가 종종 있다. 평소 무엇이든지 이성적 판단으로 비판하려 하고 감정 기능을 너무 억압하는 사람들의 특징으로 보이는데 건강염려증이나 망상 형태로 증상이 나타날 수 있다.

자신이 우울증이라는 것을 모를 때 이들은 신경과를 찾아가 뇌기능 검사나 뇌 촬영을 하거나 하기도 하고 내과나 정형외과를 찾아가 반복적인 검사를 받기도 한다. 물론 결과가 아무 이상이 없게 나와 적절한 치료를 못 받는 경우가 많다.

또 그런 검사의 결과 아무런 이상이 발견되지 않을 때 "신경성"이라 하여 정신과에 찾아가라는 권유를 받기도 하는데 환자들은 "신경성"이라는 것은 납득하면서도 정신과에 대한 강한 거부감으로 마치 모욕당한 듯 느끼기도 한다. 몸이 아파서 왔는데 왜 정신병자 취급을 하느냐고 그것을 권유한 의사에게 화를 내기도 한다.

사실 내과에 다니는 환자들 중에 실제적으로는 우울증 환자인 경우가 종종 있다. 그래서 내과 의사들이 정신과 약물, 항우울제나 신경안정제, 수면제 등을 많이 처방하고 있는 것이 현실이다. 내과 약을 아무리 많이 써도 낫지 않다가 정신과 약물을 쓰면 증세가 좋아지니 당연한 일이기도 하지만 전문적인 정신과 치료를 받는 것이 환자들에게 더 도움이 되는 것은 당연하지 않겠는가?

11) 반항하는 청소년

중학교 2학년이 되는 이 소녀는 최근 성적이 급격하게 떨어지고 학교에 가기 싫다면서 무단결석을 며칠 하다가 가출해 버렸다. 며칠만에 부모님이 찾아내었으나 여전히 등교를 거부하여 병원을 방문하였다. 초등학교 까지만 해도 공부도 잘 하고 활달하고 친구관계도 좋았다고 하는데 중학교로 진학하면서 친구들이 낯설고 자신을 왕따 시키는 것 같다고 호소하곤 했다. 그러다가 최근 같은 중학교를 다니다가 가출하여 퇴학당한 한 친구를 만나게 되고 그 친구와 함께 가출하게 된 것이다. 가출해서 친구와 같이 지내면서 술도 마시고 담배도 피우고 화장도 하게 되었다.

소녀의 부모는 교회에 열심히 다니면서 모범적으로 살고 있으며 언니, 남동생도 모두 공부 잘 하는 우수한 학생이다. 어머니는 교회 계통의 상담센터에서 봉사하는 상담원이고 외할아버지는 목사님이시다. 부모는 우리 집안에서 이런 아이가 나온다는 건 이해할 수 없는 일이라고 하였다. 엄마는 너무 기가 막혀 상기된 표정이고 소녀는 거의 상담도 거부하고 울기만 하고 세상 누구와도 대화가 안 된다고 하였다. 답답하여 집에 있기 싫고 잠도 안 오니 밤에 친구를 만나러 갔을 뿐이라고, 공부는 집중이 안 되어 할 수 없고 학교는 취미가 없어져서 다닐 마음도 없다고 이야기한다.

청소년기는 삶의 에너지로 넘치는 시기다. 그래서 이들에게 나타나는 우울증의 양태는 좀 다르다. 성인에서는 의식에서 사용할 에너지가 고갈되어 무기력하고 활동성도 줄어드는 쪽으로 증상이 나타나는데 반해 이들에게서는 감정이 격해지고 폭력적이 되거나 무단결석, 가출, 폭력 등 비행 청소년 같은 행동으로 증상이 나타나는 경우가 많다.

겉으로 보기엔 사춘기 청소년의 반항쯤으로 보이는데 상담을 하거나 심리검사를 하면 우울 성향을 보이는 경우가 허다하다. 부모와 세상에 대한 부정적인 사고로 가득 차 있으며 학교에서 시키는 공부, 선생님들의 교훈 등 강요되는 가치관에 대한 강한 거부감이 있다.

청소년기는 아직 확고한 자아정체감이 없고 그것을 성립해 가는 과정이므로 바람직한 성인의 모델이 필요하다. 요즘은 사회 문화적인 격변으로 건강한 아버지(혹은 어머니)의 롤 모델이 사라지고 있다. 선생님들의 권위도 별로 없다. 더불어 천편일률적으로 강요받는 것이 대학입시와 학교 성적으로 그것이 모든 권위보다 우위에 있다. 학교 성적이 자신의 모든 능력을 인정받는 잣대이니 자칫 성적이 떨어져서 부모나 선생님으로부터 야단을 맞거나 친구들로부터 따돌림을 당할 때 자신을 지탱하던 모든 것이 무너지는 느낌이 든다. 자신의 정체성이 흔들리고 어떻게 살아야 할지 어떻게 사는 게 맞는 건지 혼란이 올 수가 있다. 이럴 때는 딱히 우울하다는 느낌도 없이 권위적 존재에 대해 반항하기를 즐기면서 주변의 유혹에 쉽게 넘어간다. 우울증 보다는 청소년 비행이라고 잘못 판단되기도 한다.

위의 경우처럼 가정교육이 너무 엄격한 환경에서 오히려 반작용으로 반항적인 성향이 나타나는 수가 있다. 부모의 의식적 태도가 지나치게 도덕적이거나 너무 일방적일 때 부모의 무의식에 억압된 것들이 오히려 자식을 통해서 나타나는 것이다. 이 연령층의 특징은 감정통제가 안 되고 어떤 행동을 할 때 여러 가지를 고려하기 보다는 순간순간의 감정에 따라 하는 경향이 있기 때문에 충동성이 큰 문제가 된다. 따라서 충동적인 자살 시도도 다른 연령층보다 많다.

통 증

주말은 비, 계속 비,
꿈틀대는 배, 설사, 계속 설사,
왼쪽 이마의 통증, 쑤셔대는 두통
지옥의 고문일까?
생의 낭만적인 슬픔일까?

고통과 환희가 뒤범벅되고
가학과 피학이 뒤섞인
인간들의 역사 속에서
한 걸음, 두 걸음만 튀어나와 보면
거기 신의 세계, 영혼의 세계가 보이는데
난 왜 땅 바닥에 붙어서 고통을 핥아먹고 있는가?

내 고통의 이유는, 이유는 없다.
하나의 가설, 하나의 전제일 뿐,
난 내 모든 것을 다 주어버리기로 했는데
줄 것이 없다. 줄 것이 없다.
고통과 거짓 핑계들과 위선 밖에는
너에게 줄 것이 없다.

아무 것도 줄 것이 없으면서
왜 그다지 많은 것을 받으려고만 하는지
통증은 내 가난함의 증거다.
줄 것이 없음을 표현하는 몸부림이다.

[2부]

우울증을 극복하는 방법들

6장 약물치료

우울증의 치료에서 약만큼 중요한 것은 없다.

불안하고 잠이 안 오고 안절부절 못하고 몸이 여기저기 설명할 수 없이 아픈데 무슨 설명인들 그들에게 도움이 되겠는가? 주위에서는 마음을 강하게 먹으라거나 왜 그렇게 약하냐고 핀잔 조로 이야기하는데 실은 그런 것들이 그들을 더 기죽게 만든다. 가뜩이나 자신이 없는 판에 스스로도 통제 못한다는 자괴감으로 그들은 더욱 괴로워진다. 그들 스스로도 처음엔 마음을 다잡고 생각을 바꾸어서 어떻게 고쳐보려고 애를 쓴다.

"아무 것도 아냐, 며칠 지나면 나아지겠지, 노력하면 될 거야. 병원에 안 가도 되겠지."

그러다가 날이 가면서 점점 더 견딜 수 없는 깊은 수렁에 빠져들게 되는 것이다.

우울증의 치료에 관한 견해는 여러가지다. 피터 크레이머 같은 정신과 의사들은 우울증을 창조성과 감수성의 원천으로 간주하는 뿌리 깊은 문화적 인식이 우울증의 적극적인 치료를 막고 있다고 주장하며 "인류에게 알려진 가장 치명적인 질명"이라고 경고한다. 그런가 하면 미국식 진단과 처방이 너무 많은 사람들을 정신질환자로 낙인찍고 약물 남용을 부추긴다고 우려하는 사람들도 있다.(Ethan Watters) 필요 없는 안정제 등의 약들을 너무 많이 쓰는 바람에 "불안불감증"이 생겨 오히려 정신치료를 받지 않으려 한다면서 지나친 약물치료를 반대하기도 한다.(Issac Marks)

물론 너무 많은 질병 분류가 더 많은 사람들을 환자로 몰고 가는 느낌은 분명 있지만 참기 힘든 고통에 대해 두 손 놓고 그대로 참으라거나 자연적인 현상으로 그저 받아들이기만 하라는 것도 좋은 태도는 아니다. 우울증이 많은 긍정적인 의미가 있는 병이라고 하여 고통에 대해 참으라고만 할 수는 없는 것이다. 고통이 어느 정도 지나가야 긍정적인 의미도 깨달아지기 때문이다. 누군가에게 도움을 청할 수 있으면 청해야 하고 누군가 도와달라고 하면 도와줘야 하는 것이 현대를 살아가는 사람들의 지혜가 아닌가 한다.

그럼, 과연 언제부터 약물치료가 필요한 걸까? 위에서 살펴본 바와 같이 불면증, 식욕저하(혹은 폭식증)같은 신체증상이 있거나, 일상생활을 못 하거나, 자살 생각이 있거나, 정신병적 증상이 있을 때 치료를 해야 한다. 그러나 며칠 동안 잠을 못 잤다거나 불안이 극심할 경우는 하루라도 빨리 약물 치료를 시작하는 게 좋다. 며칠 동안 참다보면 환자들은 완전 탈진 상태에 빠질 수도 있고 자살 같은 되돌릴 수 없는 상황에 도달할 수도 있기 때문이다.

그러나 많은 환자들이 아주 심한 경우에만 약물로 치료한다는 잘못된 생각을 갖고 있으며 약을 먹는다는 것 자체가 자신의 약함을 인정하는 거라며 가능하면 끝까지 참아보려고 한다. 정신과 약이 독하고 습관성이 있고 중독되는 등 아주 치명적인 부작용이 있다는 편견을 갖는 사람도 많다. 그러나 절대로 그렇지 않다. 정신과 약이야말로 요즘 모든 처방에 약방의 감초처럼 들어간다. 내과, 신경과, 통증 크리닉 등에서 항불안제, 항우울제, 항경련 약물은 정말로 많이 쓰이고 있는 현실이다. 그런데도 아직도 정신과에서 약을 처방 받는 것을 무서워하는 사람들이 많다는 것은 아이러니다.

우울증의 치료약은 아주 종류가 많다. 그 중에서 요즘 가장 흔히 쓰이는 약 중 대표적인 것은 수십 년 전부터 쓰이던 삼환계 약, 단가아민 산화효소 억제제, 비전형적인 항우울제 등과 더불어 1980년대 개발된 세로토닌에 영향을 미치는 약물들이다. 약물은 너무 여러 종류이고 제약회사에 따라서 명칭이 다르므로 약 이름은 생략하기로 한다.

불면증을 동반하는 환자들은 잠을 먼저 자는 게 중요하므로 수면효과가 있는 삼환계 약물(TCA)등이 쓰이는데 이런 약들은 잠이 잘 오는 대신 아침에 머리가 무겁고 잠에서 깨어나기 힘든 부작용이 생길 수 있다. 또 항 콜린 작용 때문에 입에 침이 마르는 증세나 저혈압, 변비, 배뇨 곤란 등의 부작용도 나타날 수 있다. 간혹 체중증가나 성기능장애도 나타난다.

부작용은 개인에 따라 많은 차이가 있으므로 처음 치료를 시작할 때 잘 조절하면 견딜 수 있을 정도로 된다. 그런 부작용도 일, 이주 지나면 어느 정도 견딜 수 있을 정도로 되고 치료효과도 나타나게 된다. 가장 먼저 좋아지는 증상이 불면증과 불안이다. 잠만 편하게 잘 자고, 가슴 답답하고 심장 두근거리는 불안 증상만 없어져도 환자들은 많은 편안함을 느끼게 된다.

기존의 삼환계 약물에서 보이는 부작용이 없는 새로운 약으로

SSRI(Serotonin Selective Reuptake Inhibitor, 선택적 세로토닌 재흡수 차단제)약물들이 나오면서 우울증 치료에 청신호가 켜졌다. 이 약들은 세로토닌 재흡수를 억제하여 두뇌에서 사용가능한 세로토닌의 양을 늘려주는 작용을 하는데 가장 유명한 것이 1980년대 말부터 사용된 프로작이란 약이고 그 후에도 많은 약들이 개발되었다.(1987년 미국 식약청 승인)

프로작이 "기적의 약"으로 주목을 받은 이유는 기존의 항우울제에서의 문제였던 체중증가가 없고 오히려 체중감소를 일으킨다는 사실 때문이었다. 비만과 싸우는 현대인들에게 이것보다 더 좋은 약은 없었던 것이다.

최근에는 세로토닌과 노르에피네프린 계에 동시에 작용하는 약들(SNRI, Serotonin Norepinephrine Reuptake Inhibitor, 세로토닌 노르에피네프린 재흡수 차단제)도 새로 개발되어 쓰이고 있다. 세로토닌에 영향을 미치는 이런 약물들은 대체로 식욕을 떨어뜨리므로 폭식증 등의 섭식장애가 있는 우울증 환자에게서 쓰이기도 하고 강박증, 공황장애, 외상후스트레스장애 등에서도 치료효과를 보인다.

이런 약들도 치료효과가 나타나기까지 약 2, 3주 정도의 시간이 필요하다. 환자에 따라서는 며칠 안에 기운이 나고 활동적이 되었다고 말하는 사람들도 있다. 이 약물의 가장 흔한 부작용으로는 식욕부진, 메스꺼움, 속쓰림, 불면증 등이 있으며 몸에 긴장감이 느껴져 더 불안하다고 호소하는 환자들도 간혹 있다. 크게 불편을 느끼는 경우 약물을 바꾸거나 부작용을 없앨 수 있는 다른 약을 추가해서 쓰면 되므로 약물에 대한 거부감을 갖지 말고 의사와 상의해서 해결하는 것이 좋다.

일단 약으로 어느 정도 증상이 사라진 후에야 다른 치료법들도 효과를 발휘하게 되므로 약물 치료야말로 우울증 치료의 핵심이다. 그렇지만 약물 치료를 하다보면, 특히 세로토닌 계열의 약물을 쓸 경우, 과잉으로 기분이 상승되어 예기치 않은 충동성이나 폭력성이 나타나기도 하고, 드물지만 반대로 자살충동까지 생기는 경우도 있다. 약물로 정신을 변화시킨다는 건 이처럼 조심스러운 일이다. 그러므로 약물치료를 할 때는 의사의 자세한 관찰이 병행되어야 한다.

아주 가벼운 우울증의 경우엔 몇 주 정도의 치료만 받고 회복되는 수도 있지만 대체로 적어도 6개월 이상의 지속적인 치료가 필요하다. 일단 치료가 되어도 재발을 예방하기 위해 1, 2년 정도의 약물치료가 필요한 경우도 많다. 심한 증상을 경험한 환자일수록 일단 회복되어도 재발이 두려워서 약을 잘 먹게 된다. 물론 그것 때문에 이차적 의존증이 생기기도 하지만 심리적인 문제일 뿐 신체적 의존성이나 중독증, 금단 증상들은 그리 염려할게 안 된다. 일단 환자들은 정신과 의사들과 일종의 정신적 유대 관계(이것을 정신과 용어로 '라포'라고 한다)가 성립되면 그에게 지속적으로 자기 상태에 대한 점검을 받고 심리적 문제들을 의논하고 싶어한다. 그건 장기적인 치료 유지에 많은 도움이 된다.

계절적인 우울증의 경우는 일 년에 한, 두 번 봄철이나 가을 혹은 한 겨울에 찾아오기도 한다. 보통 계절적 우울증은 일조량이 감소되는 겨울철에만 오는 것으로 알고 있지만 꼭 그런 것은 아니고 봄이나, 가을 등 환절기에 심한 사람도 있고 반대로 한 여름을 못 견뎌 하는 사람들도 있다. 개인의 체질에 따라 다른 것 같은데 보통은 최초로 우울증이 발병되었던 그 시기를 힘들어하는 경향이 있다. 이런 사람들도 역시 일 년 내내 약을 먹을 필요는 없다. 계절적으로 일 년에 가장 힘든 시기 몇 달만 약을 먹으면 일 년 내내 잘 견디는 사람들도 많다.

조울증에서처럼 우울증과 조증이 반복적으로 나타나는 양극성 우울증이든 우울증만 반복적으로 나타나는 단극성 우울증이든 우울의 증상은 비슷하지만 치료는 다르다. 조울증에는 리티움 등의 감정 조절 약을 많이 쓰는데 요즘은 항경련제도 많이 사용된다.

망상이나 환각증세 같은 정신병적 증상까지 보이는 우울증이 있는데 이럴 때는 항우울증 약만으로는 치료가 안 되고 도파민 계에 작용하는 항정신병 약물도 같이 써야 한다.

조울증이나 망상을 동반한 우울증의 경우 약물치료를 몇 년 이상 오래해야 하므로 환자 본인들의 협조가 중요하다.

"평생 약을 먹어야 한다"는 사실을 받아들이는 일은 꽤 어려운 일이다. 특히 증상이 없어지고 완쾌된 것처럼 보이는 상태에서도 약을 유지하기는 정말 어렵다. "내가 불구입니까? 난 왜 제 정신으로 못 사는 것입니까? 나도 약 같은 것 안 먹고 온전히 내 정신으로 살고 싶습니다." 이런 이야기를 한다. 다른 약들은 잘 먹으면서 유독 정신에 영향을 미치는 약을 먹는다는 게 자존심이 상하는 것 같다. 그래서 의사 권유에 반해서 약을 자의적으로 끊고 재발하는 사람들이 너무 많다. 고혈압이나 당뇨병, 고지혈증 등도 평생 약물치료가 필요하다. 신체에서 어떤 물질이 부족하여 병이 생긴다면 그 부족한 물질을 약물로 보충해 줘야 하듯이 정신과적인 질환도 마찬가지다. 그래야 뇌의 균형을 유지할 수 있다면 기꺼이 받아들여야 하는 것이다. 그리고 치료가 다 되었다고 판정되어도 약을 끊을 때는 상담치료를 병행하면서 반드시 의사와 상의해서 진행해야 재발의 위험을 줄일 수 있다.

치료는 그 사람의 전반적 상황, 즉 증상의 양상 뿐 아니라 유전적 소질, 타고난 성격, 현재의 상황, 약물의 반응 정도, 부작용이 나타나는 경향, 경제적 여유 등을 다 고려해서 결정해야 한다. 아무리 좋은 치료라 해도 비용이 너무 많이 들면 권유할 수가 없다. 꼭 비싼 약이라 해서 좋은 것도 아니다. 대부분의 경우 의료보험의 혜택을 받을 수 있는 약으로 장기 치료하는 것이 가장 큰 도움이 되니 한 정신과 의사를 주치의로 정해서 꾸준한 치료를 받는 것이 중요하다.

임상에서 환자를 치료해 보면 항상 교과서적으로 진행되는 것이 아니라는 걸 경험하게 된다. 정말 사람들 얼굴이 모두 다르듯이 약에 의한 반응도 우울증의 진행도 다 다르다. 마치 약물치료가 개별적인 대상을 상대로 하는 예술적 조합이라는 생각도 든다.

지난 수십 여 년 동안 약물은 많이 발전하여 이제는 부작용도 거의 없고 효과도 좋은 약들이 많아졌다. 그렇게 좋은 우울증 약물들이 개발되고 사용되어 왔음에도 불구하고 우울증과 자살률이 줄기는커녕 오히려 더 늘었다는 사실은 무얼 의미하는가? 약물은 표면적인 증상의 완화만 가져올 뿐, 근본 인성을 바꾸지는 못하므로 다시 재발할 확률을 줄여주지 못한다는 것을 뜻한다. 결국 우울증과 절망감을 싸워 이길 힘을 키우려면 스스로의 경험을 통해서 자신의 심리적 문제를 깨달아야만 하는 것이다. 어떤 감염증은 한번 앓게 되면 몸에서 항체가 생겨 다시는 같은 질병에 안 걸릴 저항력이 생긴다. 우울증도 그렇게 될 수는 없을까? 그런 의미에서 정신치료나 다른 치료들이 필요한 것이다. 우울증에 대처할 새로운 인지나 전략을 만드는 것이 면역력을 강화시키는 것과 같은 의미가 있기 때문이다.

내 사랑

내 사랑은 오래 된 고름 주머니
간혹 쑤시고 간혹 아무렇지도 않은
만성 염증의 고름 주머니.

언제 생겼는지 기억도 안나.
어두컴컴한 골목, 노숙자들이 잠드는 그런 곳에서
곰팡이처럼 피어나 시작된 그런…

터져 나오지도 못하고 없어지지도 않는
세균들이 증식에 증식을 거듭하고
내 흰피톨들이 싸우고 싸워 수많은 전사자들이 나오지만

없어지지 않아.
그 갇힌 고름도, 헐어버린 내 피부도
사랑처럼 아우성치며 없어지지 않아.

언젠가 암흑 속에서 상처 난 내 피부를 통해
침입한 세균들의 안식처.
어디 떠날 줄도 모르고 내 피 속으로 들어와
나와 하나가 되지도 못하는…
내 사랑은 가여운 고름 주머니.

7장 정신치료(상담치료)

약물치료와 더불어 가장 기본이 되는 것이 상담하여 치료하는 정신치료이다.

정신치료에는 자아의 기능을 강하게 만들어주는 데 목적을 둔 지지요법과 분석적 방법을 통해 깊은 통찰을 얻게 하는 심층요법이 있다.

지지요법

이것은 일시적으로 와해되었던 방어 기능을 포함한 자아의 힘을 강화시켜 증상을 없애주는 것을 목적으로 한다. 우울증이 심할 때는 어려운 분석적 치료보다는 따뜻한 인간관계를 통한 지지적인 정신요법이 중요하다. 사실 왜 우울증이 생겼는가에 대한 분석은 일단 증상이 좋아진 후에 생각해 볼 일이다. 삶의 의욕을 잃고 불안해하는 사람에게 자신에 대해 분석하라는 것은 어려운 일일 수도 있다. 그들은 이미 자신감도 없고 우울하고 미래가 불안하고 자신이 한참 잘못되어 있다고 느끼며 자기비하감과 죄책감에 빠져있기 때문이다. 그래서 옆에서 위로해 준답시고 하는 말들 "의지로 이겨내라", "왜 그렇게 마음이 약하니?", "생각을 돌려라" 등등의 말들은 위로는 커녕 "나는 이것도 못하는 구나" 하는 자책감을 더욱 더 심어줄 뿐이다.

그런 사람들에겐 어떤 위로도 별로 도움이 되지 않는다. 그들에게 가장 필요한 것은 이해와 포용이다. 그들의 불안이 얼마나 견디기 힘든지 그들의 상실감과 절망이 얼마나 큰지 그대로 받아들여줄 그 누군가가 필요하다. 혼자 있기 어려운 사람에게는 같이 있어줄 사람이, 밥맛이 없는 사람에겐 밥을 챙겨줄 사람이 가장 절실하다. 심한 우울증의 경우 응급상황이라고 여겨(자살의 위험성도 고려하여) 빨리 병원을 방문하도록 도와줘야 한다. 급성 상태에서는 약물 치료만큼 효과적인 것은 없지만 누군가가 자신의 고통을 이해하고 들여다봐 준다는 사실로 큰 위안이 되니 상담치료도 상당히 중요하다

가족 중에 누군가가 죽었다거나 사랑하는 사람의 버림을 받았다거나 큰돈을 잃었다거나, 대체로 사랑, 돈 등 생존에 필요하고도 중요한 자본을 잃었을 때 느끼는 상실감은 누구나 공감할 수 있는 것이기 때문에 이들의 이야기를 그대로 들어주고 공감하는 것만으로도 치료적 효과를 보인다. 물론 병원까지 가지 않아도 가까운 친지나 지인에게 털어 놓아도 도움을 받는다.

어린 시절 불우한 환경에서 성장했다거나 성격상 우울한 경향이 많을 때 아주 가벼운 상실에도 어린 시절의 상처가 자극되어 우울증이 반복적으로 오는 사람도 있다. 이때는 어린 시절의 상처에 대해 실컷 토로할 수 있게 해줄 필요가 있다. 그러나 너무 반복적인 자기푸념이나 신세한탄이 되어선 안 된다. 간혹 이런 자기연민을 너무 즐기는 사람들이 있는데, 인격 성장에 도움이 되기는커녕 방해가 될 가능성이 많다. 이들에게는 적당한 시점에서 초점을 과거에서 미래로 돌려줄 필요가 있다.

때로는 아무 이유 없이 주기적으로 극심한 우울증이 오는 경우도 많은데 그럴 때 환자들 스스로도 더 당혹스러워하고 고통스러워한다. "아무 이유도 없는데 왜? 나는 왜 이럴까?"

더 안으로 파고들어 자신이 미워지고 그런 자신을 죽여 버리고 싶은 자살충동을 느낀다. "나는 살 가치도 이유도 없어." 이런 반복적이고도 강박적인 사고가 결국 더욱 더 우울증을 심화시키므로 이 강박적인 사고의 맥을 끊는 게 중요한 데 이 역시 일단 증상이 어느 정도 좋아지고 난 후에 시작할 수 있다.

급성기의 우울증 환자들은 너무 불안하여 치료자에게 수도 없이 전화로 호소하곤 한다. 귀찮을 정도로 징징거리면서 어린애처럼 매달린다. 어린아이 수준으로 정신적인 퇴행이 일어나기 때문에 일단은 다 받아주는 태도가 필요하다. 2, 3주의 급성기가 지나고 불안이 가라 앉으면 환자들은 이런 퇴행적 요구를 그치게 되는데 그 동안 가족들의 인내도 아주 중요한 역할을 하게 된다. 가족들도 지치고 힘들어지기 때문이다.

일단 어느 정도 치료가 되어야 본격적인 상담치료가 가능해 진다. 본인의 성격이나 자동적인 사고 형태에 대한 자기분석과 성찰로 재발을 예방할 수 있으니 오랜 기간의 상담과 정신치료가 필요해 지는 것이다.

정신치료는 간단히 이야기하면 "자신을 바로 알기"를 통한 "인격의 성숙"이다.

우울하다거나 슬프다거나 하는 감정의 창을 통해서 본인의 의식상태, 성격 패턴을 알아야 하고 더 나아가 무의식에 어떤 콤플렉스들이 있는가를 알아야 한다. 이 작업은 그리 쉬운 일이 아니다.

보통 상담을 시작하고 얼마 동안, 자신의 과거 이야기를 하면서 얼마나 힘들고 상처 받았나 털어놓을 땐 감정적 카타르시스도 되고 누군가가 동의해 준다는 데 위안을 느껴 치료적 효과를 얻는다. 그러나 그것이 분석 단계로 가면 누구나 저항을 갖게 된다. 자신이 갖고 있는 어떤 성향이 문제가 있고 병적이라는데 선뜻 동의하는 환자들은 없다. 자신을 분석하면 병적인 문제들이 매우 많이 나타날 거라 불안해하면서 저항한다. 자기비하감이 심한 우울증 환자라도 문제를 명확히 보는 걸 거부한다. 자칫 잘못하면 자기비하감이 더 심해져서 증상이 악화될 수도 있다.

그냥 지지적인 치료로 끝낼 것인지 좀 더 심층적인 치료를 할 건지는 환자의 자아가 튼튼한지 받아들일 가능성이 있는지 성장에 대한 내적 욕구가 있는지 등을 치료자가 판단하여 결정하게 되는데 좀 긴 시간을 두고 보아야 할 일이다. 진정한 자신을 들여다 볼 수 있는 용기를 갖는 것, 그것이 가장 중요한 치료적 요소인데 너무나 많은 사람들이 벗겨진 자신은 누추하고 형편없으리라 예상한다. 그나마 갖고 있는 자아의식을 잃어버릴까봐 저항한다. 그 저항을 깨고 진실로 들여다보면 경이롭고 아름다운 신천지가 펼쳐진다는 걸 모른다.

보통 정신과 외래에서 진료 받는 대부분의 환자들은(시간 관계상) 그저 지지적 정신치료 정도 받고 있다고 생각하면 되는데 오랜 세월 치료 받다보면 지지적인 치료도 상당히 많은 인격의 변화를 가져오게 할 수 있으므로 가볍게 생각할 것도 아니다.

심층요법

인격 변화를 목적으로 하는 심층치료의 원리를 잠깐 설명해 보기로 한다.

"나"라고 하는 것은 나의 자아의식이다. 내가 알고 있는 마음이 의식이고 내가 갖고 있으나 모르고 있는 마음이 무의식이다. 자아(Ego)는 의식 영역의 중심 역할을 하는데 우리는 대부분 의식만 중시하고 산다. 사실 무의식은 넓은 바다와 같고 의식은 거기 떠 있는 작은 섬인 것이다. 바다 속은 알려지지 않은 신비한 것으로 가득 차 있는 창고인데 겉에서 보기엔 평온하기만 하다. 우리는 바다 속에 뭐가 있는지 궁금해 하지 않다가 파도가 치든가 해일이 일어나야 놀란다. 뭔가 불편한 일이 생기거나 증상이 나타나야 우리가 깨닫지 못하고 살던 무의식에 큰 힘이 있다는 걸 깨닫게 되는 것이다. 치료를 위해 바다 속으로 위험한 탐험을 떠나는 것이 정신치료다. 그 안에 어떤 위험한 콤플렉스가 있는지, 지진을 일으키는 지점이 어딘지, 찾아내야 한다. 그 과정에서 우리는 예기치 않은 보물들이나 신비로운 생물들을 발견할 수도 있다.

무의식을 의식화하는 것은 융 학파에서 뿐 아니라 프로이드 학파에서도 중요하게 생각하는데 물론 그 방법이나 개념은 많이 다르다. 학파에 따라 여러 가지 분석 방법을 쓴다.

프로이드 학파에서는 우울증을 비롯해 거의 모든 신경증적인 증상은 대부분 무의식에 억눌려진 감정(의식에서 용납할 수 없는 감정들, 특히 성적 욕구들)에서 생겨나는 것이므로 그것을 알아내서 증상의 의미를 알면 극복할 수 있다고 한다.

정신분석적인 치료과정은 분석가와 오랜 동안 상담을 하면서 자유연상(Free Association)이란 방법을 이용하여 꿈이나 증상을 분석하여 자신의 무의식을 들여다보는 것인데, 그 과정에서 일어나는 치료자에의 전이문제를 극복해야 한다. 전이(Transference)란 피상담자가 자기 인생의 중요한 인물, 주로 부모에 대한 감정을 치료자에게 투사하여 지나친 의존성과 함께 해결되지 못한 감정이 되살아나 여러 가지 신경증적 증상을 나타내는 것을 말한다. 그 문제를 극복하지 못하면 치료가 실패하는 수도 있어서 프로이드 학파에서는 아주 중요한 치료과정으로 간주한다.

분석심리학적 치료(융 학파)에서는 주로 꿈의 내용을 분석하는 방법을 쓴다. 꿈의 이미지들을 확충(Amplification)과 적극적 명상(Active Imagination)이란 방법을 통해 그 의미를 알아보고 무의식, 특히 집단 무의식(아케타입, Archetype, 인류 공통의 무의식)에 숨은 목적 지향적인 가능성을 보려고 노력한다. 꿈은 대단히 많은 의미를 함축하고 있다. 꿈을 분석하다 보면 정말로 우리의 뇌가 얼마나 경이로운 창작 활동을 하나 놀라게 된다. 기억의 창고 안에 있던 오래된 내용물들과 최근에 느꼈던 자극에서 이거 저것을 꿰어 맞춰 스토리를 만들어 내는 우리의 뇌는 훌륭한 작가다. 뇌 과학을 연구하는 일부 학자들은 꿈이 어떤 의미를 갖고 있다는 걸 부정하지만(Hobson) 정신과 의사의 오랜 경험으로 볼 때 꿈은 엄청난 의미를 지닌 영상물이다. 꿈에는 개인의 무의식적 내용뿐 아니라 인간 공통의 집단 무의식에 있는 여러 가지 신화적 내용들이 나타난다. 그것이 무의식의 바다에서 발견한 보물들이다. 인간의 진화과정 중에 오랜 기억의 형태로 뇌에 입력된 것이나 보통의 의식 상태로는 알 수 없는 것들이 꿈에 나타나는 것으로 보인다. 꿈 분석의 방법은 장기적인 치료 작업이다. 꿈을 통해 무의식이 우리에게 알려주려는 것이 무언가 알아봐야 한다. 우울증이라는 증상의 소실보다는 자신의 무의식의 내용을 의식화시킴으로써 좀 더 성숙된 인격으로 변화시키는 데 목표를 둔다.

프로이드 학파와 융 학파의 차이에 대해 알아보자.

프로이드는 무의식의 병적인 부분을 중요하게 생각했다면 융은 무의식의 창조적 치료적 기능을 더 중요하게 생각했다. 프로이드는 무엇보다도 성적욕구를 중요하게 생각하여 리비도를 성적욕구와 동일하게 보았으나 융은 성본능뿐 아니라 공격본능, 권력욕구 등도 모두 리비도라는 정신적 에너지의 변환으로 보았다. 프로이드의 정신분석의 관점은 어떻게 자아가 위험한 무의식의 충동을 조절하는가를 강조하는데 비해 융은 어떻게 자아가 무의식의 창조성을 받아들이느냐에 집중한다.(이부영) 프로이드 식 치료에서 자아의 힘을 강화시키는 것이 목적이라면, 융 식 치료는 전체 정신의 중심인 자기(Self)를 실현시키는 게 목적이다. 이것을 융 학파에서는 인격의 전체성을 회복하는 개성화, 혹은 자기실현이라고 한다.

개인 심리학의 창시자 알프레드 아들러는 프로이드의 설에 반대하여 인간의 행동과 발달을 결정하는 것은 보편적인 열등감이라는 정서와 그를 극복하고자 하는 권력에의 의지라고 하였다. 실제 환자들을 진료하다 보면 현대에는 그렇게 해석해야만 이해할 수 있는 사람들이 많다. 현대인들은 성적 충동 보다는 성공하고 싶은 욕구가 더 강한 것 같다. 공부 잘해서 좋은 대학에 가고 좋은 직장에 취직해서 돈 많이 버는 것, 그것이 공통된 욕구다. 일단 성공하고 권력을 가져야 사랑도, 성족 만족도 가능하다고 생각한다.

어려서 부모의 양육태도도 성공 지향적이어서, 부모로부터 형성된 열등감은 평생 자기비하감과 우울증을 일으키는 원인이 된다. 열등감을 만회하고 우월해지려고 노력하게 되는 건 아주 자연스러운 일인데 그것이 좌절되어 사회와의 건전한 관계가 끊어지면 신경증적 증상이 나타나게 된다. 아들러는 이런 인간의 본질을 이해하고 사회적 관심도를 높이고 외부와의 관계를 잘 유지하면 치료가 된다고 주장한다. 그의 치료이론은 비교적 단순 명료하다. 그래서 그의 이론은 아동 상담, 가족 상담, 교육학 분야에서 널리 치료적으로 이용되어 왔다.

일부의 정신과 의사들은 한 환자에게 오랜 시간 할애하는 심층정신치료를 위주로 진료를 한다. 그러나 종합병원이나 개인의원에 근무하는 의사들은 너무 많은 환자들을 진료해야 되기 때문에 한 번에 한 시간 정도 하는 심층치료를 할 시간이 별로 없다. 선택적으로 꼭 필요한 경우는 예약 시간을 미리 잡아서 하기도 하는데 국민건강보험공단에서 책정된 의료수가가 터무니없이 낮고 현실성이 없어 의사들이 선뜻 하기가 쉽지 않다.(현재 심층치료 1회의 본인부담액은 13,500원이다.) 그래서 많은 환자들이 상담 치료를 전문으로 하는 상담소 등을 찾게 되는데 그 비용이 만만치 않다고 한다.(시간당 20만원이 넘는 곳도 있다고 한다) 그리고 상담치료사가 교육을 잘 받고 믿을만한지 검증하는 일도 쉽지 않은 게 현실이다. 정통적인 정신분석은 과거엔 정신과 의사들만 했었지만 지금은 사회사업가나 임상심리를 전공한 사람들이 일정한 교육을 받으면 상담 치료사가 될 수 있다.

최근에는 분석적 치료 보다는 어떤 행동 수정에 목적을 둔 인지치료를 특수 크리닉의 형태로 집단적으로 하는 경우가 많다. 우울증뿐 아니라 강박증, 대인공포증, 공황장애, 부부관계에서의 문제 등을 목표로 한다. 또 동양철학에서 발달한 명상법을 치료적으로 응용하기도 한다. 인간의 근본문제를 해결하기 위해서 종교적인 도움을 필요로 하는 사람들도 많다. 그래서, 유명한 스님의 강좌나 신부님의 강좌는 인기를 끌고 있다. 교회 등 종교집단에서 하는 부부관계 개선 프로그램이나 좋은 부모 교실도 모두 정신치료에 해당하니 잘만 받으면 좋은 결과를 얻을 수 있다.

이제는 정신치료 혹은 상담치료의 범위가 너무 넓어져서 어느 것이 진짜 정신치료인지 규정하기가 애매해졌다. 아마도 모든 치료가 다 효과가 있을 것이지만 정신과 의사가 하는 치료는 상대적으로 줄어든 것만은 사실이다.

지난 50년 간 정신분석(프로이드 이론) 및 정신치료의 위상은 많이 변화되었다. 반세기 이상 정신분석이 호황을 누렸던 미국 통계에 의하면 정신과 의사 중에 정신분석에 관심을 갖거나 분석적 치료를 하는 의사의 숫자는 점차 줄어들고 있다. 당연히 환자 중에서도 정신분석 치료를 받는 비율이 줄어들고 있다. 지금은 분석적 치료가 명상, 최면, 바이오피드백, 그룹치료, 가족치료, 인지치료 등의 여러 가지 상담 치료 중 하나로 위상이 떨어졌다. 정신질환에 대한 생의학적 증거들이 생겨나서 그런지, 정신치료보다 훨씬 비용이 덜 들고 효과도 좋은 치료법들이 많아져서 그런지는 잘 모르겠지만 아무튼 세상이 그렇게 변하고 있다. 그러나 또 언젠가는 정신치료가 각광을 받을 날이 다시 올지도 모른다. 세상은 돌고 도니까 약물을 비롯한 다른 치료의 한계를 발견한 사람들이 다시 정신치료로 되돌아올지도 모른다.

사실, 정신과 의사의 오랜 경험으로 미루어 보건데, 상담치료나 정신치료가 없는 정신과 치료는 생각할 수 없다. 정신치료가 노력과 비용에 비해 약물보다 치료효과가 적을 수는 있지만, 약물로 증상만 완화시켜 주기를 바라는 환자는 거의 없다. 그들은 치료자가 자신의 깊은 내면까지 들여다 봐주기를 원한다. 그것이 꼭 어떤 학파의 정통적 분석일 필요는 없지만 아무튼 정신치료가 필요한 것만은 사실이다. 좋은 의사-환자 관계를 유지하는 것은 정신과 치료의 기본인 것이다.

향기

언젠가 오랜 옛날,
한번은 코끝을 스쳐갔을 향내 같은 것,
깊은 기억의 뒤안길 어딘가 꼭꼭 숨어있었을 향기,
생의 향기, 벅찬 희망과 감사한 만족 같은 느낌.
내가 숨 쉬고 살아있다는 이 기이한 현상,
기적 같은 우연에 대한 최초의 자각
아 ! 우주가 본래 이랬을까?
생명이 원래 이랬던가?
흔적기관 같은 즐거움이 어딘가에 숨어 있다가
불쑥 불쑥 나타나는 이 기적 같은 자연의 향기가
언제부터, 어딘가로 부터 내게 오는 것일까?

분명 그랬다.
아주 오랜 옛날 어느 날엔가 몇 번쯤은 맛본 기억이 있었다.
화려하기도 하고 불가사이하기도 하고 신비롭기도 한,
곧, 재채기가 나버릴 것 같은 깊은 동요의 냄새.
그것으로 나도 한때는 행복하기도 했었을 것이다.
그 고대 유물 같은 향기가
다시금 내 코끝을, 가슴을, 머리털을 간질이며,
난 깊고 깊은 기억의 나락 속으로 자꾸 빨려 들어가며,
그 시간과 지금을 이어줄 그 어떤 의미의 줄을 잡고자
안간힘을 쓴다.
그때의 나와 지금의 나, 그때의 하늘과 지금의 하늘,
그때의 우주와 지금의, 지금의 지구가
어떻게 같을 수 있을까?

언젠가 한 번은, 두 번이나 세 번쯤은
내 코끝을 간질이고 황망히 지나간 향기가,
영겁의 세월이 지난 어느 날 밤 갑자기
나의 온 우주와 방과 공기를 채워버리고 있는 것이다.

그리고는 내일 아침이 되면 언제나 그랬듯이
그것은 마치 환각이었던 것처럼,
냉정하고 흔적도 남기지 않은 채 사라져 버릴 것이다.
저 깊고 깊은 기억의 뒤안길 속으로.
그리고 피라밋의 미이라처럼 수천 년을 죽어 있을 것이다.
어느 날엔가 기적처럼 깨어나기 위해.

8장 인지행동치료

우울증에서는 단지 기분의 저하만 있는 게 아니다. 생각도 부정적이다. 사실 감정과 사고는 별개의 것이 아니고 동전의 양면과 같은 것이라고 보면 된다.

자세히 얘기하면, 감정에 대한 주관적 인식은 현재 자신을 관찰하고 내적 가치관과 목표에 따른 판단, 결정을 하는데 중요한 역할을 한다. 또 감정은 자아로 하여금 과거 경험에 비추어 정신적 균형감을 유지하기 위한 심리 과정을 전개시키기도 한다.(Engel) 즉, 정서에 따라 일련의 인지과정이 생기고 이 인지기능은 자존감을 유지하고 목표 설정을 가능케 하는 중요한 자아조절 기능을 하는 것이다. 그런데 우울증에서는 자신을 판단하고 행동을 현실적으로 인지하는 능력이 떨어진다. 잘못 오해하기도 하고 반응도 느리고 결단력이 없어지는 등의 특징이 나타난다. 그래서 인지 심리학을 연구하는 학자들은 우울증에서 인지치료가 중요하다고 주장한다.(Beck)

사실 기분과 생각, 신체반응, 환경이 모두 유기적으로 서로 서로 영향을 미치고 상호작용을 하므로 우울증을 단순히 기분장애라고 평가할 수도 없다. 그 유기적인 관계를 이용하여 한 부분에서 변화를 일어나도록 유도하면 다른 부분까지도 변화시킬 수 있는데 이 중에서 "가장 먼저 변해야 할 것이 바로 생각이다"라는 것이 이들의 주장이다.(Greenberger)

결국 우울이라는 것이 감정보다는 우울하다는 생각 혹은 인지라고 말할 수 있다. 어떤 원인에 의해서 "절망적이다"라는 생각이 한번 뇌리에 박히면 반복적으로 맴돌게 되어 강박증처럼 그 생각이 지속되는 상태인데 이 부정적 사고는 자동적 사고의 형태가 된다.

그저 막연히 자기 인생은 실패했고 자신의 미래는 희망이 없고 자기는 아무 능력이 없다는 반복적이고 강박적인 생각 등이 우울증에서 보이는 자동적 생각이다. 이것들은 종종 왜곡되고 사는데 방해되는 잘못된 생각들이다. 치료자는 환자들로 하여금 좀 더 현실적인 판단을 하게하고 적응적인 생각을 하도록 이끌어줘야 한다.

인지치료에서 필수적인 치료 단계는 다음과 같다.

1. 자신의 부정적, 자동적 생각을 알아내도록 한다.
2. 인지와 감정, 행동의 연관성을 알게 해준다.
3. 자신의 자동적인 사고가 왜곡되어 있다는 증거를 찾도록 한다.
4. 왜곡된 사고를 좀 더 현실적인 해석으로 대체하도록 한다.
5. 경험을 왜곡시킨 잘못된 믿음을 바꾸도록 교육 한다

예를 들어 다음과 같은 상황을 설정해 볼 수 있다.

대학을 졸업하고 취업을 못하던 A는 최근 심한 폭식증으로 몸무게가 늘고 기분이 우울하여 병원을 찾아왔다. 그녀는 몇 년 전에도 비슷한 기분으로 잠시 정신과 치료를 받은 적이 있었다.

1) 상황은............... 직업이 없는 대졸 무직자다.

2) 기분은........... 취업준비를 해야 하는데 공부가 손에 안 잡힌다. 희망이 없다.

3) 수반되는 생각..............나는 나이도 이십대 후반이고 뚱뚱하고 예쁘지도 않다. 뚱뚱해서 취업도 안 될 것이고, 최근엔 부모님이 나를 대하는 태도가 나를 못마땅해 하고 짐스러워 하는 것 같다. 면접시험에서 여러 번 떨어진 것도 나의 외모 때문인 것 같다. 토익 성적도 나쁘니 아무 회사에서도 나를 받아주지 않을 것이다. 나는 낙오자가 될 것이다.

4) 새로운 관점

* 사람들이 나를 정말 거부하는가?-나의 어두운 표정과 무뚝뚝한 태도 때문에 사람들이 거부하는 것처럼 느낄 가능성이 있다.(거부당하는 느낌은 자동적, 부정적 사고다.) 과거엔 아주 못생긴 외모는 아니었다. 스스로 괜찮다고 생각한 적도 있었다. 치료받고 다이어트하면 더 예뻐질 수 있을 것이다.(긍정적인 사고로 바꾸도록 노력한다)

* 부모님이 나를 정말 싫어하나?-과거에는 그렇지 않았다. 요즘 내가 짜증을 내니까 부모님도 힘드셔서 그럴 것이다. 짜증을 내는 것은 나의 우울한 기분 때문이다.(행동과 기분과의 관련성을 알아낸다) 예전처럼 내가 친절하고 부드러워 진다면 부모님의 태도가 달라질 수도 있을 것이다.(변화를 시도해 보도록 권유한다.) 부모님이 나를 싫어한다는 것이 잘못된 생각인지도 모른다.(자동적 사고가 왜곡되어 있다는 걸 확인하도록 한다.)

* 나를 받아줄 회사가 정말 없을까?-그동안 취직이 안 되었던 것은 너무 경쟁률이 높은 회사만 지원해서인지도 모른다.(현실적인 문제를 인식하게 한다.) 내 점수에 맞는 회사를 선택하여 입사원서를 내든가 영어 점수를 높이도록 노력해야 한다. 표정이 밝아지고 자신

감 있어지면 면접시험에서도 높은 점수를 받을 수 있을 것이다.(이것을 경험하기 위해 조금 좋아진 상태에서 입사원서를 다시 내고 면접시험도 보도록 한다.)

인지치료의 과정은 이와 같이 기분에 관련된 자세한 상황 설정을 통해 여러 단계를 거쳐 이루어진다. 특히 누군가가 나를 싫어한다는 느낌이 자동적으로 나타나는 경우에 초점을 맞춘다. 물론 이렇게 긍정적으로 생각한다고 모든 문제가 해결되는 건 아니다. 살을 빼고 영어점수를 올리는 것, 면접시험에서 점수를 잘 받는 것 등의 현실적인 노력은 본인이 해야 하는데 우울한 기분일 때 의욕을 내기는 쉽지 않기 때문이다. 그러나 인지치료는 약물치료 단독보다는 유의하게 좋은 치료효과를 나타낸다는 보고가 많다.(Shipley 등)

우울증에서의 인지치료는 한 번에 한 시간씩 일주에 일, 이회 정도를 적어도 20회 이상 해야 효과가 있다. 상담이 보통의 정신치료에 비해 규격화되어 있고 몇 가지 증상에 초점을 맞추어 관찰하도록 매주 과제를 준다. 인지치료는 전통적인 분석 치료에 비해, 지금 여기(Here and Now)에서 당장 필요한 하나의 증상을 목표로 설정해서 하기 때문에 환자나 치료자 모두 목표가 명확하고 과거의 상처를 들추어 내지 않아도 되니까 부담스럽지 않다. 그러나 한계도 분명 있다.

인지치료에서 기록해야 하는 사고, 기분, 상황 등의 기록을 귀찮고 번거롭게 느끼는 환자들도 많다. 어느 정도 인지기능이 건강해야 실시할 수 있기 때문에 조울증이나. 심한 우울증, 정신병적 증상을 보이는 우울증엔 별로 효과가 없을 뿐 아니라 실시 자체가 불가능하다. 자신의 어떤 문제 때문에 "나는 낙오자가 될 것이다"라는 자동적 사고를 하게 되는가 등을 분석하는 것도 그리 쉬운 일이 아니다. 과거의 상처받은 기억과 관련되는 수도 있고 타고난 성격적 패턴과 관련될 수도 있으므로 실은 다른 정신치료와 그리 다른 점도 없다고 생각되기도 한다.

또한, 생각을 바꾸어 우울하다는 감정까지 변화해야 치료가 되는 것인데 믿음이 가지도 않는 상황에서 억지로 긍정적인 사고를 고집한다면 좋은 결과를 기대할 수 없다. 강박 증세를 갖거나 강박증적인 성격의 소유자들일 경우는 반대로 생각할수록 자동적 사고가 더 강화되는 경우도 있어서 치료적 한계가 분명 있다. 지나치게 많아진 불안이나 걱정을 없애려는 또 다른 통제가 기존의 불안을 오히려 더 악화시키는 경향이 있기 때문에 인지치료라는 의식적인 통제가 무력하게 보일 때도 있는 것이다. 그래서 사실을 있는 그대로 받아들이는 참선 등을 인지치료와 결합한 치료방법도 고안되었다.

기록하고 생각하는 것조차 힘들어 하는 우울증 환자들에겐 시간표를 짜서 그냥 행동하게 하는 행동요법이 더 효과적이다. 즐거움을 주는 일을 한 가지씩 하게 하고 다음 단계로 올라가는 식의 치료법이다.

예를 들면 거의 침대에 누워있던 환자들은 무엇을 할지 결정도 못한다. 그들에게 하루 시간표를 짜주거나 본인으로 하여금 매일의 행동 기록을 하게 한다.

이런 환자들에게는 다음과 같이 권유할 수 있다.

1. 아침 8시에 일어날 것(환자들은 아침에 일어나기를 제일 힘들

어한다.)

2. 매일 슈퍼(혹은 시장)에 갈 것(조금씩이라도 자신에게 필요한 물건을 사는 훈련)
3. 하루 한 시간씩 산책 할 것(오전이나 오후, 본인이 편한 시간에)
4. 저녁 식사 후 설거지 할 것(아침이나 점심도 괜찮다.)
5. 매일 한 시간 정도 티브이 시청(우울증상이 심할 때는 티브이 시청도 힘들다.)
6. 일주일에 한번 전시장이나 영화관람 하러 갈 것
7. 일주일에 한 번 사교모임에 갈 것(종교단체도 괜찮다.)

각 행동을 잘 수행했는지, 그걸 함으로써 성취감과 행복감을 느꼈는지 기록하게 한다. 그래서 "나는 아무 것도 할 수 없다."라는 생각에서 "행동이 즐거움을 준다."는 생각으로 바뀔 수 있다는 사실을 깨닫게 해주는 것이다.

퇴직 직후 일이 없어졌다는 충격으로 우울증에 빠진 한 남자 환자는 매일 시간표에 따라 생활하면서 회복되었다. 직장생활 하다가 퇴직한 많은 사람들은 우울증이 아니더라도 생활에 적응하기 힘들어 하는데 이런 행동요법이 도움이 된다. 행동치료는 공황장애나 고소공포증, 사회공포증 같은 증상에도 많은 효과를 보인다.

원칙적인 인지행동치료를 하려면 시간도 많이 걸리고 자세한 관찰이 이루어져야 하므로 인지치료를 전문으로 하는 상담소나 대학병원에서 많이 시행된다. 개인의원에서는 현실적으로 시행하는 데 한계가 있지만 인지치료적인 관점으로 상담을 해줄 수 있고 어떤 행동을 하도록 권유할 수 있다. 분석을 거부하거나 저항을 보이는 많은 환자들에게 행동과 인지에 대한 이런 접근이 더 유효할 때도 많다. 그리고 이 치료를 하다 보면 금방 효과를 보지 않더라도 상황을 여러 가지로 해석하는 훈련을 배울 수 있고 새로운 관점이 가능하다는 상상만으로도 기분이 나아질 수 있다. 생각이나 기분이나 모두 분해하다 보면 그것에 부착되었던 부정적인 에너지가 점차 사라짐을 경험하게 된다.

모든 치료는 한계도 있지만 분명 효과도 있다. 오히려 한계를 받아들이면 효과는 더 증가되는 법이다. 병을 고치려는 환자는 어떤 치료법에 대해서든 순진하게 받아들이고 믿는 태도가 필요하다. 그 순수한 마음이 치료의 가장 기본요소이기 때문이다.

장맛비

장맛비가 줄기차게 내린다.
문제는..... 문제는 없다.
인생은 흘러가는 것이고
진실이 무엇인지는 아무도 모른다.
신을 믿는 자들은 진실을 신에 맡기고
방랑자들은 진실을 자연에 맡긴다.

오늘 비가 오는 것은 자연의 진실이고
세상이 비에 젖는 것은 세상의 법칙이고
난 그 법칙에 꼼짝없이 귀의한다.
진실을 작위하지 않는 것
의지와 자아로 진실을 작위하지 않는 것,
그것만이 진실에 가까울지도 모른다.

그 진실에 가까이 가기 위해
내가 해야 할 일은
모든 살아있는 것들과
모든 살아있지 않은 것과
그저 같이 있는 것.
비가 오면 비를 맞고 비에 젖는 것.

9장 깨어있기, 받아들이기

동양 종교에서 유래한 명상, 참선 등의 방법들은 정신치료의 일환으로 초월 명상 치료(TM, Transcendental Meditation)라는 이름으로 시행되었는데, 최근엔 인지치료와 결합하여 마음챙김에 근거한 인지치료(MBCT, Mindfulness Based Cognitive Therapy), 수용 전념 치료(ACT, Acceptance & Commitment Therapy) 등의 이름으로 우울증 환자에서 많이 시행된다.(Hayes)

달라이 라마와 함께 서구 사회에 불교를 전파하는데 큰 기여를 한 베트남 승려 틱낫한 스님은 "Mindfulness"(정념-正念, 깨어있는 마음, 혹은 마음챙김)을 이렇게 말하고 있다.

"정념은 온전히 깨어 있으며 삶의 매 순간을 깊이 있게 사는 것이다. 정념에 이르면 삶의 경이와 만나게 되고 진정한 충만감을 느끼며 치유가 일어날 것이다. 당신이 지닌 고통을 끌어 안을 수 있을 뿐 아니라 그 고통을 기쁨과 자유로 바꿀 수도 있다."

이 "Mindfulness"(우리나라에는 마음챙김으로 번역되어 소개되었다.)를 인지치료에 적용시킨 시걸 등은 "마음챙김은 순간순간 펼쳐지는 경험에 대해 의도적으로 바로 그 순간에, 평가하지 않고 주의를 기울이는 것을 통한 알아차림"이라고 정의한다.

자기 자신의 감정이나 생각을 바꾸기가 어려우니까 차라리 그것을 통제하려는 욕구를 버리고 현재의 순간에 집중하자는 명상적 치료방법이다.

사실 외부에서 발생하는 사건들은 피해버리면 그만이지만 내부에서 발생하는 생각(기억)들은 없애려고 노력할수록 더 많이 발생한다. 우리는 과거에 대한 기억으로 현재가 바람직하지 않다는 판단을 하고 그것이 습관적인 마음 패턴이 된다. 그것 때문에 현재가 불만족스럽고 막연히 불안해지고 전혀 일어남직 하지 않은 미래의 사건에 대한 강박적 집착이 생기게 된다. 버리려고 할수록 더 많이 증가한다. 무수히 일어나는 걱정들, 감정의 파동들, 불확실한 미래에 대한 불안 등을 모두 있는 그대로 받아들이되 그것에 대한 집착을 버리려면 현재에 초점을 맞추어 순간에 집중하는 훈련을 해야 하는 것이다.

사실, 우리의 존재라는 것은 의식이고 의식이라는 것은 0.5초 단위로 주의 집중력이 바뀌는 지극히 휘발성이 강한 에너지의 변화다.(Edelman) 순간순간 바뀌는 티브이 화면과 같다고 보면 된다. 과거나 미래는 언어를 통한 고차 의식에서만 가능한 개념이다. 우리는 시간이 과거로부터 현재를 거쳐 미래로 강물처럼 흘러간다고 착각할 뿐이다.(이것을 헤라클레이토스의 착각이라고 한다) 우리 뇌가 인지하는 건 현재일 뿐이고 과거는 저장된 기억 속에만 있고 미래는 우리가 상상하는 관념일 뿐이다. 게다가 우리의 기억 창고에 있는 장기 기억들은 시간이 가면서 감정이나 상황에 따라 왜곡 변형되기 일쑤이므로 과거의 현실 그대로를 반영하지도 못한다.

과거도 미래도 없고 오로지 존재하는 것은 지금 이 순간이므로 진실하게 살려면 현재에 깨어 있어야 한다는 논리다. 현재에 깨어 있으면 과거의 상처에 대한 집착도 사라지고 미래에 일어날지도 모르는 사건에 대한 걱정에서도 자유로워질 수 있다. 불교 철학에서 말하는 무상의 원리, 불교적 명상 수련의 원리 즉, 탐욕, 분노, 어리석음의 번뇌로부터 벗어나 구애됨 없는 진정한 자아의 깨달음을 얻는 것과 같은 것이다.

그러나 실제로 우울한 사람들의 반복적이고도 부정적인 사고는 단시간에 해결될 수는 없다. 참선이나 명상도 일정한 방법의 훈련이 필요하다.

허리를 꼿꼿이 세우고 가부좌를 하고 앉아 단전(배꼽 바로 아래)에 정신을 집중하고 복식 호흡을 하면서 머리 안에 떠오르는 여러 가지 생각들을 끊어버리는 명상도 매일 30분 이상 꾸준한 훈련이 필요하다. 이론을 안다고 해결되는 것은 절대 아니다. 운동이 좋다는 것은 누구나 알지만 매일 실행하지 않으면 소용이 없듯이 명상도 이와 같다. 근육을 강화시키기 위해 매일 운동을 해야 하듯이 우리의 뇌도 근육처럼 훈련으로 일정한 회로를 강화시킬 수 있는 것이다. 살아있는 몸의 가장 기본 움직임인 호흡이 방황하는 마음을 되돌리는데 가장 좋은 대상이 되므로 잡념을 없애기 위해 호흡에 집중하기를 권한다.

참선을 하여 외부의 자극을 단절하고 신체 내부에서 오는 자극도 단절하면 뇌에서 폐쇄된 일정한 회로가 반복되는데 그런 상태에서 "나도 없고 세계도 없다"는 소위 초월적 일체감이라는 것이 생긴다고 뇌 과학자들은 말한다.(앤드류 뉴버그의 이론, 박문호)

여기에서 주의해야 할 점이 있다. 깊은 명상은 주의 집중의 중심점이 의식으로부터 무의식으로 내려가게 되는데 만일 그 사람의 무의식에 위험한 상처나 해결되지 않은 감정의 덩어리가 있을 경우, 또는 자아의 힘이 약화된 경우 그의 자아 전체가 무의식에 사로잡힐 위험이 있게 된다는 것이다. 그래서 깊은 명상이나 치유의 기도, 철야, 금식 기도 중에 정신병적 증상이 새로 생기거나 원래 있던 증상이 더 악화되는 경우를 간혹 보게 된다, 그러므로 이런 방법은 비교적 건강한 자아를 가진 사람들에게만 치료효과를 보이고 아주 심한 병적 상태에서는 권유할 수 없는 방법이다. 나는 실제 단전호흡에 심취하다가 조증을 일으킨 환자를 본 일이 있고, 철야기도 하다가 환청이 심해진 정신분열증 환자는 여러 명 보았다.

그러나 위파사나 명상처럼 일상생활 속에서 자기를 관찰하는 수련 방법은 비교적 위험부담이 적은 명상법이다. "위파사나"는 부처님이 행한 통찰 수행법 중 하나로 "사물의 무상성을 알아차리는 지혜"를 말하는데 자신의 몸이나 마음에서 일어나는 다양한 현상을 있는 그대로 알아차리는 수행법이다. 즉, 객관적으로 거리를 두고 관찰하면서 그 감정에 휩쓸리지 않도록 하는 방법인데 우울증 환자들에게도 도움이 될 수 있다. 자신이 느끼는 고통을 자세히 관찰하면 고통은 저만치 물러나고 자기는 고통 그 자체가 아니라는 걸 알게 된다. 그저, "여기 고통이 있구나. 여기에 분노가 있구나."라고 알아차리면 되는 것이다. 마음은 하늘과 같고, 감정은 지나가는 구름이나 비, 바람과 같은 것이다. 틱낫한 스님은 그 고통과 분노를 어루만지라고 권유한다.

명상, 참선 방법과 아울러 이완훈련도 도움이 되는데 몸을 편한 자세로 누워서 눈을 감고 전신의 긴장을 푼다. 머리부터 아래로 내려가든가 손끝 발끝부터 위로 올라가든가 하는 순서로 전신의 긴장을 푸는 훈련이다.

몸과 기분과 생각은 서로 서로 영향을 주고받는다. 인지치료가 생각을 바꿔서 기분을 변화시키는 것이라면, 이완치료는 몸의 상태를 바꾸어서 기분을 변하게 하는 것이다.

이완요업으로 가장 큰 효과를 보이는 것은 공황장애 등의 불안증이다.

불안의 일차적인 생리적 변화는 적이 나타나는 상황과 동일하다. 갑자기 적이 나타나면 일단 도망치거나 싸우거나 둘 중의 하나를 택해야 한다.(투쟁 도피 반응)

불안신경증은 적이 나타나지 않았음에도 적이 나타나 것처럼 우리 몸이 반응하는 것이다. 우리 무의식에 있는 가상의 적이 우리 몸에 불안이라는 반응을 불러 일으켜서 자율 신경계의 교감 신경이 흥분하여 심장이 뛰고 말초 혈관이 수축되며 호흡이 가빠지는 등의 신체변화가 나타난다. 그것이 다시 심장이 멈출지 모른다는 다른 불안을 야기하고 그것이 다시 증상을 악화시킨다. 그것이 극도로 발전되어 생긴 증상을 공황 발작(소위 패닉)이라고 하는데 이것은 매우 참기 힘든 고통이 된다. 그렇다고 하여서 미치거나 죽는 사람은 없다. 순간의 위기를 넘기면 심장은 평온해지고 자율 신경은 조화를 이룬다.

그러므로 그런 불안 발작(패닉)이 일어난다고 하여 절대로 당황하면 안 된다.

불안이 시작되려 할 때 조용히 앉거나 누워서 복식 호흡을 천천히 하면 도움이 된다. 이완 훈련으로 심장 박동이 줄어들고 긴장이 풀리면, 즉 몸이 편해지면 기분이 변화되고 불안이 줄어든다. 우리의 뇌가 몸을 편하다고 느끼면 전쟁 상황에서 느껴지던 대처 방식이 달라질 수 밖에 없다. 그것은 다시 생각에 영향을 끼쳐 죽을지 모른다는 위기의식을 없애준다. 이완 훈련을 통해 신체 반응을 바꾸고 그것이 다시 인식을 바꾸는 선순환을 일으킬 수 있는 것이다.

슬프다. 우울하다. 화가 난다 등의 부정적인 감정은 미래를 위한 전략을 설정하는 데 별로 도움이 되지 않는다. 의식이 휘발성이 강한 주의 집중이듯이 감정 또한 지극히 가변적이고 순간적인 현상이다. 그런데도 사람들은 흔히 하나의 감정이 생기면 그 감정과 관련된 과거의 상처를 되풀이하여 생각한다든가 미래에도 비슷한 일이 일어날 것이라 예상하는데 그러면 그 감정은 눈덩이처럼 불어난다. 그렇게 불안해하지 말고 순진하게 감정이 사라지길 조용히 기다리는 것 그것이 깨어있음의 원리다.

불안할 때 그 순간을 과거의 기억이나 미래의 걱정에 얽매임 없이, 아무런 과장 없이 느끼고 파도가 지나가길 기다리면 곧 바람은 잔잔해지고 파도도 사라진다. 순간의 깨어 있음은 물속에 빠졌을 때 발버둥치지 않고 가만히 몸에 힘을 빼고 눕히면 몸이 물에 둥둥 뜨는 것과 같다.

해결할 문제가 무엇인가 잘 판단하기 위해서는 자신의 상황을 받아들이는 게 중요하다.

물론 닥친 문제가 일시적인 감정이 아니라 실질적인 상실이나 질병일 수도 있다. 그럴 때도 깨어 있음의 태도는 중요하다.

어떤 사람이 교통사고를 당하여 다리 한 쪽을 잃었다고 하자.

그 사람은 다리 하나를 잃은 상실감에 슬프고 당황하여 운명을 한탄할 것이다. 그리고는 사고가 난 원인이 되는 상황을 되짚어보고 상대방을 비난하고 그 시간에 거기에 있던 자기 자신을 원망하고 후회할 것이다. 되풀이해서 생각하다 보면 분노는 점점 더 커지고 주변사람이나 가족들을 원망하고 자신의 운명과 신을 저주하게까지 된다. 그러나 그런 상실감과 슬픔, 분노, 후회에 계속 머물고 있다면 그는 아무 일도 할 수 없다.

그 다음은 받아들일 수 밖에 없다. 상처가 아물기를 기다렸다가 의족을 한다거나 휠체어 타고 다니는 훈련을 한다거나 하여 그는 자기가 할 수 있는 일들의 범위를 학습해 가야 한다. 받아들인다는 것은 체념한다는 것과는 다르다. "나는 아무 것도 할 수 없으니 아무 것도 하지 않고 사는 수 밖에 없어" 이것은 체념이다. 체념은 절망감의 산물이고 받아들임은 깨어 있음의 산물이다.

다리 한 개로 사는 것은 다리 두 개로 사는 것과는 많이 다르긴 하지만 세상을 느끼고 살아가는데 생각보다 그리 많은 방해가 되는 것은 아니다. 두 다리를 격렬하게 쓰는 운동 등을 제외하고 또는 외모 상의 결함을 제외하고는 실상 큰 변화가 아닐 수도 있다. 이것이 받아들임이다. 사실을 받아들이면 의외로 많은 가능성들이 보인다. 게다가 최근에는 의공학이 발달하여 정상적인 운동이 가능한 의족들도 많이 나와 있으니 불편한 점이 거의 없다고 해도 과언이 아니다.

정신질환도 마찬가지다. 어쩔 수 없이 발병한 질환들, 정신병이든 우울증이든 조울증이든 다른 신경증이든 다 자신이 지고 가야 할 병이라면 정확히 인식하고 그것을 고치면서, 만일 완치할 수 없으면 더불어 살아야 한다는 사실을 받아들이면 된다.

다행히 정신질환은 자살을 하지 않는다면 그 병으로 하여 직접 죽게 되지는 않는다. 물론 심장병 등 합병증은 있을 수 있지만 다른 신체질환보다는 훨씬 덜하다.

또, 한 가지 다행스러운 일은 우울증은 특별히 치료하지 않아도 6개월 정도 고생하면 저절로 낫는 경우가 많다는 것이다. 감기가 아무 치료 없어도 낫듯이 우리의 뇌에도 일종의 면역체계 같은 자가 치료 시스템이 있는 것이 분명하다. 그러나 그동안 우울의 고통을 이겨내기란 쉬운 일이 아니므로 치료를 받는 것이 좋다. 심한 우울증이라 하더라도 좋은 약물들 덕분에 6개월 이내에 거의 치료되므로 그리 겁내지 않아도 된다.

증상을 알아채고 편견을 버리고 바라보고 그리고 받아들여서 치료를 받는다면 정신질환은 그리 무서운 병이 아니다. 좋은 약물을 비롯하여 치료할 수 있는 방법도 많이 있고 정신과 의사, 상담치료를 비롯한 각종 치료 과정에 종사하는 많은 전문가들이 있다. 얼마나 다행스러운 일인가?

명상

산을 마주하고 앉아서 명상을 합니다.
눈을 감고 내 숨소리에 집중하면
내 숨소리가 수레바퀴 소리처럼 들립니다.

어디로 가는 수레인지는 모르지만
문득 그 수레에서 잠시 잠드는 동안 꾸는 꿈이
이생이라는 생각이 듭니다.

깨어났다가 다시 잠들 때 다른 꿈을 꿀 것입니다.
그렇게 무수한 꿈을 꾸면서 난 어딘가로 가고 있습니다.
혹시 그곳이 신의 나라가 아닐지.........상상해 봅니다.

그에게 도착하여 그와 같이 지낼 수 있을 때
난 헛된 꿈을 꾸지 않고
영원한 행복의 차원으로 들어갈 수 있을 것입니다.

지금 꾸는 꿈이 악몽이라 해도 깨어나면
그 뿐인 무상한 이미지일 뿐인 것을 잘 압니다.

단지 안전한 수레 안에서
편히 재미있는 꿈을 꿀 수 있음을 감사드릴 뿐입니다.

10장 예술치료 및 기타 치료법

이쯤되면 당신은 생각할 것이다. 웬 치료법이 이렇게 많아 하고…. 그렇다. 우울증을 극복할 방법은 너무나도 많다. 우리가 할 수 있는 거의 모든 일이 치료적인 효과를 보인다고 해도 과언이 아니므로 본인에 맞는 몇 가지만 열심히 해도 큰 도움을 받을 수 있다. 특히 예술치료는 혼자서도 충분히 할 수 있고 내 자신의 경험으로 볼 때 효과도 큰 것 같다.

인류의 역사는 예술의 역사이다. 예술은 자연발생적으로 생겨나서 인류와 역사를 같이 하고 있다. 프로이드는 신경증적인 불안이나 사회적으로 용납되지 않는 욕구(주로 성적 욕구)들이 사회적으로 허용되는 방법으로 표출되는 것이 예술이라고 했다.(이것이 "승화"다.) 사람들이 예술 작품에서 공감과 만족을 느끼는 것은 그들 자신의 숨겨진 욕망이 무의식적으로 충족되기 때문이라고 설명했다. 또 융은 적극적 명상(Active Imagination)이란 방법을 통해 창조성을 자극하면 내적 세계와 접촉할 수 있으며 그것이 조화로운 느낌의 정신적 통합에 이르게 한다고 했다. 이 정신적 통합의 느낌이야말로 창작의 기쁨이 되며 치료적 효과를 주는 것이다.

긴장감, 마음에 고여 있는 여러 가지 감정의 덩어리들이 출구를 통해 발산되면 누구나 마음이 편해지는 걸 경험할 수 있다. 몸의 긴장을 푸는 이완 뿐 아니라 몸을 움직여서 신체 활성도를 높이는 운동, 춤, 일정한 감각 자극을 받는 음악 감상, 감각을 밖으로 표출시키게 하는 노래, 악기 연주, 그림 그리기 등도 모두 치료 효과가 있다.

우리의 뇌는 언어라는 고차 의식을 통해 사고를 하지만 언어로 표현될 수 없는 감정의 덩어리들이 있다. 통상적인 정신치료는 말로 하는 것이므로 합리적이고 논리적인 사고를 통로로 한다. 그러나 논리적인 법칙을 통할 수 없는 표현 방법이 동원될 수 있다면, 우리의 뇌가 처리하지 못한 많은 정보들이 출구를 찾을 수 있을 것이다. 이런 방법이 바로 음악이나 미술 등 비언어적 예술표현이다. 음악적 표현이나 예술적 표현은 언어처럼 논리적인 것은 아니지만 추상적이나마 아름다움이 있는 창작물의 형태로 나타나게 되므로 본인에게는 창작의 즐거움을 줄 뿐 아니라 자기 내부의 변화를 통찰할 수 있는 기회가 되는 것이다. 물론 그 통찰은 논리적 언어적 통찰은 아니다. 분석되어 질 수 없는 감각, 혹은 직관의 형태로 오는 통찰이다. 이것이 바로 융이 얘기하는 "정신적 통합의 느낌"이다.

지적인 통찰이나 병에 대한 인식이 없이 어떻게 치료적 효과를 거둘 수 있나?

우리는 의식에서 처리하지 못하는 많은 자극들과 정보를 쓰레기 버리듯 무의식에 쌓아놓게 된다. 분출되지 못한 감정들이 무의식에 쌓이면 쓰레기가 부패되듯이 여러 가지 오염물질로 부패되어 에너지를 갖게 된다. 그 쓰레기들은 어느 정도의 에너지를 갖게 되면 자연 분출되려는 경향이 있다. 물이 100℃라는 임계온도를 넘으면 분자들이 뛰어올라 끓는 현상이 생기듯, 혹은 프로판 가스가 폐쇄된

공간에서 어느 정도의 압력을 넘으면 폭발하듯이 무의식의 내용물들도 그렇다. 그것이 분노의 형태로 폭발하기도 하고 과장된 생각이나 실수의 형태로 분출되기도 한다. 그런가 하면 병적인 증상으로, 우울증이나 불안, 히스테리 심지어 망상으로도 나타난다.

그 에너지를 때에 따라 분출시키면 당연히 병적인 증상으로의 변환은 줄어들 수밖에 없지 않겠는가? 이것이 감정환기(ventilation)와 카타르시스의 원리다. 많은 쓰레기 더미에서 멋지고 창의적인 재활용품이 만들어질 수 있듯이 우리의 무의식에 있는 쓰레기들은 창조의 근원이 된다. 슬픔, 분노, 억울함, 충족되지 못한 욕구 등등, 그것 모두는 새로운 창조를 위한 기본 틀을 제공하는 것이다.

그러나 우리 무의식에 있는 내용물들은 단순한 쓰레기가 아니다. 쓰레기들을 걷어내면 거기 집단 무의식의 핵인 아름다운 빛이 나타나는데 그것이 또한 창조의 근원이 된다. 집단 무의식은 말 그대로 인간이면 누구나 갖는 공통적인 무의식을 말한다. 개인의 어떤 경험을 통해 형성되는 것이 개인 무의식(이것이 위에 말한 쓰레기들이다)이라면 집단 무의식은 태어날 때부터 갖고 있는 선험적인 무의식이라 할 수 있다. 거기엔 인류 공통적인 신화적 내용들이 있다. 그 증거로 어느 문화에나 비슷한 내용의 신화들이 존재한다.

가우디라는 위대한 건축가가 지은 스페인 성당이 어떤 새들이 지은 둥지와 너무도 흡사한 비교 사진을 본 적이 있다.(최재천 교수 강의, EBS) 새들은 암컷들을 유혹하기 위해 아주 세심한 노력을 기울여 집을 짓는다고 한다. 미적 감각은 동물이나 사람이나 똑같은 것인지도 모르고 그것은 오랜 진화의 과정에서 무의식에 입력된 정보인지도 모른다. 무의식엔 인류 공통의 기억 뿐 아니라 생물의 전 진화과정의 흔적이 있을 것이다. 그리고 그것이 창조의 근원이 된다.

어떤 사람이든 자기의 무의식에 있는 형태 없는 덩어리로부터 형태로 표현될 수 있는 실체적인 결과물을 내 놓을 때 무의식의 에너지가 약화되어 긴장감이 풀리는 동시에 창작의 기쁨을 느끼게 된다. 무의식의 분출욕구엔 인간 본성의 자유의지까지 포함된다.

"세상에서 내 마음대로 할 수 있는 건 별로 없다. 그러나 예술은 내 마음대로 해도 된다." 창작이 즐거움을 주는 이유는 자유에의 의지가 충족된 결과이기도 하다. 그리고 이런 창작의 기쁨이야말로 인간(혹은 동물들까지)들이 누릴 수 있는 큰 힘이고 능력이며 행복인 것이다. 예술치료의 핵심은 이런 자유와 행복을 사람들에게 되돌려 주는 데 있다.

음악치료

음악은 원시 시대부터 종교 의식이나 샤먼들의 치료 과정에 꼭 필요한 것이었다. 기원전 수학자 피타고라스는 음악이 자연(대우주)과 인간(소우주) 사이의 조화로움을 가져다주는 수학적 하모니라고 하였다. 고대 의학자 셀수스는 몸과 마음의 부조화로 생기는 우울증을 치료하기 위해서 음악 연주를 권유했다는 기록도 있다. 인간은 누구나 음악을 듣고 여러 가지 미묘한 감정의 떨림을 느낄 수 있을 뿐 아니라 깊은 영혼의 울림까지 경험한다. 대체로 심장 박동과 비슷한 리듬은 사람을 흥겹게 하고 호흡과 비슷한 리듬은 사람을 안정시킨다고 한다. 왜 그런가를 설명하기는 힘들지만 음악이 인간 공통의 추상적 언어라는 건 분명해 보인다.

천재적 작곡가들에게서 우울증이 있었다는 기록은 너무나 많다. 베토벤, 모차르트, 쇼팽, 슈만, 리스트, 브람스 등등의 음악가들이 육체와 정신의 고통을 호소했었다고 한다. 심리학자들은 이들이 정신적인 고통을 창조적인 작업으로 극복했을 거라 추측하면서 천재들의 창의성과 우울증과의 연관성을 규명하려고 했다.(Helga)

예술적 창의성이 천재성을 의미하는지는 모르겠지만 예술적 창작이 우울증이 있는 사람들에게 치료적 효과를 보이는 것만은 확실한 것 같다. 브라질에서 청소년 비행 문제를 해결하기 위해 국가적 차원의 프로젝트로 청소년들에게 악기를 가르치고 합동연주를 하게 해서 많은 효과를 거두었다고 한다. 또 모차르트 이펙트라고 하여 음악이 태아나 유아의 뇌신경을 자극하여 머리를 좋게 한다며 태교로 모차르트 음악을 듣는 것이 유행처럼 퍼지기도 했다.(조수철) 우울증엔 바흐의 “G선상의 아리아”나 쇼팽의 “야상곡” 같은 클래식이 좋다는 처방도 있기는 하지만 집중이 가능한 모든 음악이 효과가 있을 것으로 보인다.

요즘엔 어디에나 음악이 있다. 딱히 음악 치료라고 정해진 공간에서 음악을 들을 필요가 없어졌다. 악기 연주는 고도의 기술을 요하므로 누구에게나 권할 수 있는 방법은 아니지만 음악 감상은 어디에서나 가능하다. 연주회를 자주 가는 사람들도 많고, 많은 젊은이들은 MP3나 핸드폰을 통해 음악을 들으면서 생활하고, 일하거나 공부하면서 음악을 듣는 사람들도 많다. 그것이 감정의 정화 효과가 없었다면 그리 하겠는가? 사람들은 스스로 알아서 음악치료를 하고 있는 것이다.

미술치료

미술치료는 말 그대로 그림을 그리면서 치료를 하는 것이다. 그런데 환자들에게 그림을 그리라고 하면 심리학적으로 분석되거나 실력이 들통날까봐 두려워한다. 그림을 잘 그리기 위해 하는 게 치료가 아니다, 그저 자기 내면을 표현하는 것 자체가 효과가 있기 때문이다. 물론 예술적 작품을 심리학적으로 분석하여 의미를 추출해내는 방법 또한 치료에 이용되기도 하며 주로 프로이드 학파에선 그 상징성을 많이 본다. 환자들이 치료 과정 중에 어떤 그림을 그리는지, 그것이 치료가 되어가면서 어떻게 바뀌는지를 분석하는 데 주안점을 둔다. 아동일 경우는 집, 나무, 사람의 그림(H-T-P검사)을 그리게 해서 진단에 응용하기도 하는데 환자가 그리는 몇 개의 그림으로 진단을 알아낼 수는 없다.

우울증 환자의 그림에 어떤 공통적인 특징이 있다고 보이지는 않는다.

미술 역사상 인간의 광기와 어둠에 대한 그림을 많이 그리기로 유명한 화가는 프란시스코 고야였다. 그는 스페인 왕실화가로 화려한 그림("옷 벗은 마야" 같은 유명한 그림도 그의 작품이다)들을 많이 그리다가 50대에 "카프리초스"(변덕이라는 뜻)라는 동판화집을 내는데 거기엔 짓밟히고 고문당하는 사람, 목 매달아 늘어진 사람, 악몽에 짓눌린 엎드린 사람 등 인간의 광기와 악덕을 고발하는 80점의 판화가 있다. 말년에는 괴물 같은 인간군상의 모습을 담은 어둡고 기괴한 대형벽화도 그렸다. 그러나 그가 우울증이었다는 기록은 없다. 오히려 귀족들의 초상화를 그려주면서 화려한 삶을 살았다고 전해진다. 예술가의 상상력이 발견한 인간의 어두운 본성을 보고 그의 정신 상태를 평가할 수는 없는 것이다.

가장 흔히 정신병을 앓은 화가로 반 고흐를 꼽는데, 우리가 모두 알고 있듯이 그의 그림 어디에도 분열되거나 우울한 기운이라고는 찾아 볼 수 없다. 색깔의 광채는 생명력으로 넘친다. 또 평생 정신병 걸린 부인을 수발한 피에르 보나르의 그림은 우울하기는 커녕 지나치게 밝은 색을 쓴다는 비난을 받기도 했다. 융은 예술의 창작과정을 심리학적으로 분석할 수는 있지만 예술 내면의 본질을 건드릴 수는 없다고 했다. 예술의 본질인 아름다움은 심리학의 분야가 아니라 미학의 분야라는 것이다. 분석보다는 창작에 더 중점을 두어야 하며 감정의 표현과 새로운 것을 창작하는 기쁨을 주는 것이 제일 중요한 치료적 요인이다.

융 학파에서는 정신의 전체성을 상징하는 만다라를 그리게 하는 치료법을 많이 사용한다. 융 자신이 정신적 어려움에 처했을 때 직접 만다라를 그리면서 그 상징성을 알아내고 치료적인 체험을 했다고 한다(Jaffe).

내 자신의 경험을 말하자면, 시를 쓰고 그림을 그릴 수 없었다면 난 결코 우울증을 극복할 수 없었을 것이다. 슬픔, 절망감, 울분 등의 감정에 휩싸일 때 캔버스 위에 색깔을 칠하고 뭉개고 깎아내고 또 뭔가를 붙이고 하다보면, 어느 순간 무한한 행복과 해방감을 느끼게 된다. 암흑에서 빛을 발견하는 기적 같은 그런 순간이 오는데 그것으로 하여 밑바닥에서 탈출하곤 했다. 사실 나의 그림과 시는 미학적 평가를 하자면 수준 이하다. 그런데 그런 건 치료 효과와는 아무런 상관이 없다. 그런 경험 결과, 누구라도 본인의 창의성을 발견하고 계발해 나가면 많은 도움이 될 거라 확신한다.

기타 예술 치료

아름다움이 뭔지 창작이 왜 기쁨을 주는지 아직 완전한 설명은 할 수 없지만 어린아이들도 원시인들도 새들도 창작을 하는 걸 보면 창작은 거의 본능인 것 같다.

어린아이들이 낙서하기 시작할 때 인간의 예술치료는 시작되고 사람들이 자기 꿈을 기억하면서 의미를 부여할 때 꿈 치료가 시작된다. 꿈 분석은 정신치료에서 이루어지는 것이지만 꿈 자체는 무의식의 덩어리로부터 뇌가 창조한 예술품 같은 의미가 있어 그것을 기억하고 기록하는 것도 재미있는 일이다. 만일 당신이 작가가 되기를 희망한다면 꿈 기록을 하라고 권유하고 싶다. 거기에서 시적 언어가 나오고 스토리를 만드는 상상력이 나올 수도 있다. 꿈을 딱히 정신분석적 방법을 통해 해석할 필요도 없다. 기원전에도 꿈을 이용하여 치료했다는 기록이 있고 우리나라에서도 통속적인 꿈 해몽법이 있었다. 꿈을 꾸고 나서 느낀 감흥, 그 장면에서 받는 시각적인 충격, 무서운 꿈을 꾸고 나면 꿈인 것을 다행스럽게 생각하고 낮에도 조심을 한다든가, 좋은 꿈을 꾸고 나면 로또에라도 당첨될까 기대를 한다든가 하는 게 다 꿈 치료라고 할 수 있는 것이다.

언어를 이용하기는 하지만 다소 추상적이고 감각적인 표현인 시를 쓰는 방법도 치료로 이용된다. 시에서 표현되는 것들은 꿈의 내용과도 비슷하다. 무의식에서 분출되는 감정들이 비약, 압축, 음률적 리듬 등의 비논리적인 방식으로 표현되는데 꿈의 의식화 비슷하게 자신의 무의식적 내용들을 의식화하는데 유용하다. 무의식의 흐름을 따라가 보면 성취감과 해방감을 느끼게 됨은 물론 의외로 큰 자기성찰에 도달하기도 한다.(Heninger) 나는 정신분열증 환자가 수개월간 시를 쓰면서 회복되는 과정을 직접 지켜본 일이 있는데 창작이 그의 회복에 어느 정도 도움을 주었다고 생각한다.(유정희,1985)

좀 더 체계화된 치료과정으로 심리극(사이코드라마)이 이용되기도 한다. 연극의 주인공이 되어서 자신의 감정, 사고 등을 표출하고 다시 내면화시켜 통찰하게 하는 작업이다. 모든 연극과 영화 등은 감정이입을 통해서 사람들에게 감정적 순화, 카타르시스의 효과를 보인다는 것은 잘 알려진 사실이다.

작가나 예술가가 아니라 하더라도 낙서를 하거나 일기를 쓰거나 실내장식을 하거나 옷을 골라 입으면서 우리는 모두 예술가적인 삶을 살고 있다. 영화를 보거나 시를 읽거나 쓰기도 하고 비평도 하고 음악도 듣고 노래도 한다. 그것이 우리 생활에 스며든 자가 예술치료다. 유명한 가수들의 콘서트에 가서 집단적으로 열광하면서 소리 지르는 것도 집단 치료의 효과를 갖는다. 우리 자신의 무의식의 창조적인 측면이 스스로 자동적으로 분출되려 하고 창작물을 만들려 하고 스스로 치료하려고 한다는 사실을 우리가 모를 뿐이다. 자연의 일부인 우리의 뇌가 자연 속에서 자연과 더불어 그러한 일들을 해내고 있다.

음악과 미술, 꿈과 시 등은 모두 우리와 아주 가까이 살고 있는 친구들이다. 조금만 관심을 기울인다면 그것들은 우리를 도와줄 것이다. 그러나 자동적으로 되는 그런 것 이외에 전문적인 치료자들이 도와준다면 정신질환을 앓고 있는 많은 사람들에게 큰 도움을 줄 수 있다. 그러나 경한 증상의 환자나 환자가 아닌 일반인이라면 꼭 전문가의 도움을 받지 않아도 된다. 무엇이든 즐거움의 근원이 되는 행위를 하라. 춤을 추든가 운동을 하라, 그림을 그려도 되고 시를 써도 된다. 작곡을 하고 악기를 연주하고 노래를 불러도 된다. 어떤 표현이든 당신의 감정이나 당신의 두뇌 속에 정체되어 있는 것들을 표출하라. 당신은 그것과 더불어 정체되어있던 긴장된 에너지들이 분출되는 느낌을 경험하면서 마음의 평안을 얻게 될 것이다. 자유의 느낌으로 행복해질 것이다. 또 당신이 분출해낸 문장 한 개, 몸짓 한 가지, 색깔 한 덩어리가 당신에게 인생의 의미를 밝혀줄 빛이 될 수도 있다. 그것이 꼭 객관적으로 아름답다고 평가되지 않아도 된다. 그런 미학적 평가에 연연하지 말고 그저 표현하고 창작하는 것을 즐기라고 권하고 싶다.

기타의 치료법

이외에, 우울증에서 쓰이는 치료법으로 뇌 피질을 자기장으로 자극하는 방법(TMS)도 있고 직접 전기충격을 주는 전기충격요법(ECT)치료도 있으나 많이 쓰이는 치료법은 아니다. 전기충격요법은 효과 면에서는 좋으나 방법상의 비윤리적 문제로 거의 폐기처분될 운명에 처하기도 했었다. 수면 박탈을 하거나 광선을 쏘여주는 치료(광선치료)도 있으나 햇빛을 쏘이며 산책하는 정도의 효과 이상은 기대할 수 없는 것 같다. 기타 목욕 요법이나, 향기 요법도 있다. 사람들이 할 수 있는 모든 행위에다 "치료"자만 붙이면 되는 것 같은 그런 많은 치료법이 있다. 결국 사람들이 할 수 있는 모든 행동이 치료 효과를 보일 수 있다는 말이다. 춤을 추고 노래를 하고 목욕을 하고 운동을 하고 요리를 하고 꽃꽂이를 하고 독서를 하고 등등 모든 행위, 스스로 본인이 즐거워서 하는 모든 행위는 치료가 될 수 있다고 보면 된다. 단 억지로 하는 것은 별로 효과가 없다는 것을 명심하자. 노래를 지독히도 싫어하는 사람더러 합창단에 들라고 하면 절대로 효과가 없다. 자기가 조금이라도 흥미를 느낄 수 있고 즐거운 것을 해야 한다.

우울증을 앓던 어느 교수님은 여러 달 동안 책을 전혀 못 읽다가 우연히 집어든 소설을 읽기 시작하면서부터 병에서 회복될 수 있었다고 한다. 또 어느 중년 부인은 종이 접기로 꽃을 만들면서 기분이 좋아지기 시작했다고 한다. 새로운 일이나 대상에 대한 집중이야말로 뇌와 감정을 환기시킬 수 있는 좋은 전환점이 된다. 그것이 창작과 관련된 일이라면 더 치료효과가 클 것으로 생각된다.

봄빛

봄이 다가오는 게 두렵습니다.
맑고 밝고 찬란한 봄빛이 내 눈으로 들어오면
난 마치 천적의 눈에 뜨인 것을 알아챈 무력한 곤충처럼
어디 숨을 곳이 없나 찾습니다.

내 속, 저 깊은 곳에서 알 수 없는 불안과 알 수 없는
권태와 절망이 한꺼번에 꾸역꾸역 올라와
난 그 햇빛에 대고 토악질이 하고 싶어집니다.
눈알과 얼굴이 온통 빨갛게 되도록
그리하여 그 놈들을 좀 골탕먹여주고 싶어집니다.
아무리 그래도 그 놈은 끄떡도 안 하겠지만

토악질 대신 내가 할 수 있는 일은
죄 없는 흰 캔버스 위에다 죄 없는 물감들을
짓이겨 놓는 일입니다.
내 토사물이나 내 똥을 묻혀놓듯이 그렇게 끔찍하게

파란색, 분홍색, 흰색, 노란색, 닥치는 대로
그렇게 끔찍하게
해마다 삼월이 되면 난
그 짓을 아니 할 수가 없어집니다.
해마다 삼월이 되어서 내가 해 대는 그 짓은
예술이라고 하기엔 부끄러운 발악입니다.

11장 우울증의 예방

모든 질병은 치료보다는 예방이 더욱 중요하다.

그러나 여러 가지 스트레스에 노출되면서 힘든 인생을 살아가는 사람들이 전혀 우울해지지 않고 산다는 건 거의 불가능하다. 우울하다는 건 감정이기 때문이다. 뭔가 생존하는데 방해되는 요소가 있을 때 우리 뇌가 인지하는 불편한 느낌인 것이니 이것을 질병으로 인식하기보다는 우리 무의식이 의식에 보내는 신호라고 생각하는 게 좋은 태도다. 뭔가 잘못되어 있으니 되돌아보라는 신호로 그 기회를 이용하면 우리는 한 단계 더 성숙해질 수가 있는 것이다.

그렇지만 우울증도 예방책이 있을 것이 아닌가 생각하는 사람들을 위해서 전문가들은 많은 조언들을 한다. 신체적인 질병을 예방하기 위해서 평소의 건강관리가 중요하듯이 정신적인 질병도 일상적인 생활태도가 중요하다.

우울증에 좋은 음식은 전반적으로 건강에 좋은 영향을 미치는 영양소나 비타민 등이다. 세로토닌을 높이는 음식(트립토판 등의 필수아미노산)들도 있다고 하지만 확실한 예방적 효과가 있는지는 확실치 않다. 건강염려증이 있는 사람들은 좋다고 하는 식품을 마구 먹는 경향이 있는데 이것도 그리 바람직한 태도는 아니다. 그것도 일종의 의존증이기 때문이다.

우울증에 나쁜 음식들도 있다. 수면을 방해하는 카페인이나 술이 가장 금해야 할 음식이다. 그러나 이런 것들도 그렇게 심각하게 고려해야 할 것은 아니다. 수면장애가 있는 사람들은 오후 4시 이후에 커피를 금하는 게 좋지만 커피 향을 유난히 좋아하는 사람들에게 무조건 커피를 끊으라고 하거나 와인 한 잔의 정취를 즐기는 사람들에게 그것도 금하라는 것은 너무 가혹한 일이다.

그러나 너무 많은 술은 우울증을 앓는 환자들에게 아주 치명적이다. 우울증의 초기에는 불면증을 치유하기 위해, 혹은 기분을 달래기 위해 술을 찾는 경향이 늘어난다. 처음엔 술김에 잠도 자고 기분도 좋아지는 듯 하나 술이 깬 다음날 기분이 더 나빠지고 불안해 지고 몸도 피곤하여 이를 극복하기 위해 다시 음주를 하게 되어 결국 점점 더 악순환에 빠지게 된다. 술은 중추신경을 억압하는 효과가 있어 약하고 같이 복용하는 경우 상승작용으로 위험한 부작용을 일으키는 수가 있다. 충동조절이 약화되어 자살 시도도 할 수 있다. 또 술기운이 사라질 때 반작용으로 뇌가 일시적으로 흥분하는 금단증상이 일어나 불안을 가중시킨다. 따라서 우울증 뿐 아니라 공황장애 환자들에게서 술이 깬 다음날 아침 불안발작이 나타나는 경우가 많아서 이들도 술을 금해야 한다.

몇 년 전 대한신경정신의학회에서 정신건강을 위해 만든 지침서가 있었다.

어느 정도 도움이 되는 것이니 적어본다.

정신건강을 지켜줄 10가지 수칙

1. 긍정적으로 세상을 본다.

2. 감사하는 마음으로 산다.
3. 반가운 마음이 담긴 인사를 한다.
4. 하루 세끼를 맛있게 천천히 먹는다.
5. 상대의 입장에서 생각한다.
6. 누구라도 칭찬한다.
7. 약속시간엔 여유 있게 가서 기다린다.
8. 일부러라도 웃는 표정을 짓는다.
9. 원칙대로 정직하게 산다.
10. 때로는 손해 볼 줄도 알아야 한다.

이는 참으로 아름답게 들리는 말들이지만 정신적인 여유가 없고 감정이 고갈된 우울증 환자들에겐 다소 힘든 일일 수 있다. 자기 자신을 사랑할 여유조차 없는 사람들에게 남들의 입장을 생각하라든가 손해를 감수하라는 말은 버겁게 느껴질 수 있는 것이다. 좀 회복된 이후에 이렇게 살면 좋다, 라고 받아들이면 되겠다.

그러나 이런 마음으로 산다고 모든 정신질환이 예방되는 것은 아니다. 인생을 편하게 산다는 것은 실은 모든 사람들이 바라는 바이고 완전한 도인이 되지 않는 한 어떤 고통도 없이 살 수는 없기 때문에 완벽한 예방책은 없다고 봐야 할 것이다.

또 사람들은 각자 타고난 성격이라는 것이 있다. 밖으로 나가 사교활동을 하고 자기 감정을 표현하는 게 좋기는 하지만 내성적인 사람들에게 억지로 사교생활을 강요하는 건 그리 좋은 태도가 아니다. 내성적인 사람은 조용히 사는 것이, 외향적인 사람들은 사교적으로 사는 것이 건강한 삶이다.

자기 고통을 표출하고 싶어하는 사람들은 그렇게 해야 우울한 감정에서 쉽게 벗어나지만 사적인 이야기를 하기 싫어하는 사람들에게 억지로 내뱉고 표현하라고 하면 오히려 허탈감만 강해질 뿐이다. 뭔가를 이야기하면 편해질 줄 알았는데 오히려 더 우울해졌다고 하는 사람들도 있다. 사람들은 사실 변화하기 쉽지 않은 존재이다. 타고난 성향이나 유전자의 정보는 후천적으로 주어지는 많은 노력이 무색할 정도로 견고하다.

정신치료는 아주 오랫동안 치료해서 겨우 약간의 변화를 일으키는 것, 그러나 그 약간의 변화가 인생 전체를 변화시킬 수 있는 그런 것이다.

내가 그동안 환자들을 치료하고, 내 자신의 경험을 통해서 본 바로는 다음과 같은 것들이 중요해 보인다.

첫째, 자신의 문제에 대한 확실한 인식
둘째, 해결하고자 하는 노력과 인내심
셋째, 규칙적인 생활 유지하기
넷째, 집중할 수 있는 일을 반복적으로 하는 것

이것은 우울증일 때 치료효과도 있으며 평소 실천하면 예방효과도 클 것이라 생각된다.

1. 자신의 문제 인식

자신을 안다는 건 정말 쉬운 일이 아니다. 누구나 다 자기 자신을 잘 안다고 착각하지만 사람들이 아는 건 단지 의식 표면의 자아의식, 이 사회 안에서 규정된 자아정체성, 그리고 주변 환경에서 자신에게 요구되는 의무감등 뿐일 경우가 많다.

어떤 심리적인 문제가 의식의 힘으로 조절할 수 없는 상태가 되어 정신과적인 증상을 나타날 때가 되어서야 자신을 뒤돌아보고 성찰을 시작하게 된다. 물론 경우에 따라서는 성찰도 되돌아봄도 없이 그저 병원에 가서 불편함을 해소시키는 약물만 요구해서 복용하는 사람도 많다. 진단만 중시하고 생물학적인 원인만 강조하는 요즘의 추세는 오히려 사람들로 하여금 자기 성찰의 기회를 가로막고 있다. 단지 뇌의 세로토닌만 보충하면 모든 일이 해결될 것으로 오해한다. 그러나 그 사람의 변하지 않는 성격은 어떤 외부적 스트레스 요인이 들어오면 계속 같은 패턴의 반응과 사고를 나타내므로 한번 불안증이나 우울증이 생기면 계속 같은 증상이 나타날 가능성이 아주 크다. 그러므로 자신의 성격에 어떤 취약한 문제가 있는지 자신의 무의식에 있는 어떤 콤플렉스들이 증상을 일으키는지 잘 아는 것이 예방을 위해 필수적이다.

보통 사람들은 말로는 자신의 성격을 고치고 싶다고 하는데 실제 잘못되었다는 것을 지적받으면 강렬하게 저항하고 자신을 지키려고 한다. 이것을 심리적 용어로 자기방어(Defence)라 하는데 남들의 인정을 받아온 자존심 강하고 똑똑한 사람들일수록 저항이 심하다. 결국 모든 원인을 밖에서만 찾으려 하고 외부 요인을 해결하면 모든 일들이 해결될 것처럼 착각한다. 물론 평생 그렇게 살아도 큰 문제가 없으면 굳이 고치려고 하지 않아도 될 것이다. 그러나 본인이 불편한 것은 물론 항상 주위 사람들에게 문제를 전가하여 고통을 주는 경향이 있다면 이를 인정해야 한다. 설령 자신이 큰 불편이 없다 해도 주위 사람들이 고통을 받는다면 자신의 문제를 솔직하게 돌아보고 고치려 노력하는 태도가 삶을 살아가는 지혜가 아닌가 한다.

이런 의미에서 정신치료가 중요하다는 것이다. 정신치료는 꼭 정신과나 상담소를 찾아가지 않아도 스스로 할 수 있는 것도 많다. 명상이나 종교 생활도 일종의 정신치료다. 자신을 있는 그대로 들여다보고 관찰하는 훈련을 하고, 가능하다면 일기를 매일 쓰는 것이 도움이 된다. 단지 한 가지 주의할 점은 감정에 심취하지 않도록 객관적인 기록을 하는 게 좋다. 매일 우울하다, 슬프다, 화가 난다, 라고 기록하는 건 별로 도움이 되지 않는다는 뜻이다. 왜 우울하고 화가 나는가, 환경적 요인인가, 성격적 요인인가 분석하고, 같은 반복이 되지 않기 위해 어떻게 하면 좋은가 등의 목표를 설정하도록 하는 태도가 필요하다.

2. 노력과 인내심

우리는 살면서 참을 수밖에 다른 방도가 전혀 없는 많은 일들과 부딪친다. 하기 싫은 공부도 해야 하고, 일도 해야 하고, 싫은 사람과 마주치기도 해야 하고, 질병의 고통도 참아야 한다. 그래서 인내심은 생존하는데 아주 중요한 덕목이 된다.

타고난 성격이 좀 느긋하고 둔한 사람들이 급하고 다혈질적인 사람들보다 견디는 힘이 강하다. 속도를 중시하는 현대는 "좀 더 빠르게"를 외치고 있고 특히 한국 사람들의 성격은 "빨리 빨리"가 특징이다. 병원에 오는 환자들의 경우도 마찬가지다. 며칠 사이에 기분이 정상화되고 좋아지길 기대한다. 조급하다 못해 일, 이주 만에 좋아지지 않으면 다른 병원으로 가는 환자들도 많다. 노력도 별로 안 한다. 약을 먹으라는 대로 먹지도 않고 하루 이틀 먹다가 잠이 잘 오고 밥맛이 좋아지면 약을 끊기도 하고 제멋대로다. 의사의 말보다 주변에서 하는 말, 정신과 약은 독하다더라, 한약이 더 낫다더라, 어느 병원이 더 잘 고친다더라. 등등의 말만 듣고 갈팡질팡하다가 꾸준한 치료의 기회를 놓치고 마는 것이다.

모든 병에는 노력과 인내심이 필요하고 의사의 권유를 잘 따르는 것이 무엇보다 중요한 치료 요인이라는 것을 알아야 한다. 특히 우울증은 일회성에 그치는 경우보다 반복해서 재발하는 경향이 있고 만성적인 경과를 취할 때가 많으니 자기가 신뢰할 수 있는 의사를 지정해 놓고 상태를 점검해 가면서 동행해야 한다. 타고난 인내심이 강한 사람들이 훨씬 더 치료가 잘 되는데 치료를 하다 보면 없던 인내심이 생기기도 한다. 나는 사람들에게 "좀 더 빨리"가 아니라 '좀 더 느리게" 라고 충고하고 싶다. 요즘 "느림의 미학"이란 것도 있지 않은가?

우울증 환자들의 기분은 하루아침에 좋아지는 것이 아니다. 기분은 자기의 마음속에서 우러나는 자연적인 현상이라는 걸 받아들여야 한다. 밖에서 오는 것이 아니라 내면의 자연스러운 변화, 계절의 변화와 같은 느린 템포의 변화라는 걸 알아야 하는 것이다.

인내심을 키우기 위해서는 매사에 항상 한 템포 느리게 하는 여유를 갖도록 훈련하는 게 좋다. 걸음을 걸을 때 천천히 걷고, 운전을 할 때도 되도록 양보 운전하고 대화를 할 때도 말을 하기보다는 일단 듣는 태도를 갖도록 훈련을 하면 인내심이 생긴다.

그런 훈련을 하다 보면 화가 날 때도 한 걸음 뒤로 물러나 상황과 자신의 감정을 돌아볼 여유가 생기기도 한다. 화를 이미 냈다고 해도 왜 그랬는지, 꼭 그래야만 했는지, 자기 문제는 아닌지 분석하는 습관을 갖도록 하면 좋다.

3. 규칙적인 생활

규칙적인 생활을 유지하는 것은 가장 지키기 힘들지만 가장 예방과 치료효과가 크다. 우울증이라는 진단이 내려지면 오히려 환자들이 더 아픈 사람 흉내를 내고 더 아무 것도 안 하려는 경향이 있는 것 같다. 일시적인 피곤함을 재발한 것으로 착각하고 지레 겁을 먹고 두려워하면서 직장이나 학교도 쉬면서 하루 종일 누워있고 약 부작용 핑계도 대고 병 핑계도 대면서 자신의 게으름을 "어쩔 수 없는 일"이라고 주장한다.

그럴 땐 시간표를 짜 놓고 아무 생각 없이 그 시간표대로 생활하는 것도 권유할 수 있다.(이것도 일종의 행동치료다) 아침 잠자리에서 잠에서 깨어나면 여러 가지 부정적인 느낌이나 생각들이 밀물 밀려오듯 뇌리에 차고 들어오는데 이때 지체하지 말고 즉시 일어나서 뇌를 활성화시켜야 한다. 바로 욕실로 가서 배변을 하고 양치와 세수를 하든가. 샤워하는 등의 일을 기계적으로 하는 것도 도움이 된다. 약간의 스트레칭을 하면 더 좋다. 불교신자라면 백팔 배를 하는 것도 좋고 기독교 신자라면 기도문을 외우거나 매일 몇 쪽의 성경책(혹은 불경)을 읽는 것도 도움이 된다. 모든 일들을 일종의 예식 치르듯이 아무런 감정 없이 그냥 해도 된다. 의욕이 안 나더라도 숙제하는 기분으로 하다 보면 점점 더 재미가 있고 기분이 나아지는 걸 경험하게 되는 것이다.

그런 매일 매일의 노력이 아주 큰 효과를 발휘한다. 서서히 구름이 걷히듯 기분이 나아지는 것인데 잠깐 동안의 슬럼프나 우울한 느낌은 과장하지 말고 그저 지나갈 수 있으려니 생각하는 태도도 필요하다.

또 일단 회복된 후에도 규칙적인 생활을 유지하는 것이 좋다. 직장을 다니던 사람들이 퇴직을 했을 때 삶의 리듬이 바뀌는 것이 큰 스트레스로 작용하는 걸 흔히 볼 수 있다. 직장을 그만 둔 사람들이 "할 일 없이 집에 있으려니 여기 저기 아프고 지루하고 우울하고 힘드네요."라고 말하는 것을 흔히 들을 수 있다.

신체의 생체리듬이 중요하듯 정신에도 리듬이 중요하다. 직장이 있든 없든, 가정주부이든 프리랜서든, 젊은이들이든 노인이든 규칙적인 시간생활을 하도록 노력하자.

4. 몰입하기, 집중하기

일상생활을 충만하게 만드는 것 중 하나는 집중할 만한 일을 만드는 것이다. 쉽게 얘기해서 취미생활을 하라는 건데 취미를 가지라고 하면 크게 생각해서 "나는 아무런 재주도 없고 좋아하는 것이 없으니 취미 가질 게 없다"라고 거부하는데 취미는 별게 아니다. 가벼운 소설이나 만화책을 읽는다거나 좋아하는 음악을 듣는다거나 산책을 한다든가 흥미 있는 주제의 자료를 모으고 정리한다든가 심지어 청소나 바느질을 하는 것도 취미가 될 수 있다.

단순한 행동은 명확하고 모순되지 않은 목표에 초점을 맞출 수 있게 하므로 그 목표가 금방금방 달성되는 것을 쉽게 알게 된다. 산을 오를 때 얼마나 높이 올라왔나 라든가 바느질을 할 때 얼마큼 진행이 되었나 등이 명확하므로 일상의 불안과 권태에서 회복하는 데 도움을 주게 되는 것이다. 물론 증상이 심할 때는 매사에 관심도 없어지고 집중력도 떨어져서 무언가를 하기가 힘들다. 그러나 매일 조금씩 집중을 하면서 어떤 반복적 행동을 하다 보면 어느 순간 몰입 자체가 큰 기쁨을 준다는 걸 알게 된다. 몰입은 몰아 일체의 상태, 황홀경, 등의 고조된 행복감을 선사하기도 한다. 물론 이런 몰입이 일시적 쾌감에의 탐닉으로 바뀌지 않도록 인터넷 게임이나 도박 같은 건 삼가야 할 것이다.

몰입과 중독의 차이는 무엇일까? 중독은 쾌감만을 찾아 헤매지만 몰입은 자기 인생에 도움이 되는 명확한 목표가 설정되어야 하는 것이 다른 점이다.

오랫동안 몰입의 심리학을 연구한 칙센트미하이에 의하면 삶을 훌륭하게 가꾸어주는 것은 행복감이 아니라 깊이 빠져드는 몰입이라는 것이다. 명확한 목표가 주어져 있고 활동의 효과를 곧바로 확인할 수 있으며 과제의 난이도와 실력이 알맞게 균형을 이루고 있다면 사람은 어떤 활동에서도 몰입을 맛보면서 삶의 질을 끌어올릴 수 있다.

우울증 환자의 경우 처음엔 가벼운 산책이나 운동, 그림 그리기, 바느질, 양이 정해져 있는 독서 등 단순한 행동을 설정하면 좋고 좀 회복되면 한 단계 높인 목표를 설정하면 좋다. 평소에 무언가에 몰입하는 습관을 들이면 인생을 좀 더 행복하게 살 수 있다. 실은 몰입할 때는 행복하지 않다. 오히려 긴장하게 된다. 그러나 몰입으로 어떤 일을 성취하고 난 후 뒤돌아보면 행복감을 느끼게 되는 것이다.

이런 행복감은 스스로 쟁취되는 것이므로 우리의 의식을 고양시키고 성숙시킨다.

몰입하는 것이 부담스럽다면 집중을 습관화하는 훈련도 좋다. 치료 부분에서 이야기한 Mindfulness, 정념과 같은 것이라고 보면 되는데 매 순간 순간 행동 그 자체에 집중하는 훈련이다. 우리는 대체로 우리가 하는 행동에 집중하지 않는다. 머리 안은 원숭이가 뛰어놀 듯 온통 뒤죽박죽 여러 가지 생각에 휩쓸린다. 걸으면서 과거 일을 생각하고 밥 먹을 때 앞 사람 얘기 듣느라고 밥이 어디로 들어가는지도 모른다. 아침에 세수할 때 직장에서의 일을 생각하고, 운전할 때도 오늘 할 일이 무엇인가 생각하기도 하고 어제 있던 기분 나쁜 일을 반복해서 생각하기도 한다. 그러니 우리는 진실로 사는 게 아니라 그림자를 쫓아다니면서 빈껍데기로 사는 것이다. 요즘 많은 사람들이 건망증이 심해졌다고 말하는데 실은 매 순간 집중을 안 하고 살기 때문이다. 너무 많은 잡념으로 순간에 충실하지 않기 때문에 금방 잊어버리게 되는 것이다.

집중 훈련하는데 가장 기본적인 것은 호흡에 집중하는 것으로 간혹 모든 행동을 멈추고 자신의 호흡에 집중하여 숨을 들이쉬고 내쉬는 움직임에 몰입한다. 사실 생명의 근본은 호흡 그 자체다. 생명의 근본에 집중하면 우리는 생명의 기쁨을 느낄 수 있다. 틱낫한 스님이 가르치는 프랑스 서원(플럼 빌리지)에서는 종소리가 울리면 누구나 하던 일을 멈추고 호흡에 집중한다고 한다.(이것을 “종소리 정념수행‘이라고 한다) 호흡 뿐 아니라 걸을 때 발에 전달해오는 여러 가지 감각에 집중하고, 먹을 때는 입에서 느껴지는 여러 가지 촉각과 미각에 집중하는 등 매 순간 자신이 하는 행동 그 자체에 집중하는 훈련도 도움이 된다. 잘 안된다고 생각하는 사람들이면 아주 단순한 것 몇 가지만 정해서 해도 된다. 매일 아침 샤워를 하면서 피부에서 느껴지는 따스한 물의 감촉을 충분히 느끼고 그 감각에 집중하면 정말로 하루를 상쾌하게 시작할 수 있다.

어디가 아파 본 사람은 충분히 공감할 수 있는 일인데, 자신의 몸이 자기 뜻대로 움직일 수 있고 모든 감각이 살아있다는 것을 느끼는 것은 행복한 일이다. 깁스를 하다 풀었을 때, 마취를 했다가 풀려났을 때 날아갈 것 같은 기분을 당신은 알 것이다. 땀을 흘리며 힘든 운동을 하고 나서 갈증을 푸는 시원한 물을 마실 때 입안이나 식도에서 느껴지던 상쾌한 기분도 당신은 알 것이다. 언제나 이런 기분을 유지한다면 얼마나 행복할 것인가? 집중을 하면 항상 이와 같은 기분을 느끼면서 살 수 있다. 자신의 움직임이나 감각에 집중하면 우리 자신이 살아있다는 게 얼마나 감격스럽고 즐거운 일인가를, 또 우리 주위를 둘러싼 모든 것들이 그 자체로 얼마나 큰 즐거움의 근원이 되는가를 깨닫게 된다. 그리고 거기에서 감사함이라는 감정이 나오는데, 감사함은 모든 정신적 고통에서 빠져나올 수 있는 출구를 제공한다.

몰입이나 집중은 모두 일상생활을 충만하고 행복하게 해주는 지름길인 것이다.

광장으로

수십 년 때 묻은 옷
부딪치고 찢어진 누더기 옷.
보호해 주고 감싸주던 것이 아니라
한낱 무거운 짐에 불과했던 옷.
이제 이것을 벗어버려야지.
나를 잊고 보호막을 벗고
알몸으로 세상에 나가서
사람들을 향해 살아봐야지.
그들의 맨손을 잡아주고
그들의 눈물을 닦아주고
나를 주어야지.
나머지 반절도 안 남은 인생

나를 부어서
나를 주어서
그들과 함께 살아야지.
누더기 껍데기 옷에 감춰진,
외로운 육신, 홀로인 정신으로는
더 이상 의미가 없어.
골방에서 빛나는 정신이란 건,
홀로 충만한 행복이란 건
아무 의미가 없어.
이제 의미 없는 옷가지 일랑 벗어버리고
저 사람들의 광장으로 가야지.

[3부]

우울증의 다른 측면들

12장 우울증과 진화론

찰스 다윈의 진화론은 모든 종이 생존에 유리한 것만 선택해서 진화한다는 이론으로 기본적으로 "자연 선택에 의한 적응"이라는 개념에서 출발한다. 인간도 결국 동물과 같은 진화적 과정을 겪어왔다는 의미에서 인간의 행동을 진화 생물학적 관점으로 보려는 시도가 있어왔다.(진화정신의학, evolutionary psychiatry)

동물의 진화방향이 영장류로 진화할수록 뇌가 발달되고 인간으로 진화하면서 뇌 가운데에서도 제일 앞쪽에 있는 전두엽의 크기와 활성도가 발달했다. 모든 동물은 생존에 적합한 것을 선택하는 자연선택의 법칙에 따라 진화되어 왔음에 틀림없다면 전두엽의 발달이 인간의 생존에 유리하게 작용하여 선택되었을 거란 이야기다. 전두엽은 비교, 예측, 판단하는 기관으로 결국 현명한 인간이라는 호모 사피엔스(Homo. sapiens)의 특징인 지능이 발달되게끔 진화과정을 거쳐 온 것이다.

프로이드도 생물학적인 기초를 바탕으로 인간의 발달단계를 전개하여 "생물학이 운명이다"라는 유명한 구호까지 만들어냈다. 그렇지만 인간은 동물과는 전혀 다른 법칙에 지배받는다는 신념이 너무 강해 정신질환이 어떤 진화 생물학적 의미를 갖는가에 대해선 상대적으로 관심이 적은 편이었다.

그러다가 이차 대전 후 동물학자 할로우가 포유류를 대상으로 엄마-아기 애착관계를 연구하면서 애착을 유도하도록 진화된 메커니즘이 존재한다는 것이 알려졌다. 눈을 마주치고 웃거나 만지려고 하는 것 등이 모두 애착을 유도하는 행동들이다. 인간 아기는 타인의 눈을 맞추고 바라보면서 타인의 감정을 읽으려고 한다. 자기를 돌보는 사람이 멀어질 때는 울음으로 공포의 감정을 나타낸다. 배가 고프다거나 다른 불편함이 있을 때 울고 몸부림치는 것은 사회적 의사소통의 일환으로 생존하려는 적응 기능을 가진 것이다. 울지 않으면 아무도 오지 않을 테니까. 그래서 유아기의 울음을 상실에 대한 반응으로 보고 우울증을 일종의 적응 정서로 보는 시각이 생겨났다.

원숭이를 어미로부터 분리시켰을 때 처음엔 울고 몸부림치는 저항반응을 보이고 좀더 오래 지나면 아무런 관심도 없는 듯 무기력한 절망 상태에 빠진다. 인간 아기도 마찬가지 반응을 보인다. 그 상태가 성인의 우울증에서 보이는 상태와 비슷하다. 울고 몸부림치는 저항은 엄마나 성인들의 주의력을 끄는 것으로 분명 적응적인 행동이지만, 나중에 보이는 절망 상태는(우울증) 어떤 적응적인 효과가 있는 것일까?

할로우 이외에도 인간의 우울증을 이해하기 위해 모성과의 분리를 이용한 여러 동물실험이 이루어졌다.(Kaufman, Rosenbaum) 그러면서 인간의 정서나 감정이 사회적 커뮤니케이션의 기능과 더불어, 생리적으로 각성시키고, 감정을 스스로 인식하여 심리적인 방어기제를 일으키는 기능을 한다고 추정되기 시작했다. 프로이드 자신도 방어기전을 시작시키는 최초의 힘이 원초적인 감정이라고 하였다.

우울증의 적응적인 중요성에 대한 다른 주장도 있다. 슈메일 등의 학자가 생물학적인 보존-물러남의 기전(conservation-withdrawal mechanism)으로 우울증을 설명하였는데 즉, 자극이 지나치게 강해지고 그것을 피할 수 없을 때 물러남을 통해서 개체를 보호한다는 것이다.

그 후 1985년 미시건 대학의 정신과 교수인 랜덜프 네스가 진화와 인간 행동에 관한 연구를 학문적으로 시작했고 1994년 "인간은 왜 병에 걸리는가?"라는 책을 써서 일약 진화의학의 창시자로 인정받게 된다.

그의 이론을 잠시 따라가 보자.

그에 의하면 노화나 임신, 출산 등 인체의 생리기능 뿐 아니라, 인간의 감정반응이나 질병도 자연선택의 결과다. 그렇게 오랜 세월동안 진화해온 인류가 아직도 많은 질병을 갖는 이유가 무엇인가? 원칙적으로 어떤 유전자든 번식 성공도에 유리한 것만 선택되는데 그것이 꼭 건강에 좋은 것만은 아니기 때문이라는 것이다.

예를 들어 조울증에 걸린 동안 성적으로 더 공격적으로 되고 매력적으로 보이게 노력하므로 번식 성공도는 더 높아 그 유전자가 널리 퍼지는데 성공한다. 약간의 조증이 있는 경우 말도 잘하고, 농담과 유머도 뛰어나고, 허세도 부리고 남들에게 인정도 베풀고, 멋도 잘 부려 주변 사람들을 즐겁게 한다. 그래서 그런지 조울증을 일으키는 유전자는 대단히 흔해서 거의 전 인구의 200명 중 한 명 꼴로 그 유전자를 갖고 있다고 한다. 주변에서 사회적으로 성공한 많은 사람들이 이런 경향이 있고 괴테, 나폴레옹 등 역사적으로 유명한 사람들

중에서도 많다.

그렇다면 조울증이외의 우울증은 도대체 무슨 이득이 있는지 궁금하지 않을 수 없다. 하루 종일 멍청하게 있고 아무 의욕도 없고 성욕도 감퇴되는데 그렇게 끈질기게 우울증이 존재하는 이유가 무엇이며 오히려 점차 늘어나고 있는 이유는 무엇인가?

우울증의 유전자가 선택되었다고 보기보다는 슬픔이라는 감정이 살아가는데 얼마나 유용한 것인가 알아볼 필요가 있다. 슬픔을 유발하는 상실이란 번식 성공도를 증대시키는 자원들의 손실이다. 즉 우리가 현재 처한 상황이 생존하는데 얼마나 위기 상태인가를 알려주는 신호 체계로 필요한 감정이라는 것이다. 만일 어떤 개체가 이 슬픔으로 하여 자신의 행동을 변화시켜 더 이상의 상실이 예방된다면 이 감정은 실질적으로 도움이 되는 감정이 되는 것이다.

몸에 통증이 느껴질 때 개체는 하던 행동을 멈추고 아픈 부위를 보호하려 한다. 통증과 마찬가지로 마음의 통증인 슬픔이나 고통을 느낄 때도 그는 하던 모든 일을 멈추고 그 통증에 집중한다.

예를 들어 신체의 통증을 못 느끼는 병(신경매독 등)에 걸리거나, 감각 신경이 마비가 되어 몸의 통증을 못 느끼게 되면 뼈가 골절되거나 심각한 타박상이 생겨도 무턱대고 하던 운동을 계속하게 될 것이다. 그러면 그는 어떻게 될 것인가? 몸이 만신창이가 되고 생명이 위독한데도 못 느낄 지경이 되면 개체는 생존할 수 없게 될 것이 아닌가? 통증은 이런 상태를 예방하기 위해서, 즉 개체를 보호하기 위해 신경 세포가 전달해주는 신호 체계다.

마음의 통증인 우울증도 이와 같이 그의 뇌를 쉬게 해 주는 역할을 하는 것이다. 마음의 고통이 없다면 우리는 얼마나 뇌를 혹사시키고 부적절한 판단과 행동을 하고 얼마나 많은 실수를 하게 되겠는가?

요즘 사회는 지나치게 낙관적이고 긍정적인 것을 강조하는 경향이 있다. 그런 허세가 경쟁에서 이기게끔 해줄 수도 있지만, 그럼에도 상실과 실패를 경험했을 땐 목적과 전략을 바꾸기 위해 지나친 투자나 용기를 버려야 할 필요도 있는 것이다.

투자를 더 해봐야 이익이 될 게 없다면 에너지를 낭비하는 대신 자제하는 게 이익일 테니까. 이런 의미에서 슬픔이나 상실의 느낌은 살아가는데 상당히 유용한 기능을 하는 감정인 것이므로 자연 선택되는 것이다.

좀 더 넓은 시야로 생각해 본다면, 우울증을 겪는 사람들은 인생에 대해 쓸모없는 모험 대신 자기 성찰을 하게 되고 이기적인 틀에서 벗어나 세상을 관조할 수 있는 기회를 갖는다. 윗사람들에게 위협적인 능력을 보이는 사람 중에서 우울증이 많다거나, 작가 중에서 정서장애가 많다는 보고도 있다.(Nancy Andreason) 이들은 우울증에서의 후퇴와 관조를 통해 인생의 비밀을 알아내고 그것이 그들의 창작활동에 많은 도움을 주는 것이다.

간혹은 자기의 능력을 숨기고 야망을 감추는 것이 살아남는데 유리할 수도 있다. 전략적인 시각으로 보면 우울증은 자신을 감추고 타인의 공격성을 줄어들게 만들고 자신과 남을 속이며 다음 승리의 기회를 보며 기다리는 인내심을 주는 기능도 한다고 볼 수 있다. 결국 우울증은 다른 감정과 마찬가지로 필요한 생존전략인 것이다.

물론 우울증을 나쁜 질병으로 규정한 크레이머 같은 사람들은 우울증이 이런 진화적 적합성을 가졌다는 걸 반대한다. 심각하게 고장난 스위치가 어떻게 적응적일 수 있냐는 것이다. 그저 진화의 쓸모없는 부산물의 하나라고 한다. 예술적 창조성과의 연관성도 부정한다. 단지 우리가 피하고 퇴치해야 할 질병이라는 주장만 한다. 그러나 분명한 것은 우리들 자신의 마음에 우울한 존재들을 옹호하고 보호하고 싶은 보편적인 정서가 있다는 사실이다. 그 보편적인 정서는 도대체 어디에서 온 것일까? 그 정서가 진화된 것이라면, 그 자체로 우울한 존재들은 생존해야만 할 이유가 있다는 반증이 되는 것이 아닐까?

무력한 아기를 볼 때만큼 사람들의 마음이 순수한 사랑으로 넘치는 때는 없다. 또 가녀리고 우울해 보이는 여성들에게서 매력을 느끼는 남성들도 많다. 여성의 모성본능을 자극하는 약한 소년 같은 남성들도 선택된다. 즉 적당히 약한 자들은 자연선택에 의해 살아남는 것이다.

그러므로 아마도 우울이란 감정과 우울증은 인류가 존속되는 한 계속될 것이다.

태초에는

예전엔 우리 모두 한 몸이었습니다.
온 지구와 온 땅과 온 우주가 한 몸이었습니다.
행성들이 떨어져 나가고 은하계가 진화하고,
생명들이 떨어져 나가고
개체로, 인간으로 진화하여 개별화되면서
모두 고향을 떠난 이방인처럼 고독해졌습니다.

그리하여,
모든 존재들은 우주로의 회귀본능을 갖게 되었습니다.
자기들이 떠나 온 고향을 그리워하듯.
본질적인 고독과 본능적인 사랑은 그렇게 생겨났습니다.
하나가 되지 못해 고통스럽고,
하나가 되는 행복을 구하기 위해 그토록 애를 씁니다.

모든 예술과 신앙이라는 것도
우주와 한 몸이 되기 위한 회귀본능이고
남녀의 사랑이 그다지 절실한 것도
종교가 주는 마력이 그토록 강렬한 것도
그것이 우주로의 회귀본능이기 때문입니다.

진화는 축복이 아니고 저주와 같은 생명의 본질입니다.
진화의 끝에, 더 이상 진화할 것이 없게 될 때,
낱낱의 존재가 스스로 완벽해질 때,
신은 할 일이 없어지고
우주는 종말을 고할 것입니다.

13장 우울증과 뇌 과학

요즘은 무엇이든지 뇌 과학으로 설명하는 게 유행이다. 티브이 프로그램에선 심심치 않게 공황장애, 폭식증, 중독증 등에서의 뇌 영상 사진(기능성 자기공명 사진 fMRI, 혹은 양성자 방출 단층촬영 PET)을 보여주면서 우리의 호기심을 만족시킨다. 의식, 무의식, 자아, 초자아, 콤플렉스 등등 어려운 정신분석적 설명보다 컬러풀한 한 장의 뇌 사진이 훨씬 더 설득력이 있어 보이기도 한다. 사람들은 그걸 보면서 정신질환이 뇌의 질환이고 머지않아 그런 병들이 간단히 고쳐지리라 기대하기도 할 것이다.

뇌 과학자들은 정서와 느낌이 뇌의 어떤 작용일까 연구하고, 고통과 쾌락을 넘어서 생각의 영역까지, 그리고 더욱 확장하여 철학, 종교까지 뇌의 작용으로 설명하려고 한다.

프로이드의 정신분석 이론에 식상하거나 답답함을 느끼는 많은 사람들이나 정신질환자들을 치료하다가 지친 많은 정신과 의사들은 뇌 과학이 모든 걸 설명해 줄 수 있지 않을까 흥분하기도 한다.

프로이드보다 2세기나 앞선 시대의 철학자 스피노자는 그의 유명한 책 "에티카"에서 마음과 몸을 동일한 속성의 실체라 하여 그때까지의 마음과 몸의 이원론을 뒤집었다. 그는 모든 살아있는 생명체는 의식적으로 알아채지 않고도 자신을 보존하기 위한 활동을 수행하고 있다며 그것을 "코나투스"라 명명하였다. 우리 몸 안에 무의식적인 자기 보호 기능이 있다는 걸 간파하고 있었던 것이다. 그의 철학에 매료당한 뇌 과학자 안토니오 다마지오는 그의 철학을 뇌 과학적 이론으로 확장시켰다. 그는 "스피노자의 뇌"라는 책에서 느낌(feeling)과 정서(emotion)의 상관관계를 설명하고 마음이 어떻게 출현했는지 밝혔다.

그의 설명을 들어보자.

외부의 어떤 자극이 뇌의 시각중추나 청각중추 등의 감각중추를 거쳐 뇌 가운데, 변연계에서 편도(amygdala)등의 "정서촉발부위"에 도달하고, 그것이 다시 시상하부 등의 "정서실행부위"로 간다는 것이다. 시상하부는 직접 혹은 뇌하수체를 통해 화학물질을 방출하고 그것이 신체 각 부위로 가서 심장, 폐등 장기의 변화를 유발할 뿐 아니라 웃음, 울음, 도망, 구애 등 복합적 행동을 보이게 된다. 정서는 신체에서 공개적으로 나타나는 현상이며 그 정서에 대한 주관적이고 사적인 느낌이 뒤따라온다는 것이다.

느낌은 뇌의 신체지도라고 할 수 있는 일종의 지각인데 상황에 대한 심적 경계를 유발하고 기억에 지속적인 영향을 준다. 과거의 기억, 상상, 추론 등의 풍요로운 조합 덕분에 느낌은 궁극적으로 통찰을 낳고 새롭고 독특한 반응을 만들어낸다. 정서에 어울리는 사고가 출현하는 것이다. 즉, 겉으로 보기엔 정서와 느낌과 사고가 거의 동시에 일어나는 것 같으나 실은 신체적 변화가 우선이고 그 다음이 느낌이고 그 다음 생각이 나타나게 된다. 편도는 공포, 분노의 정서를 촉발하고 복내측 전전두엽 피질은 동정, 연민, 슬픔 등의 정서를, 오른쪽 전전두엽 피질은 불쾌감의 정서를 나타낸다. 뇌 과학자들은 실험을 통해 어느 부위를 자극하면 슬퍼지고 또 어느 부위를 자극하면 웃음이 난다는 걸 밝혀내기도 했다.

이런 정서나 느낌은 생존에 필요한데 특히 공포라는 정서는 위험한 대상으로부터 도망치기 위해서는 매우 필요한 생존의 기본 정서라 할 수 있다. 공포라는 정서가 없다면 적에게 잡아먹힐 수밖에 없는 것이다. 정서와 느낌은 인간을 비롯한 모든 동물에서 기본적으로 다 있는 것들이다.

"기쁨"이라는 정서는 최적의 생리적 조절 상태를 의미하며 행복한 상태로 생존하는데 도움을 준다. 반면 "슬픔"은 기능의 불균형 상태, 생명 기능이 최적의 조절 상태에 있지 않음을 뜻하며 질병이나 고통의 징후다. 가장 기본적인 정서, 기쁨과 슬픔은 결국 지금 자신의 몸 상태가 생존에 좋은가 안 좋은가에 대한 자기 통찰의 정서인 것이다. 생명은 자신의 기능을 보다 완전한 상태로 끌어 올리려고 노력하며, 살기 위해 고통과 슬픔은 줄이고 기쁨을 얻기 위해 노력한다.

그러면 인간이 동물과 다른 점은 무엇일까?

인간 뇌 진화를 연구한 학자들에 의하면 피질의 여러 영역을 연결하는 일련의 재유입 과정이 발달하면서 고차의식이란 것이 생겼다고 한다. 이 고차의식은 언어라는 추상적 개념이 생기면서 발달한 것으로 과거에 대한 개념, 미래의 계획 능력, 사회적 자아를 발전시키는 등 고도의 식별력이나 변별력의 모태가 되는 것이다. (Edelman)

인간은 자신이 의식하고 있다는 사실을 의식하게 되고 문장 구성의 규칙에 맞게 연결된 기호와 현실적 사건을 대응시킬 수 있게 된 것이다. 그러면서 과거, 미래, 그리고 사회적인 규범 등에 대한 풍부한 개념들이 가능해진다. 가장 늦게 진화한 전두엽의 발달로 이 고차 의식이 생성된 것으로 보이는데 가운데 기저핵과 대뇌 피질의 신경 세포들 사이에서 핑퐁 게임하듯 신호를 수없이 주고 받으면서 유입, 재유입의 과정 등 엄청 많은 네트워크가 발달한 것이다. 이 과정에서 여러 종류의 신경전달물질이 관여하는데 신경망의 수많은 연결을 통해 과거의 기억에 비추어 미래를 예견하게 된다. 이를 "가치평가시스템"(value system)이라고도 한다.(Edelman) 과거의 기억에서 더욱 큰 기쁨을 주는 게 무엇이고 슬픔을 가져오는 게 무엇인지 찾아내어 미래의 상황을 상상하고 예측하고 기쁨을 주는 방향으로 의사 결정을 내리는 것이다.

학자들은 전두엽 중에서 가장 앞 쪽에 있는 전전두엽이 손상되었을 때 사회적 정서에 문제가 생겨 사회생활에 큰 지장을 주는 증상이 나타난다는 것을 밝혀냈다. 즉, 전두엽은 사회생활에서 아주 중요한 기능인 감정 이입을 가능케 하고 동정, 공감, 수치, 경멸, 혐오, 감사, 자부심, 자책, 수치, 등의 사회적 정서에 관여한다.

어떤 일에 실패하거나 자신의 행동을 제지 당했을 때 수치심, 부끄러움, 슬픔을 느끼고, 어떤 사람이 규범을 위반한 것을 보았을 때 혐오감, 경멸, 분노가 생긴다. 또 고통스럽거나 어려움에 처한 타인을 보았을 때 감정 이입이 되어 공감을 느끼고 동정심이 생기는 것 등이 모두 사회적 정서에 속한다. 남들을 도와줄 때 느끼는 자부심과 더불어 경외심, 감사함 같은 정서도 여기에 속한다.

사회적 정서에서 이타주의, 도덕적 규범 등이 생겨났으며 종교를 창조하고자 하는 충동이 생겼을 거라고 다마지오는 말한다.

우울증에서 보이는 지나친 슬픔, 의욕상실, 미래에 대한 부정적 예측, 자살 충동 등을 어떻게 뇌 과학적으로 설명할 수 있을까? 위에서 본 바에 의하면 고차 의식과 사회적 정서는 인간의 정신적인 증상과 심리 기전을 이해하는데 중요한 단서가 될 것 같다.

과학자들은 우울증 기간 동안 전전두엽 피질의 혈류량이 감소하고 에너지 사용량이 감소한다는 것을 밝혀냈다. 1999년 저돌적인 신경해부학자인 라이코프스카는 돌연사한 우울증 환자 12명의 사후 뇌 조직을 조사해서 피질 여러 부위에서 세포가 약화되고 흩어지고 끊어진 것을 발견했다. 신경세포(뉴런)들을 지탱해 주는 아교세포의 위축이 뚜렷하게 나타났다는 것이다. 가장 손상이 심했던 것은 우울증에 걸린 알코올 중독자들이었다고 하는데 알코올에 의한 뇌손상인지 우울증 자체에 의한 건지 구별해야 할 과제가 남긴 했지만 우울증에서 뚜렷한 병리적 소견을 발견한 획기적인 결과임에는 틀림이 없다.

또한 우울증 환자에서 해마의 크기가 줄어 들었다는 발표도 있고(Sheline) 동물실험에서 스트레스가 해마의 새로운 세포의 증식을 방해한다고 알려져 있기도 하다. 해마는 스트레스 조절에 핵심역할을 한다고 알려져 있다. 만성적 스트레스는 스트레스 호르몬을 과다 분비시키고 이것은 해마의 두뇌세포 손상을 일으키고 복구를 방해하는 것으로 추정된다. 스트레스가 우울증을 일으키는 원인이 되는 것인지 우울증 자체가 만성적 스트레스 인자로 작용하는지는 밝혀지지 않았다.

우울증에서 뚜렷한 치료적 효과를 보이는 약물들, 세로토닌이나 노르에피네프린의 수용체에 영향을 미치는 약물의 효과는 분자 생물학적으로 추정해 볼 수 있을 뿐 그것이 왜 정서에 영향을 미치는가는 설명하지 못했다. 아마도 세로토닌 결핍이 직접 우울증을 일으키지는 않지만 세로토닌이 우울증으로 이어지는 손상에 대해 보호역할을 하는 것 같다는 설명이다. 아무튼 1990년대 이후 우울증에 대한 두뇌병리가 속속 들어나고 있는 듯하여 우울증에서 뚜렷한 병리현상을 찾기 바라던 많은 정신의학자들이 기대감에 부풀고 있다. 이것으로 우울증이 뇌질환임이 분명히 밝혀지고 정신질환의 새로운 지평을 여는 시대가 올 것인지는 더 두고 봐야 할 일이다.

죽음, 육체적 고통, 정신적 번뇌에 직면한 인간은 어떻게 하면 그 상황에서 벗어날까 상상할 것이다. 이 때 어떤 기전으로 우울증이란 증세가 나타날까? 해부학적, 병리적 소견을 떠나서 전전두엽의 가치평가시스템이 어떻게 우울증에 관여하나 추측해 볼 수는 있을 것 같다. 다음부터는 나의 고차 의식이 만들어낸 상상이다.

1) 사랑, 돈을 잃거나 몸이 아프면 생명 유지에 교란이 일어나니 당연히 슬픔을 느낀다. 그런데 외적 조건에 의한 스트레스가 지나칠 때, 어떤 전략으로도 미래가 달라질 가능성이 희박하므로 그의 슬픔은 지속된다. 슬픔의 느낌은 다시 슬픔에 맞는 사고를 생성하고 그것으로 다시 슬픔의 정서적 변화가 일어나는 등의 악순환을 일으킨다. 신체적 증상은 우울한 정서가 지속되는 육체의 상태를 반영한다.

2) 우울증을 가진 사람들의 고차의식에는 현재 상황을 알고 미래

를 예측함에 있어 기억 창고 안에 참고할 만한 긍정적인 기억이 별로 없다. 어릴 때 무력한 상태에서도 생존할 수 있을 만큼 충분한 사랑을 받은 사람이면 그 상태로 되돌아가고 싶을 것이고 (퇴행의 욕구), 미움 받고 상처받은 사람들은 긍정적인 기억이 없어 긍정적인 미래 예측을 잘 못할 것이다. 그래서 우울감, 비관, 자책감이 지속된다.

3) 성격은 유전자에 의하든 후천적인 것이든 평소에 잘 쓰던 뇌신경 세포들의 네트워크일 것이다. 쉽게 활성화되는 그 네트워크는 거의 자동화되어 있다. 어떤 외부의 자극이 들어왔을 때 그는 평소대로 그 네트워크를 통해 추상적 사고를 할 텐데 그것이 항상 부정적인 예측으로 흐르는 경우가 있을 것이다.

4) 모든 생명체는 다 살려는 방향으로 나아가고 동물들은 공격자가 나타날 때 도망을 치도록 진화되어 왔다. 인간은 언젠가는 죽는다는 사실을 알고 있다. 그래서 인간에게는 미래를 계획함에 있어 선택할 것 중에 죽음이라는 것이 하나 더 존재한다. 당장의 고통이 너무 심하다거나 공포가 극심할 때 그것을 모면하는 것이 또 다른 생존의 느낌일 수 있기 때문이다. 게다가 인간들은 풍부한 상상력으로 사후 세계나 불멸의 영혼, 환생 등에 대한 신화들을 만들어 냈고 죽음을 종말로 보지 않는 철학적 관념이 존재한다. 그러므로 인간에게는 미래의 여러 계획 중에 선택할 죽음이라는 마지막 보루가 있는 것이다.

5) 마지막으로, 아주 희망적인 추측을 해 보기로 한다.

가치평가시스템은 고정불변한 것이 아니라 변화가능하다. 뇌는 항상 외부세계와의 관계를 통해서 새로운 회로가 생겨날 수 있기 때문이다. 2부에서 이야기한 여러 치료법들이 사용가능한 신경세포 네트워크 시스템을 새로 만들거나 기존의 건강한 회로를 강화시켜 줄 수 있을 것이다. 새로운 긍정적인 경험을 하게 함으로서 새로운 기억들이 자리 잡으면 미래예측에 있어서 참조할 아이템들이 더 늘어나게 된다. 또한 뇌는 다른 신체기관보다 유연하고 사용가능한 세포의 숫자가 다른 기관과는 비교할 수 없을 만큼 많다.(300억 개의 뉴런과 1000조 개의 시냅스) 그러므로 신체 다른 질환보다 변화의 가능성이 더 많고 그것은 치료가 더 용이하다는 것을 의미한다.

뇌 과학적인 설명과 정신 분석적 설명과는 많은 차이가 있지만 문제 해결을 위한 고차 의식적 사고 안에 여러 가지 방어 기제가 들어있는 것 같고 전전두엽에서 일어나는 사회적 정서가 초자아(Superego, 충동을 억압하고 검열하는 기능을 하는 정신의 한 부분)의 기능이 아닐까 추측해 본다. 프로이드는 여러 가지 삶의 욕구 중에서 성적 욕구를 가장 중요하게 보는데 반해 뇌 과학자들은 총체적인 생명의 조화로운 기쁨에 주안점을 둔다. 대부분의 뇌 과학자들은 프로이드 이론에 찬성하지 않는 것 같다. 프로이드의 이론은 은유와 비유로 이루어져 있어 검증이 불가능하고 생물학적 타당성이 부족하다는 것이다.(Edelman)

그렇다면 융이 말한 집단 무의식은 뇌의 어디에 있을까? 가장 최후에 진화한 사회적 자아의 연장선상에서 종교의 개념을 이해한 다

마지오의 전전두엽과 인류 공통적인 무의식이 자리한 고태적인 개념의 뇌는 어떻게 연결될 수 있을까? 그 오래된 기억은 우리의 장기 기억이 위치한 측두엽 어딘가에 깊숙이 들어 있을까? 언제가 이것도 밝혀질 날이 올까?

"나는 나의 뇌이다"라는 자연 과학의 거대한 착각을 경고하는 사람들도 많다.(알바 노에) 그들은 세계와 나와의 유기적 관계에서 마음도 인식도 생기는 것이지 나의 뇌 안에만 마음이 있는 것이 아니라고 주장한다. "세계가 없어지면 마음도 없어진다. 그러므로 의식은 당신의 뇌 속에 있지 않다." 이도 그럴듯한 말이다. 뇌를 아무리 뒤져봐도 영혼이라는 실질이 나타날 것 같지는 않다.

상처

두뇌,
깊숙이 자리 잡은 기억 중에서 어떤 부분,
어떤 전기 자극이 거기에 당도하면 몇 백 배로 전류가 증폭되어
온통 두뇌 세포들을 뒤집어 놓는
그 어떤 부분,

전혀 이성적이지도 않고 논리적이지도 않은 반응을 보이는
그 어떤 부분.
전혀 타당하지 않은 아주 우연적이고 순간적인 자극이
간질과 같은 무질서를 일으켜 발작을 유도하는
그 어떤 부분,

아무리 세월이 가도 아무리 노화가 되어도
그건 그칠 줄을 몰라.
심장박동처럼, 자동적으로 그 반복을 해대는 그 어떤 부분.

수많은 사람들이 그것으로 하여 부적절한 반응을 보이고
실수하고 미친 발작을 하지.
그것이 최초로 형성된 그 아픔이 영원히 지워지지 않을
각인을 만들고 그 후로도 아무리 흉측한 발작을
아무리 여러 번 해도 지워지지 않지.

그 발작으로 하여 아름다운 춤이 되게 할 수는 없는가?
그 부적절하고 비논리적인 반응으로 하여금
시가 되게 할 수는 없는가?
서로 서로 그 미친 발작들에 장단을 맞추어
보듬어 줄 순 없을까?
동정의 눈물이라도 같이 흘려줄 수는.

14장 우울증과 종교

정신과 의사로서 종교에 대해 논한다는 것은 조심스러운 일이다. 정상인 다수의 믿음체계인 종교를 심리학적으로 분석한다는 비난을 받을 수 있기 때문이다. 나는 어떤 종류의 종교에 대해서도 비판할 마음이 없다. 단지, 종교는 인간 생활에 가장 지대한 영향을 끼치는 것 중의 하나이고 정신질환과도 많이 연관되어 있으므로 우울증과의 관련성에 대해서 한번 생각해 보려고 할 뿐이다.

우리는 어릴 때부터 "생노병사"에 얽힌 허무한 인생 이야기를 불교의 교리로 많이 들어왔다. 부족할 것 없는 왕자로 태어난 부처님께서 사람들이 태어나서 늙고 병들고 죽는 모습을 보고 충격을 받아 출가하여 진리를 깨우쳤다는 이야기를 듣고 당신은 어떤 기분이 드는가? 그는 왜 왕자로서 누릴 수 있는 부귀영화를 맘껏 누리지 못했을까? 왜 아름다운 사람들이 즐겁고 행복하게 사는 모습은 보지 못하고 생노병사의 허무함만을 보았을까? 보리수나무 아래 갈비뼈가 앙상하게 드러난 부처님이 좌선하고 앉아 온갖 마구니들의 유혹을 받으면서 수행하시는 모습은 측은하지 않은가? 깊이 들어가면 엄청난 철학과 진리가 담겨져 있지만 불교 철학은 참으로 우울하게 느껴지곤 했다.

어디 그뿐인가? 십자가에 매달려 고문당하다가 결국 사형수로 죽는 예수님을 숭배하는 기독교는 어떤가? 성당에 가면 한가운데 크게 자리하고 있는 십자가 고상이 있는데 거기 죽어가는 예수님이 매달려 있다. 너무 처참한 모습이라 처음 접한 사람들은 그것을 쳐다보기 힘들 수도 있다. "만들어진 신"이라는 책에서 도킨스는 어떻게 십자가라는 사형도구가 종교의 상징이 될 수 있냐고 항변한다.

천주교의 기도문 중에는 "고통의 신비" 라는 것이 있다.

예수님이 우리를 위하여 피땀 흘리심을 묵상합시다.
예수님이 우리를 위해 매 맞으심을 묵상합시다.
예수님이 우리를 위해 가시면류관 쓰심을 묵상합시다.
예수님이 우리를 위해 십자가에 못 박히심을 묵상합시다.
예수님이 우리를 위해 십자가에서 돌아가심을 묵상합시다.

이런 끔찍한 장면 하나 하나를 되새기면서 예수님이 얼마나 처절하고도 고통스럽게 돌아가셨나 적극적으로 명상하는 것을 보면 매우 가학적이기까지 하다.

종교는 왜 그렇게 고통을 강조하는가? 고통과 죽음과 부활이라는 엄청난 상징의 메시지를 전달하기 위함이지만 그걸 다 이해하기까지 슬픔의 감정을 경험하고 극복해야 한다. 모든 종교는 죽음과 고통에서 시작한다는 걸 부정하기는 쉽지 않다. 쇼펜하우어도 말했다. 죽음의 고통이 종교의 기원이라고.... 인간이 죽음과 삶의 고통을 몰랐더라면 애초에 종교라는 건 없었을지도 모른다. 고통과 우울한 기분의 자가 치료방법으로 인간에게는 종교라는 믿음체계가 필연적으로 필요했던 것은 아닐까?

"이기적 유전자"라는 책을 써서 유명해진 생물학자 리처드 도킨스가 2006년 "만들어진 신(신은 망상이다)" 이라는 무신론을 주장하는 책을 썼다. 그에 의하면 신이 인간을 창조한 것이 아니라 인간이 신을 창조했으며 종교(주로 기독교)는 해악과 부작용만 있을 뿐, 인간의 뇌가 조작해 놓은 가설이라는 것이다. 그가 신의 존재를 반박하는 유일한 도구는 다윈의 자연 선택설이다. 그는 "눈먼 시계공"이란 책에서 만일 창조론에서처럼 설계자가 존재한다면 그는 필경 눈먼 시계공일 거라고 꼬집는다. 생명체들의 진화를 보면 완벽하기는커녕 실수 투성이라는 것이다. 참으로 많은 사람들이 창조론을 공장에서 신이라는 창조주가 빈틈없이 설계해서 완벽한 물건을 만들어내는 것처럼 생각하는 것 같다.

모든 과학자들이 도킨스처럼 창조론을 반대하는 것은 아니다. 신의 창조 방식이 그렇게 진화의 방향으로 설정된 것일 수도 있다고 생각하는 학자들도 많다. 최초의 순간 어떤 신비한 힘에 의해 빅뱅이 일어나 우주가 만들어지고, 지구가 생기고, 최초의 단세포생물인 DNA가 만들어져 진화했다는데, 그 최초의 신비한 힘이 창조주가 아닐까 하는 생각도 해볼 수 있다.

리처드 도킨스의 이론을 추종하는 일군의 사람들은 무신론을 정당화하기 위해서 어떤 기도 의식(Ritual)까지 만들었다는 소식도 있다.(EBS) 인간들은 강한 신념을 지키기 위해 종교적인 의식을 필요로 하는 것 같다. 인간에게 있어서 강한 신념, 혹은 믿음은 자연스럽게 종교적 태도로 이어지는 것이니 가히 종교를 인간의 무의식적 본능이라고 해야 옳을 것이다.

그러나 신이 도킨스의 말대로 정말 우리의 불완전한 뇌의 간극이 생성해 낸 망상이라고 해도 신은 실재하는 물질이 아니니 증명할 길이 없다. 다마지오, 뉴버그 같은 뇌 과학자들은 우리의 뇌가 종교를 만들었다는 걸 기정사실로 받아들이는 것 같다. 뇌 과학자들의 신은 뇌인 것이다. 진화학자들의 신은 다윈의 자연선택설이고 융의 신은 집단무의식 안에 있다.

종교라는 단어가 있는 이상, "신"이라는 관념이 있는 이상 신은 이미 우리 정신에 존재한다. 그래서 신이 있나 없나를 논하는 자체가 어리석은 담론일 수도 있다. 중요한 것은 종교라는 현상이 우리에게 어떤 의미가 있는지 우리의 정신을 어디로 이끄는지 밝히는 일인 것이다.

어머니 젖을 먹던 아기가 갑자기 그것에서 멀어진다면 당연히 고개를 돌려 어미젖을 찾아 헤맬 것이다. 사람이 우울해질 때 신을 찾아 헤매는 것은 그처럼 자연스러운 일이다. 그래서 모든 신의 관념에는 부모의 이미지가 있다. 그런 것 때문인지 프로이드는 모든 종교가 부모에 대한 유아적 의존증이며 일종의 신경증이라고 주장했다.

때로는 종교의 그런 신경증적 특성이 과대하게 나타나는 경우도 있다. 사이비 종교 교주의 횡포, 집단 자살, 일본에서 한때 문제 되었던 어떤 종교단체의 살인가스 살포, 사람들의 믿음을 이용한 사기 행위 등 종교가 주는 해악적 요소도 만만치 않다.

종교의 본질적 요소인 믿음엔 다소 일방적인 망상적 경향도 있고 신에게 버림받지 않을까 하는 불안과 공포, 그로 인한 무조건적인 굴종도 있다. 그들만이 세계를 정화시킨다거나, 혹은 선택받은 사람들만 새로운 세상에서 영원히 산다는 망상으로 발전하는 경우도 있고 종말에 대한 준비로 사람들을 현혹시키기도 한다. 또 실제 임상에서 종교에 너무 심취했다가 정신병적 증상을 보이는 환자들도 많이 본다.

가톨릭에서 개신교로 종교를 바꾼 후 빙의망상을 보인 어떤 환자는 자기를 괴롭히는 사탄이 바로 "성모마리아"라고 했다. 자신이 한때 믿었던 어머니(성모마리아)가 자신의 배신에 대해 보복할 거라는 공포가 빙의망상이라는 증상으로 그녀의 의식을 사로잡은 것이다.

종교의 이런 여러 가지 부작용에도 불구하고 왜 그 많은 사람들이 종교에 의지하고 심취할 수밖에 없는가를 알아야 한다. 그래서 우리는 종교의 진위여부를 논하는 대신 그 안에 담긴 상징적 의미를 보아야 한다. 종교가 지닌 진정한 상징성은 무엇일까?

인간들이 살면서 느낄 수밖에 없는 고통, 슬픔, 상실감, 불행감, 패배감, 자책감, 의욕 저하 등등의 많은 부정적 감정에는 그것을 극복하고자 하는 많은 가능성과 잠재력이 같이 들어 있다. 빛이 만들어낸 그림자처럼 모든 부정적인 의미들은 그것을 있게끔 하는 근원의 빛, 즉, 희망, 생명력, 승리감, 행복감의 가능성을 함축하고 있다. 극복하고 변환시키면 모든 것은 새로워지는 것이다. 분석심리학의 창시자 칼 구스타프 융은 이런 여러 가지 대극적 요소들을 통합시켜야 한다고 말했다.

빛의 방향에 따라서 그림자가 만들어지는 방향과 크기가 달라지고 빛의 강도에 따라 그림자의 강도가 달라진다는 진리를 깨달으면 우리는 그림자가 본래 없음을 안다. 만물의 무상함을 깨닫고 나면 자아라는 것이 없음을 깨닫게 된다. 자아가 없음을 깨닫고자 하는 불교의 수행이나 자신을 다 신께 내어주는 기독교나 근본은 진정한 자기(혹은 무의식)와의 관계를 정립하는 것이라고 보인다.

융은 종교를 무의식이 지향하는 통합의 상징으로 보았으며 대극적 요소들을 통합한 전체성을 가진 자기원형(Self Archetype)의 상징으로 그리스도를 보았다.

기독교에서는 십자가에서 돌아가신 예수님이 부활하시고 하늘에 올라 하느님과 한 몸이 되어서 우리에게 성령을 보내주셨다고 설한다. 고통의 종말과 죽음, 그리고 새로운 탄생이라는 이 부활의 상징은 전체 정신의 중심인 자기가 거듭나는 것이며 모든 정신적 고통의 궁극적 치료를 의미한다. 가톨릭의 미사과정과 영신수련을 분석심리학적으로 고찰하면 전체성으로 복귀하는 개성화 과정(혹은 자기실현)으로 볼 수 있다고도 한다.(김정택)

기독교, 천주교에서는 매년 수난주간과 부활절의 의식을 치르며 예수님의 죽음과 부활을 마음에 새긴다. 인간의 새로 태어나야 하는 무의식적 과제를 종교적 의식을 통해 상징적으로 수행하는 것이다.

불교에서는 "완전한 해탈"이라는 것이 기독교에서 말하는 "죽음과 부활" 과 같은 상징성이 있다고 보인다. 불교에서 인간의 고통은 집착의 결과이고 집착은 분별심에서 생긴다. 있다- 없다, 좋다-나쁘다, 선하다-악하다, 밝다-어둡다 등등 온갖 분별을 하여 그 중 어느 하나를 구하려는 집착을 하게 되어 고통이 생긴다는 것이다. 이 분별심을 그쳐야, 즉 대극적 요소를 합치시켜야 해탈에 이른다.(이죽내) 우리의 정신에는 우리가 알고 있는 의식과 우리가 모르는 부분인 무의식이 대극의 요소다. 모르고 있는 자신의 무의식 부분을 알아내어 의식화시켜야 전체성을 획득하는 것이고 그것이 바로 해탈의 길이고 치유의 길인 것이다.

결국 기독교적인 전체성의 회복이나 불교에서 말하는 대극의 합일이나 그 상징성은 다 같은 것이라 할 수 있다.

또 샤머니즘에서도, 무당은 신병을 앓고 거의 죽을듯한 고통을 극복해야 사람들을 저승으로 인도하는 역할을 수행할 능력을 얻는다.(이부영) 이것 또한 "죽음과 부활"의 상징인 것이다.

그렇게 보면 모든 종교에서 우리에게 주는 것은 고통의 극복과 새 삶이라는 희망이다.

융에 의하면 우울증 등의 고통을 극복하기 위해서 우리 정신이 향하는 목표가 바로 무의식의 그림자 부분을 인식하고 진정한 자기를 깨닫는 것이다. 이런 진정한 자기의 탄생을 목적으로 하는 과정을 통해서만 치료와 구원을 받을 수 있다는 것은 종교가 우리 정신과 불가분의 관계에 있음을 시사한다. 종교가 추구하는 것이 바로 그것이기 때문이다.

16세기 기독교 신비가들은 "영혼의 어두운 밤"(the dark night of soul)이란 말로 하느님과의 단절을 표현했다. 영혼을 정화하기 위해 겪는 "영혼의 어두운 밤"의 체험은 신앙 여정의 한 과정으로 영혼을 새롭게 거듭나게 하는 밤이다. 과거 이 영적 우울증은 임상적 우울증과는 별개의 것으로 인식되었으나 실제로 그들이 느끼는 슬픔, 고립감, 무기력함, 절망감 등의 증상은 거의 임상적 우울증상과 비슷하다고 한다.(Gerald May) 그러므로 우울증을 영성수련의 일부로 볼 수 있다는 것이다. 종교개혁을 한 마르틴 루터, 우리 시대의 성녀였던 마더 테레사도 우울증과 같은 증상을 경험했다고 한다.(김병오) 마더 테레사는 한때 이렇게 고백했다. "마치 모든 것이 죽어있는 것처럼 제 안에는 지독한 어둠이 있습니다."

종교에서는 인간의 고통을 피할 수 없는 것으로 받아들인다. 고통을 피하는 것으로 건너뛰기 보다는 바라보고 어루만지고 겪으면서 극복하도록 가르친다.

13세기 독일의 신비주의 신학자 에크하르트는 이렇게 말했다.

"어떤 사람이 평화로운 삶을 사는 것은 좋은 일이다. 그러나 그 사람이 고통스러운 삶을 인내로 살 수 있다면 더욱 좋은 일이다. 고통스러운 삶에서 평화를 누린다면 최상이다."

그러므로 인간의 정신적 고통의 근간을 이루는 우울증을 극복한다는 것은 중요한 영적 체험이 된다. 물론 우울증 뿐 아니라 다른 정신과적인 문제들도 모두 우리에게 자신의 무의식을 들여다보는 계기가 된다. 그렇다. 우울증은 스스로 성숙한 인간이 되어보라는 우리 무의식의 영적 명령인 것이다.

실제로 많은 환자들이 극심한 우울증을 겪으면서 종교에 의지하고 신앙심을 통해 극복의 힘을 얻는다. 우울증에서 회복된 많은 환자들이 나중에 자신들이 종교의 도움이 없었다면 나을 수 없었을 거라고 말한다. 또 병을 통해 신앙심이 깊어졌다고 말하기도 한다. 지금 60대의 여자 환자는 30대에 처음 우울증을 겪은 후 거의 하루도 빠짐없이 새벽기도를 갔다고 한다. 최근 다시 우울증상을 보였는데 기도의 힘이 없었다면 그 동안에도 수없이 재발했을 거라고 믿고 있다. 어떤 종교라도 상관이 없다. 어떤 사람들은 불교를, 어떤 환자들을 기독교를 그 밖에 다른 종교들도 많고 최근엔 종교를 초월한 단체에서도 치료의 효험을 보았다고 말하는 환자들이 있다.

때로 종교의 해악적 요소라 여겨지는 현상이 나타나기도 하지만 약물도 부작용이 있듯 종교에도 부작용이 있다는 걸 받아들여야 할 것 같다. 그런 모든 부작용에도 불구하고 종교가 주는 치유의 힘은 매우 크다고 보인다.

그런데 최근에는 우울증에 대해서 너무 병리적인 현상으로만 보고 약물로 치료해야 하는 병으로 보는 시각이 강해지고 있다. 종교적인 관점으로는 "영적 허기짐"으로, 이차 대전 후 실존철학이 유행하던 시대에는 "실존적 공허감" 등으로 불리던 우울이란 정서가 지금은 "임상적 우울증"으로 진단될 뿐이다. 이제 사람들은 그 고통에 대해서 더 이상 어떤 의미도 부여하지 않으려 한다. 어루만지고 겪고 극복해야 할 그 무엇이라고 생각하지 않는다. 과연 이것이 바람직한 현상인가? 우울증은 위에서 보았듯이 증상의 종류나 정도가 아주 다양한 일종의 스펙트럼 질환이다. 살아가면서 겪을 수밖에 없는 고통을 모두 병으로 볼 수 있는 위험도 있다. 세상에는 너무나 많은 고통들이 존재한다. 사람들은 때로는 남들의 고통 때문에 우울해지기도 한다. 남들의 고통을 내 고통으로 받아들이고 연민을 느끼는 것은 결코 "임상적 우울증"이 될 수 없다. 마더 테레사가 느낀 어둠은 아마도 그런 극도의 연민이라고 보인다. 과연 그런 것까지 우울증으로 봐야 할 것인가?

왜 종교와 과학은 정반대의 것을 주장하는 것처럼 보이나? 수많은 과학자와 종교가들이 종교와 과학의 화합을 추구하고 있는 마당에 언쟁할 필요는 없을 것이다. 종교도 다른 것들과 마찬가지로 인류의 진화역사에서 꾸준히 진화를 지속해온 문화적 장치인 것이다. 과학은 왜 그런가 하는 원인을 추적하는 것으로 방향이 설정되어 있고 종교는 인간이 궁극적으로 어떻게 되어야 하는가 목적을 추구하다 보니 방향이 다른 것처럼 보일 뿐이다. 설명하는 방향이 정 반대이니 다다를 수 없는 극으로 치닫는 것처럼 보일 뿐 결국은 같은 인간의 본질을 이야기하고 있다고 생각된다.

神

태초의 시절로부터
모든 애정과 원한이 생겨나기 훨씬 이전부터
영겁의 세월 그 이전으로부터
내 영혼의 이지러진 잔을 채우고 또 채워준 은혜의 물,
내 심장의 이지러진 판막 위에 불어 같이 뛰어준 생동의 氣
내 정신의 고독한 城, 어딘가에 숨어 속삭여준 낯익은 목소리,

그 가깝고도 먼, 항상 있어 왔으면서
또 항상 그리워하고 잃어버려왔던,
내 속 어딘가에 있으면서 또한 아무 데도 존재하지 않는 허공이었던
모든 카리스마의 이름으로, 모든 세속의 이름으로,
모든 신의 이름으로, 모든 운명의 이름으로
불리어졌던 그것은 어디에 있는가?

어디에서 내 이름을 애타게 부르고
난 어디에서 그 이름을 애타게 부르고
우리는 왜 이토록 애달프게 그리워하면서
부족해 하면서 수 없는 이별을 반복하며
하 많은 세월을 죽여 왔을까?

뛰어도, 뛰어도 부족한 심장,
채워도, 채워도 또 비워버릴 이지러진 영혼의 잔,
온갖 지식으로 무장해도 곧 녹슬어버릴 정신,
처음부터 끝까지 그 모든 것들과 같이 있었는데. 그가

그 사랑이, 그 은혜의 물이, 내 영혼과 심장 속에 녹아있었는데
모든 시작의 뒤에, 모든 변화와 모든 혼돈의 뒤에 도사려 있었는데
수많은 생존의 심장 속에,
수많은 영혼 속에,
수많은 죽음 속에,
보일 듯 말 듯 숨어있었는데

수많은 생존들이 몰랐었다.
나도 몰랐고, 내 심장도, 내 영혼도, 그 사람들도,
모든 고통 받는 우리들도 몰랐었다.

15장 우울증과 자살

모든 자살이 우울증에 의한 것은 아니지만 자살자의 90% 이상 정신 병리를 보이고 이중 절반 이상이 우울증이다.(Conwell, 1996) 사후 심리적 부검 결과 자살사망자의 약 60%에서 우울장애가 있었던 것으로 보고된 것도 있다.(Cavanagh) 우울증이 아니더라도 자살을 일으키는 요인이 많지만 우울증이 있다 없다 따지기 이전에 자살시도자들의 기본 정서가 우울하다는 것은 틀림없는 사실일 것이다.

통계에 의하면, 모든 우울증 환자의 60%에서 자살생각을 하고 15% 정도는 결국 자살시도로 이어지는 것으로 알려져 있다.(Rosen) 자살 생각이 시도로 이어지는 위험도는 청소년과 노인, 내과적 질환을 가진 사람, 알코올 중독, 성격장애를 가진 사람들에서 더 높고, 최근에 상실(돈, 지위, 명예 등)을 경험한 사람이나 가족이 없이 혼자 사는 사람에게서 높다. 또 주요우울증에서 불안장애가 동반된 경우 자살의 위험이 두 배 이상 증가한다는 연구도 있다.(Keller)

우리나라의 자살률은 인구 10만 명당 31.2명으로 OECD 국가 중 일위다.(2010 통계청) 2010년 한 해 동안 자살로 죽은 사람이 15,566명, 하루에 42.6명이다. 과거 자살률이 높은 국가들도 10만 명당 25명 정도였으니 정말 놀라운 자살률이다. 10대 자살자가 일 년에 삼백 명 정도, 자살 생각을 하는 경우는 40, 50%에 달한다고 한다. 20대 젊은이들의 자살도 늘고(일 년에 250명 정도) 노령기의 자살도 증가추세에 있다. 80세 이상 노년기의 자살은 지난 10년 간 3배가 늘었는데 특히 남자 노인들의 자살률은 인구 10만 명 당 213명이나 되었단다.(2010 통계청) 자살이라는 병은 이제 위험한 유행병같이 번지고 있다. 이렇게 자살이 늘어나는 것은 위에서 살펴보았듯이 우울증이 늘어나는 사회적 요인과 맥락을 같이 할 것이다. 특히 청소년기와 노년기 자살의 증가는 개인적인 정신 병리보다는 그 연령층에 부과되는 사회적 스트레스가 더 큰 원인일 것으로 보인다.

자살 시도가 수면제 복용이나 자기 몸에 상해를 입히는 등의 성공률이 낮은 시도일 경우 살아남게 되지만 목을 매거나 추락 같은 경우는 치명적이다. 어떤 방법을 선택하는가에 따라 성공률이 달라지므로 자살 의도가 강한 사람일수록 성공률이 높은 방법을 택하리라고 추측된다. 모든 자살 시도의 성공률은 보통 7~8%인데(전 세계적으로도 10% 내외) 음주상태에서 시도한 경우 성공률은 다소 낮아지고, 80세 이상 노인일 경우 다른 연령층보다 성공률이 4배나 높다고 한다.

자살의 심리적 동기

사람들이 자살충동을 느낄 때 정말 그의 생존 자체를 끝내고 싶은 것일까?

자살의 정신 역동적 이유는 실로 다양하다. 현재의 상황에서 도망쳐서 인생을 다시 시작하고 싶은 욕구도 있고, 사후세계에 대한 환상으로 죽은 사람과 재결합하고 싶은 욕구도 있고, 살아있는 사람들에게 상처를 주고 싶은 보복 심리도 있다. 또한 누군가를 죽이고 싶은 적개심이, 특히 거부당한 사랑의 대상에 대한 적개심이 자신에게 방향을 돌려 스스로를 죽이는, 자기 살인의 심리로 해석되기도 한다.

우울증에서 나타나는 가장 흔한 자살충동은 보통 현재의 고통이 너무 견디기 힘들어 그 고통을 끝내고 싶은 심리다. 불안장애를 동반할 때 자살률이 두 배 이상 높아지는 걸 보면 극도의 불안이 얼마나 견디기 힘든 것인지 알 수 있다. "뒤에서 맹수가 쫓아와서 도망을 치는데 앞에는 절벽이 있을 뿐이다. 맹수에게 잡아먹히지 않으려면 절벽 아래로 뛰어내리는 수 밖에 없다." 말하자면 이런 절박한 심리다. 검찰 수사를 받던 사람들이 자살하는 경우도 이와 같은 것으로 볼 수 있다.

극심한 고통의 극에서 고통이 끝나는 안식과 죽음에의 욕구를 혼동하게 되는데 인간에게 보편적으로 존재하는 사후 세계에 대한 환상도 작용한다. 즉 죽음에게 도움을 요청하는 것이다. 고통을 끝내고 싶다, 이 고통에서 벗어나는 길은 죽음 밖에 없으니, "죽음아, 나를 좀 도와줘."하는 상태인데 이럴 때 죽음은 영원한 안식과 평화, 혹은 천국과 같은 의존 대상이 되는 것이다. 때로는 모든 것을 삼켜버리는 바다와 같은 존재, 어머니 같은 존재가 되기도 한다. 태어나기 전 상태로의 회귀, 어머니의 태 안으로 기어들어가고 싶은 퇴행 욕구 같은 것이다.

자살의 또 다른 측면은 분노의 폭발이며 자신에게 가해지는 폭력성이다.

세상이나 부모에 향한 분노가 자신에게 향해지면 자살을 하게 되는데 이 분노와 울분이 오히려 자살 자체보다는 자살을 감행함으로

써 상대방에게 보복하고자 하는 무의식적 욕구를 충족시키려는 목적이 더 클 경우가 있다.

"엄마가 항상 술만 먹고 돈도 못 버는 나에게 차라리 죽으라고 했지,"
"그래, 나를 떠난 너에게 복수하고 싶어, 내가 죽어도 넌 괜찮겠니?"
"아버지가 공부 못하는 자식은 필요 없다고 했지, 죽어 드릴께요."

이렇게 죽음으로 자신을 비난했던 사람들에게 상처를 주고자 하는 것이다.

성적이 나빠져 비관하여 죽은 학생들 이야기가 종종 들린다. 부모에게 야단을 맞을까봐 두려워서 죽기도 한다. 우리나라 같이 성적 지상주의의 가치관에서는 충분히 생길 수 있는 일이다. 최근에는 집단 따돌림을 못 견뎌서 자살하는 청소년 소식도 있다.

자기를 야단치는 부모, 자기를 왕따 시키는 상대방에 대한 분노는 쉽게 자신에게 향해질 수 있다. 그들은 아직 의존적이고 유아적인 성향이 있는데다가 충동성이 강하므로 분노의 감정에 휩싸이면 쉽게 자살시도로 이어지기 때문에 청소년 자살은 예측하기가 어렵다.

그런가 하면, 자살충동에 대해 긍정적으로 보려는 시도도 있다.

퇴근길에 지하철을 기다리며 플랫폼에 서 있었다.
곧 지하철이 도착한다는 방송이 나온다. 바로 그 순간,
"아아…… 이제 리셋(RESET) 하고 싶구나"

갑자기 이런 생각이 떠오른다.
단순히 죽고 싶다기보다 리셋이라는 단어가 자살충동으로 이끈 동기에 더 가깝지 않나 싶다.

(우에노 레이 "유쾌한 우울증 생활" 중에서)

모든 자살충동에는 이렇게 패배하고 병든 자신을 파괴시키고 죽이고 싶은 충동, 그리고 다시 새롭게 살아나고 싶은 욕구가 있다. 융 심리학파 정신과 의사인 데이비드 로젠은 "우울증 거듭나기"라는 책에서 자살 충동을 병든 자아의 상징적 죽음으로 보고 그 죽음을 극복하고 거듭나야 치유된다고 했다. 모든 인간의 정신 내부에는 종교적 화두인 "죽음과 부활"의 테마가 반복되는데 우리의 집단 무의식(영혼) 안에는 죽음을 극복할 힘이 있고 이런 성공적인 상징적 죽음 과정을 통해 더욱 강해질 수 있다는 것이다.

그래서 이런 자살충동을 새로운 삶을 향한 동경, 영적으로 새로워지기 위한 인격 내부의 강렬한 요청으로 보아, 그 사람들의 내면의 요구를 들어주는 것이 치료적 효과가 있다고 주장하기도 한다.(이도희) 즉 그들에게 육체의 죽음이 아닌 상징적 죽음을 경험하게 하고 자기 실현으로 갈 수 있도록 이끌어야 한다는 것이다. 자살이 실패로 끝난 일부의 사람들은 영적인 변화를 체험하기도 하는데 이들은 상징적 죽음의 체험을 통해 치료적 효과를 얻었다고 보인다.

죽음을 체험하고자 유언장을 작성하거나 관에 들어가는 체험을 하는 프로그램이 있다고 들었다. 이것도 어느 정도 상징적인 죽음을 체험하는 효과가 있을 것이지만 이것이 자살을 방지할 수 있을지는 의문이다.

자살의 모방 심리, 사회적 학습 효과

지난 수년간 연예인을 포함하여 얼마나 많은 유명인들이 자살하여 매스컴을 장식했던가? 또 얼마나 많은 사람들이 그것을 모방하여 자살을 했던가? 심지어 그 유행 심리를 방지하고자 매스컴에서 침묵해야 한다는 말까지 나왔을 정도다.

자살은 감염성이 있다. 유명인이 자살하면 한 동안 비슷한 시도를 하여 모방 자살하는 사람들이 생긴다. 소위 "베르테르 효과"다. 기왕에 자살충동이 있는 사람들이 자기가 좋아하는 배우나 유명인이 자살하면 그 사람과 동일시해서 자살의 유혹을 더욱 강렬하게 느끼게 된다. 이때 죽은 사람을 다시 만날 수 있으리라는 애절한 욕망까지 가세하게 된다.

사랑하는 남편이나 아내, 연인이 죽었을 때 애도반응이 너무 지나쳐 그들을 다시 만나고자 자살하는 경우나 주변에서 결혼을 반대하는 커플이 죽음으로 사랑을 관철시키려고 할 때 "로미오와 줄리엣" 처럼 문학적으로 승화되기도 한다.

얼마 전 왕따 당하던 여학생이 자살한 후 친한 친구가 한 달쯤 후 뒤따라 자살한 사건이 있었다. 가까운 가족이나 친지가 자살했을 때 그의 죽음에 자신이 책임이 있다고 느끼며 따라 죽는 경우는 단순한 모방 심리하고는 다른 죄책감이 원인이지만 자살의 파급효과는 이렇게 크다.

지금은 자살을 사회 현상보다는 개인의 심리적인 문제로 보는 경향이 있지만 자살을 처음 학문적으로 접근한 에밀 뒤르켐은 사회학자였다. 그가 "자살"이라는 책을 쓴 것은 1897년이었는데, 문화적인 지침이 갑자기 붕괴되거나 사회적 규범이 사라지면 아노미적 자살이 많이 나타난다고 지적했다. 점차 사회 전체적인 측면보다는 개인적 요인이 더 중요하며 특히, 경제적 상실, 명예 실추, 사회적 위치의 후퇴 등이 중요 원인으로 작용한다는 것이 밝혀졌다.(Douglas, Sainsbury)

행동심리학자들은 자살이라는 자기파괴행동은 학습이론이 아니고는 설명되지 않는다고 주장한다. 그 행동으로 뭔가 보상받는 것이 있으므로 학습된다는 것이다.(Frederick) 어릴 때 누군가로부터 심한 벌을 받던 아이들은 저항하지 않고 벌을 순순히 받아들이는 게 더 상대의 분노를 가라앉히고 자신의 긴장감을 푸는 효과가 있다는 것을 학습한다. 또 자기 파괴의 신호를 보낼 때에야 비로소 누군가로부터 관심과 애정을 받았던 경험에 의해 학습효과가 증대된다. 또는 어릴 때 주변에서 누군가의 자살을 경험한 사람은 그렇지 않은 사람보다 자살위험이 더 많은데 이것은 조기 학습의 결과라는 것이다.

모든 자살시도의 10% 이내에서만 성공한다는 것을 보면 자살은 죽음에의 욕구보다는 자신의 긴장감을 풀고 주변에 도움을 요청하는 신호로 해석할 수 있다. 자살방지 콜센터를 자주 이용하는 사람들은 보통 이런 내적욕구가 있는 사람들이다. 그러나 정말 위험한 사람들은 그런 센터에 전혀 보고하지 않는 경향이 있다고 한다.

어떤 문화적 영향으로 자살률이 높은 사회가 존재하는데 과거엔 스칸디나비아 반도나 동유럽 국가들, 일본 등이 그런 집단에 속했다. 자살 행동에 대한 전반적인 사회 문화적 태도에 따라 자살률이 달라진다.(Hendin) 최근에는 우리나라가 자살률 세계 일위로 유명세를 타는데 단순히 우울증 증가의 결과로만 볼 수는 없을 것 같다.

경제적 문제, 사회문화적 격변 등 여러 가지 논의가 필요한 사회 현상으로 보아야 한다.

우리나라 사람들은 죽일 듯이 욕을 하다가도 막상 그 사람이 자살하면 엄청난 애도반응을 보이는 경향이 있다. 그의 잘못이나 책임 등이 동정심이나 애도로 모두 덮여진다. 그걸 보면서 사람들은 자살이 불명예스러운 행동이 아니며 때로 미화될 수 있다는 걸 배우게 된다. 그런 전반적인 사회적인 정서 반응이나 슬픈 감상을 불러 일으키는 듯한 매스컴의 보도 태도 등이 자살을 늘어나게 하는 요인이 되지 않나 생각해 본다.

충동성

죽음은 심장이 6, 7분 정도 멈추거나 뇌로의 혈액순환이 몇 분만 멈추면 아주 순식간에 달성되는 현상이다. 살아 있을 때 생명은 영속할 것처럼 아주 강하나, 의외로 생명은 너무나도 쉽게 사라질 수 있는 것이다.

그러나 자살은 생각만으로 시도될 수 있는 것은 아니다. 보통은 살고자 하는 기본적 생존 본능 때문에 죽음에의 충동이 조절된다. 그러므로 자살에서 충동성은 아주 중요한 변수가 된다. 술이나 중추신경에 작용하는 일부 약은 충동조절력을 약화시키고 일부 우울증 약이나 금연 약물도 자살률을 높인다는 보고가 있다. 원래 충동적인 성격이거나 감정 조절하는 데 문제가 있던 사람들은 그렇지 않은 사람들보다 자살 시도의 가능성이 더 많다. 또 충동성이 강한 젊은이의 경우 다른 연련층보다 자살시도로 이어지는 경우가 많다.

평소 자살에 대해 생각하던 젊은이들이 수면제나 술 등의 힘을 빌려 일시적인 극한 감정 상태에서 마치 연극하듯이 충동적인 자해의 행위에 몰입하다가 죽게 된다. 그들은 부족한 용기를 술이나 약의 도움으로 채우는 것이다. 20 대에서 50 대까지 모든 자살자의 절반 정도가 음주상태에서 자살시도를 한다는 조사결과가 나왔다.(2010, 통계청)

연예인들의 많은 자살에 대해 생각해 보면, 순간의 감정몰입이 직업이니만큼 순간적이고 극단적인 감정에 의한 자살행위에 더 쉽게 몰입될 수 있는 게 아닐까 추측해 본다. 충동적 자살일 경우 그 순간만 견디면 충동이 사그라지는 경우가 많은데도 그저 단순한 기분에 휩싸여서 자기 육신을 죽이는 자살로 이어지는 경우가 얼마나 많은가? 그가 그 죽음을 통하여 무언가를 새로 이루고자 했다면 그의 무의식적 욕망은 어떻게 되는가? 그 영혼에 담긴 구원의지는 어찌 되는가?

만일 사람들이 흔히 상상하듯 사후 영혼이 존재한다면 어찌 될까? 아마 그들의 영혼이 있다면 몇 시간 후엔 그들의 죽은 육신을 부여잡고 후회의 몸부림을 칠 것이다. "하느님, 잠깐 실수했어요, 제발 다시는 그런 실수 안 할 테니 한 번만 봐 주세요, 나의 생명을 돌려주세요." 아무리 발버둥 쳐도 그들의 죽은 육신은 점차 싸늘하게 식어만 간다. 되돌릴 수 없음을 알고 나서 그 영혼은 어찌 될까? 순간의 잘못된 선택으로 그들은 남은 가족들과 친지들에게 씻을 수 없는 상처를 남기고 그 자신의 구원 의지조차 불명예의 그림자 속으로 사라지게 되는데 그 영혼들은 어찌 될까? 무속신앙에서 말하듯 구천을 떠돌며 이승의 사람들을 괴롭히게 될까? 살아남은 자들이 그런 상상을 하는 것은, 그들의 죽음을 받아들이지 못하여 마음에 감정의 응어리(콤플렉스)가 남기 때문이다. 귀신들은 살아있는 자들의 콤플렉스가 인격화된 것이다.

지속적인 자살에의 유혹

자살 충동은 일회성에 그치는 경우도 있지만 경우에 따라서는 일종의 강박증처럼 지속적으로 자살의 유혹이 떠오르는 경우도 있다. 그래서 자살이 성공할 때까지 반복해서 시도하는 사람들이 결국 죽음에 이른다. 자살로 죽음에 이르는 사람의 75% 가량에서 이미 과거 자살시도 경험이 있다. 그래서 한번이라도 자살시도를 했던 사람은 자살 위험도가 높다고 판단된다.

"나는 더 이상 살 가치가 없어."
"나만 사라지면 아마 주위 사람들도 편해질 거야."
"결국은 죽음만이 이 모든 문제를 해결할 수 있어."

아파트 베란다에서 아래를 내려다 볼 때마다, 전철이 들어오는 걸 볼 때마다, 강물을 쳐다 볼 때마다 유혹을 느낀다는 사람도 있고 그 유혹을 참기가 힘들다고 말하는 사람도 있다. 영원한 안식이라는 유혹은 달콤하기까지 하다. 자살하고 싶다고 말하는 사람들을 보면 마치 그것이 유일한 구원인 것처럼, 마치 죽음이란 신에게 의지하고 있는 듯한 인상을 줄 때가 있다. 그 판단이 거의 망상 수준으로 확고히 자리 잡으면 바뀌기가 힘들다.

우울증이 깊어질수록 이 유혹은 점차 강한 결심으로 바뀌게 되는

데 구체적인 계획까지 세우게 되면 자살시도 가능성이 커진다. 약을 먹을 것인가, 목을 맬 것인가. 아니면 교통사고로 위장하여 죽을까? 그 장소를 미리 가보는 경우도 있다. 이런 상태까지 가면 주위에서 어떤 도움을 주려고 해도 큰 영향을 미칠 수 없다. 자신의 능력이나 미래의 가능성에 대해서 이성적인 판단을 내리기 힘든 취약한 상태에서 하는 결심이기 때문에 그것 자체가 병적인 증상의 하나로 볼 수 있다. 시간이 가서 증상이 좋아지면 이런 결심이 얼마나 잘못된 것이었나를 깨닫게 된다. 그러나 그때까지 그의 결심을 막기는 쉽지 않다.

남은 사람들의 고통

보통 자살 사건이 충격인 이유는, 삶에서 죽음으로의 이동이 예상외의 순간에 너무나 순식간에 이루어진다는 것, 그것도 본인의 선택으로 그렇게 되었다는 사실인데 그 결과 주변의 사람들은 심한 충격과 함께 배신감, 죄책감을 느끼게 된다.

자살은 본인의 인생은 끝나면 그만이지만 주변에서 관계를 맺고 있는 사람들이 받는 충격은 오래 갈 수 있기 때문에 그들에 대한 철저한 배신행위이며 무책임한 도피다. 간혹 남의 목숨을 구하기 위한 이타적인 자살도 있긴 하지만 대부분의 자살은 지극히 이기적인 선택으로 보인다.

가까운 가족이나 연인, 친구가 자살했을 때 남은 사람들의 상처는 엄청나다. 가족들은 자신의 탓으로 그랬다는 죄책감과 함께 버림받았다는 배신감에 휩싸이게 되며 그 상처는 평생을 간다. 또 그들 자신이 막다른 골목에 다다랐을 때 같은 선택을 하게 되는 경향이 있다.

우리 속말에 자살한 사람이 있는 집안은 삼대가 망한다는 말이 있다. 또 시름시름 아플 때 무당에게 가면 십중팔구는 조상 중에 자살하거나 억울하게 죽은 원혼에 씌었다고 한다.

과거 우리나라 같이 가족적 유대가 강한 문화에서는 자살이 많을 수가 없었다. 그래서 자살은 자손 대대로 나쁜 영향을 미치는 흉한 사건이었던 것이다. 누군가 자살로 생을 마감해도 쉬쉬하고 숨기는 경향이 강했다.

최근 자살률이 증가하는 것은 우울증의 증가 뿐 아니라 가족적 유대가 흔들리는 사회문화적 변화가 원인으로 작용한다고 봐야 할 것 같다. 정상적인 결혼생활을 유지하고 자식이 있는 경우 자살률은 높지 않다. 이혼, 별거, 독신이 늘수록 자살이 는다.

우울증 환자들에게서 자살하고 싶지만 부모님 때문에, 혹은 자식들 때문에 못 한다는 이야기를 수없이 듣는다. 가족이라는 연대감이 그렇게 중요한 것이다. 극단의 순간에도 자신이 혼자가 아니라는 생각이나 주변 사람들에게 신의를 지키며 살아야 한다는 평소의 신념은 자살을 행동으로 옮기는 걸 예방할 수 있다.

물론 가족들이 있는 경우에도 자살을 감행하는 사람들이 있다. 극단의 순간에는 가족조차 배려할 여력이 없어지게 된다. 극심한 고통을 피하고자 한다는데 이기적인 선택이라고 비난할 수만은 없으나 좀 더 인내심이 있었거나 가족이나 주변 사람들에 대한 배려가 있었다면 그런 선택은 안 했을 것이라는 생각이 드는 경우가 많다. 이럴 때 그 사람이 근본적으로 갖고 있는 신앙심이나 도덕관념, 책임감 등도 중요한 변수가 될 수 있다고 생각된다.

자살 사이트

자살을 인간이 행사할 수 있는 자유로운 권리행사의 하나로 인정해야 한다는 사람들도 있다. 데렉 험프리는 "마지막 출구"라는 책에서 자살은 불치병을 앓는 사람들은 물론 그렇지 않은 사람들도 행사할 수 있다고 그 방법을 소개하기도 했고 자살방조를 옹호하는 사람들의 모임인 햄록협회(Hemlock Society)를 창시했다. 토마스 사츠는 자살은 개인의 자유의지이므로 법적으로나 정신의학적으로나 관여하면 안 된다고 했다.

요즘은 안락사나 존엄사도 합법화되는 추세이고 삶의 질을 더 중시하려는 경향이 늘고 있긴 하지만 자칫 자기 파괴욕구나 타인 파괴욕구가 그런 빌미의 틈새로 합리화될까 걱정되기도 한다.

물론 자살을 어떻게 볼까 하는 건 철학의 문제이지만 자기가 자기를 계획적으로 죽이는 행위는 법적으로도 윤리적으로도 죄라고 판단될 수 있을 것이며 의학적으로도 분명 문제가 있는 자기 파괴의 병적 행동이다. 여러 가지 종교에서도 자살을 금하고 있으며 정신의학자들도 자살을 병리현상의 일환으로 본다.

자살이 사회문제화 되면서 주목을 끄는 것이 인터넷 자살 사이트다. 몇 명이 웹사이트에서 만나 대화하면서 자신들의 자살 결심이 잘못된 것이 아니라는 확신을 얻음과 동시에 죽음의 순간 누군가와 같이 있으면 극도의 외로움을 피할 수 있으리라 기대하는 것이다.

사회학자 에밀 뒤르켐은 연대감과 결속력이 강하고 도덕심이 높은 사회일수록 자살률이 낮다고 했다. 그러니 결속력이 약화되어 고독한 채 홀로 살아가는 사람들이 많은 현대사회에서 자살이 많아지게 되는 건 당연한 일인데 인터넷을 통한 이런 결속은 자살의 순간에도 집단이 되고자 하는 인간의 사회적 욕구의 발로가 아닌가 생각된다.

문제는 이런 집단의 행동으로 자살이 더 늘어날 위험이 있다는 데 있다. 혼자서는 용기가 없어 시도할 수 없는 자살이라는 목적을 달성하기 위해서 사전에 감정교류가 없던 사람들끼리 만난다는 것은 자살을 예방할 가능성을 차단하는 결과를 낳는다. 자살의 용기를 아직 얻지 못한 사람들일수록 이런 사이트를 이용할 가능성이 많으니 어쩌면 충분히 예방할 수 있는 사람들일 것이다. 그러나 그 모임에서는 자살에 대한 용기를 서로 북돋아 주는 역할만 할 뿐 이미 자살의 타당성 따위를 논할 수 없고, 오히려 자살을 피하고자 하는 사람이 배신자가 되는 상황이 된다.

그러나 인터넷이 발달되어가는 시대에 자살충동이 있는 사람들에게 이런 웹사이트를 차단할 길은 없어 보인다. 여러 종류의 웹사이트는 마치 세포분열 하듯 수없이 증식되고 있기 때문이다.

자살의 예방

자살자들은 대체로 주변에 미리 언어적인 사인을 보낸다. 유서를 쓴다든가 자살욕구가 있음을 이야기하거나 평소에 하지 않던 행동을 하거나 하는 식으로 그들의 의도를 미리 알린다. 자살하고 싶다는 걸 주위 사람들에게 누누이 말하는 사람들도 구체적인 계획이 없을 때는 결심을 충분히 바꿀 수 있다. 자살하고 싶다고 말하는 단계는 아직도 누군가의 도움을 필요로 한다는 경고이기 때문이다. 하지만 이렇게 말하는 사람들이 실제로 행동으로 옮기는 경우가 많으니 주의해야 한다. 자주 말한다 해서 관심을 끌거나 버릇처럼 하는 말이거니 하다가 큰일을 당하는 수가 있으니 말이다. 그들의 자살 후에 주변의 가족이나 친지들은 되돌아보면서 "그게 그런 의미였구나." 하고 뒤늦게 깨닫게 된다.

여러 해 우울증을 앓았음에도 자살에 대한 이야기나 시도를 안 하다가 갑자기 죽는 경우도 있다. 아주 심한 우울증을 앓을 때는 자신을 죽일 힘조차 없어 죽지 못하다가 조금 회복되는 순간 생각해 오던 자살을 시도할 힘이 생겨 자살하게 되는 것이다.

"조금 좋아지는 듯해서 자살할 줄은 꿈에도 생각하지 못했지요." 하루 저녁에 아파트 베란다에서 떨어져 죽은 우울증 환자의 남편 이야기다. 우울증은 언제나 자살 가능성이 있다는 걸 항상 염두에 두어야 한다. 회복기의 우울증처럼 예상외의 자살기도도 있어 자살을 예방하는 것은 실로 어려운 일이다.

또 자살에는 충동성이 아주 중요한 변수가 되므로, 충동적인 그 순간을 모면시켜 주면 자살을 방지할 수 있다. 그런 의미에서 응급 상황에서 연결될 수 있는 사회적 지지시스템이 필요하다. 자살의 충동을 심하게 느꼈을 때 누군가에게 그 마음을 털어놓을 수 있다면, 그리고 아주 우연한 순간 누군가의 몇 마디 말을 들을 수 있다면 그의 기분을 수렁에서 구할 수도 있다. 요즘 자살방지 콜센터가 있어서 자살 위험이 있는 사람들에게 상담을 해주고 지역정신보건센터를 연결해 가정 방문을 하는 등 여러 가지 노력을 하고 있는 것으로 알고 있다. (전화번호 1577-0199)

청소년들의 경우 어떤 연령층보다 충동성이 강하므로 예방이 아주 중요하다. 정신과에서 치료 받기 전에 이미 상당한 문제가 발생하는 경우가 많으므로 학교나 정부 차원의 자살 예방책이 필요하다고 생각된다.

주위에 자살하고 싶다고 말하는 사람이 있다면 어떻게 해야 하나?

우리는 보통 자살에 대한 대화를 기피하는 경향이 있다. 죽음에 대한 공포와 아울러 말이 씨가 되지 않을까 하는 마음에서다. 그러나 자살에 대한 화제가 나왔을 때는 자세히 이야기를 하는 것이 훨씬 도움이 되는데 일단 그의 이야기를 잘 들어주는 것만으로도 효과가 있다. 진정으로 이해해 주는 태도가 필요하지만 성급한 조언은 큰 도움이 안 된다. 그 결심이 올바르지 않다는 것은 알려주되, 그런 것 갖고 죽고 싶으냐, 더 힘든 사람도 있는데…. 라고 말하는 건 도움이 안 된다. 분석적인 방법은 피해야 한다. 또 자살이 죄악이라거나 부도덕한 일이라든가 가족을 생각하라는 말도 도움이 안 된다. 대신 얼마나 힘들어서 그런 생각까지 하게 되었나 진정으로 이해한다고 말해주는 것이 도움이 된다. 일시적으로 그들의 유아적이고 의존적인 욕구를 충족시켜 줄 필요가 있는 것이다. 시간이 가면 결심이 달라질 수 있다는 가능성을 열어주고 주변의 도움을 받을 수 있다는 걸 알려준다. 가족들에게 알려주거나 누군가를 만나게 해서 홀로 있는 시간을 줄여주거나 해야 한다. 사람들은 최후의 순간에도 자신이 사랑 받는 존재라는 것이 확인되면 용기를 가질 수 있다. 인정받고 사랑받고 이해받는 존재라는 확신, 이것이야말로 제일 중요한 자살 방지약이다.

우울증 환자들은 대부분 자살충동이 있다고 얘기하기 때문에 모두 다 응급상황으로 간주할 수는 없다. 그들 대부분은 생각은 있지만 겁이 나고 무서워서 시도는 못 하겠다, 가족들 때문에 살아야 한다고 한다. 이런 환자들을 잘 상담해 주고 치료해 줌으로써 자살행위로 이어지는 것을 막을 수 있지만 정신과 의사라고 환자들의 자살충동을 다 막아줄 수 있는 것은 아니다.

자살시도를 한 경우나 아주 위급한 자살충동이 있다고 판단될 때는 정신과적 응급상황이라서 입원치료가 필요하다. 입원을 하면 치료자들이 상주하고 감시체계도 있으므로 안전하지만 입원실에서도 백 퍼센트 자살을 방지할 수 있는 건 아니다. 간혹 병원에 입원 중인 환자들이 자살시도를 하는 경우도 있으니 말이다.(이럴 땐 법적인 문제도 생길 수 있다)

감시를 해도 자살을 막을 수 없으니 외래에서 정기적으로 상담 받으며 치료 받는 환자들의 경우 자살을 방지하지 못하는 경우가 간혹 있는 것이 현실이다. 단 한 번도 자살 얘기를 안 했음에도 자살하는 경우를 간혹 보게 된다. 치료자와 정신적인 유대관계가 이루어지지 않아 말을 못 하는 경우도 있겠고 치료자가 눈치를 못채서 예방할 수 있는데도 놓치는 경우도 있을 것이다.

정신과 의사는 환자 중에 자살자가 생기면 뒤통수를 얻어맞은 듯 충격을 받으면서 한동안 깊은 상실감을 느낀다. 친지 중에 자살자가 생기는 것과 비슷하다고 할 수 있다. 자살자와 미리 자살에 대한 논의를 하지 못하고, 그 의도를 미리 알아채지 못했다는 점에서 의사로서의 의무를 다하지 못했다는 자책감이 든다. 그럴 때마다 직업병 같은 우울증을 겪기도 한다. 이런 직업적 특성 때문인지 실제 의사

중에서는 정신과 의사들의 자살률이 제일 높다고 한다.

고정희 시인의 "독신자" 중 일부

환절기의 옷장을 정리하듯
애증의 물꼬를 하나 둘 방류하는 밤이면
이제 내게 남아있는 길
내가 가야 할 저만치 길에
죽음의 그림자가 어른거린다.

크고 넓은 세상에
객사인지 횡사인지 모를 한 독신자의 시신이
기나긴 사연의 흰 시트에 덮이고
내가 잠시도 잊어 본적이 없는 사람들이 달려와
지상의 작별을 노래하는 모습이 보인다.

뒤늦게 달려온 어머니가
내 시신에 염하시며 우신다.
내 시신에 수의를 입히시며 우신다.
저 칼날 같은 세상을 걸어오면서
몸이 상하지 않았구나 , 다행이구나.
내 두 눈을 감기신다.

16장 우울증과 쾌감

우울증에 쾌감이 존재한다면 언뜻 이해가 안 되겠지만 분명 우울증에도 쾌감이 있다.

우울증을 앓고 난 모든 사람들은 보통은 그 극심한 고통에 진저리를 친다.

"차라리 암에 걸리는 게 낫지, 누가 암에 걸렸다고 하면 그렇게 부러울 수가 없었어요. 자살을 안 해도 죽을 수 있으니 얼마나 좋아요." 우울증에 걸렸던 중년 여인의 말이다.

그들이 느끼는 불안과 공포, 두려움, 무기력증, 소외감. 고독감은 정말 견디기 힘든 고문과 같다. 며칠씩 이부자리에 누워 잠에 빠져들려고 노력하고(이건 일종의 현실도피다), 후회와 자책감으로 머리를 감싸 안고 잊으려고 발버둥 쳐도 다음날 아침엔 똑같은 상태다. 기진 맥진하여 마치 어떤 나쁜 물질이 혈관 안에 혹은 뇌 안에 거머리처럼 달라붙어 있는 느낌으로 또 하루를 시작해야 한다는 게 지옥과 같다.

그럴 때 그들은 도저히 일어날 수 없어 태아처럼 몸을 웅크리고 이부자리 안으로 파고든다. 그곳이 어머니의 자궁이라도 되는 것처럼. 그리곤 일종의 위안을 느끼기도 한다. 어머니와 분리되지 않은 태초의 상태로 회귀하는 듯한 느낌, "그래, 난 이렇게 있어야 해, 아직 어머니 자궁 속에 있어야 돼. 세상에 나가기엔 너무 기력이 없어." 그 퇴행은 얼마나 감미로운가? 태초의 자궁은 세상 밖의 싸움에서 지쳐버린 아이들을 아무런 거리낌 없이 받아준다. "그래, 나의 자식들아. 언제라도 내게 돌아오렴." 그래서 우울증은 태초의 어머니다. 말로는 고통스럽다고 하면서 실은 그들은 그 우주적인 평화, 쾌감의 상태에 머물려고 하는 것이다.

간혹 우울증 환자들을 보면 증상이 그들에게 일종의 쾌감을 주고 있지 않나 하는 의심이 들 때가 있다. 우울한 기분에 휩싸인 그들 자신에 대한 지나친 애착과 동시에 자학적인 쾌감이 분명히 존재하고 있는 것 같다. 술만 마시면 자기 몸에 상처를 내는 환자가 있었다. 그녀가 팔, 다리, 가슴, 배 등에 있는 자신의 흉터를 보여주면서 얘기할 때 6.25 참전 용사가 전쟁터에서 부상당한 상처를 보여주듯 자랑스러워하는 표정을 나는 읽을 수 있었다.

프로이드는 우울증이 나르시시즘적 성향과 밀접한 관계가 있고 어떤 대상에 대한 사랑이 장애물을 만나면 나르시시즘으로 후퇴한다고 했다. 자기애적 후퇴에 일종의 쾌감이 존재하는 것이다. 프로이드의 제자 코후트는 어릴 때 어머니로부터 받은 지나친 과잉보호가 나르시시즘적 성격을 만든다고 했는데 그들은 끊임없이 아직 어머니와 분리되지 않은 상태로 회귀하려고 한다고 했다,

어떤 사람들은 술을 마셔서 의식을 마비시킨다.

"어떻게 이런 더러운 기분을 이겨내란 말인가? 술이라도 마셔야지."

술이 몸에 들어가면 사지가 노곤해지면서 긴장이 풀린다. 주변의 모든 것들이 아름답게 보이기까지 하고 어느새 우울한 기분은 아주

편안한 감미로움으로 바뀐다. 이것도 술이 만들어낸 환상의 자궁이다. 알코올 의존증은 대개 이렇게 시작된다. 문제는 이런 기분은 술기운에서 깨어나면서 어김없이 사라진다는 데 있지만 술이나 약물이 주는 행복은 무시할 수가 없다. 이것이 우울증이 줄 수 있는 또 다른 피난처이며 자기만의 감춰진 비밀공간이 된다.

그러니 우울증에도 쾌감의 도피처가 있는 것이다. 우울증도 쾌감을 줄 수 있다는 것은 어찌 보면 고통에서 도망치려는 살아있는 생명체의 너무나 당연한 노력의 대가다.

술뿐 아니라 여러 종류의 마약, 본드, 러미라 등의 감기약 (러미라 말고도 아직도 약국에서 구입할 수 있는 많은 감기약들이 있다), 항히스타민제등도 그런 역할을 한다.

문제는 이런 쾌감이 일시적인 위안이 될 뿐 그는 다시 그 험난한 세상으로 되돌아가야 한다는 사실이다. 이런 쾌감에 젖어 습관이 된 사람들은 마지막엔 결코 세상에 나가지 못하고 마는 수도 있다. 나중엔 그 쾌감을 위해서 우울증이 꼭 필요하게 되는 악순환에 빠지게 되는데 마약 중독자들이 금단 증상의 고통에서 벗어나려고 마약을 찾게 되는 현상과 비슷한 것이다. 이들에게 우울증은 술 등의 물질을 섭취하는 이유와 핑계가 된다. 이런 환자들은 우울증 약물이나 항불안제 등의 약에도 의존증이 쉽게 생긴다. 그래서 증상이 일단 호전되어도 계속 약에 매달리는 경향이 있다.

일시적인 퇴행은 살아가면서 필요한 것이기는 하다. 가끔 술을 마시며 긴장을 푼다든가, 일시적인 쾌감에 몸을 맡긴다는 건 다른 일상의 활성도를 높여주는 순기능도 한다. 상상력이나 창의성을 높여

주기도 한다.

그러나 너무 반복적으로 그런 행동을 하다 보면 결국 그 쾌감은 그의 발목을 붙잡는 나쁜 마녀가 되어버릴 수 있다. 최악의 경우 삶에의 욕구와 용기를 모두 상실한 채 영원한 자궁으로 도망치려고 자살을 택한다. 그들의 죽음에 대한 환상은 영원한 휴식과 평화이며 그 기대는 거의 종교적이기까지 하다.

이렇게 우울증이라는 태초의 어머니는 양면성을 가진 신화다. 어쩌다 찾아가면 위로와 용기를 주는 어머니가 되고 너무 자주 찾아가면 우리를 잡아먹고 놓아주지 않는 악마적인 어머니가 되어버리는 것이다. 말하자면 우울증은 달콤하지만 자칫 잘못하다간 빠져버릴 수 있는 죽음의 늪과 같은 것이기도 한 것이다.

대체로 이런 의존적 욕구에 지는 우울증의 경우, 약물치료로도 상담치료로도 바람직한 결과를 내기가 힘들다. 그들은 끊임없이 우울이 주는 이차적 쾌락의 유혹에 쉽게 빠져버린다. 만성 반복적 우울증, 만성 성격적 우울증, 은둔형 외톨이 같은 양상과 더불어 우울증에 의한 이차적 중독증, 알코올, 도박, 마약, 섹스, 게임 중독 등이 이 유형이 속하는데 이때 치료하기는 결코 쉽지 않다. 이들을 만성 자살자라고 보는 견해도 있다. 환자들 자신도 그렇지만 치료자 또한 매우 지치고 힘들다. 뇌 과학자들은 중독 증세가 지속되면 뇌의 신체 지도가 왜곡되어 마치 전전두엽을 절제한 상태처럼 미래에 대해 근시안적 태도가 된다고 한다.(Damasio)

그들이 바라는 쾌감은 실은 감각적이고 표피적인 만족이 아니다. 그들의 방황은 영적인 허기짐의 표현이다. 융이 지적한 바도 그와 같다. 그들이 원하는 것은 종교적인 신비적 융합, 신과의 합일이다. 그러므로 그들에게 올바른 개성화의 길로 안내해 주면 자기 내면의 진정한 자기와의 만남을 통해 그 퇴행에의 유혹을 벗어날 수 있다.

이 과정은 부정적인 자아에서 탈피하여 영적인 진정한 자기로 돌아가야 하는 과정으로 장기간의 분석치료가 필요하다. 융의 분석적 치료나 장기적인 정신분석치료 또한 도움이 될 수 있고 어떤 종교에 심취하여 수행을 하거나 신앙생활을 잘 하면 같은 과정을 거쳐 치료 효과를 거둘 수 있다.

알코올 중독자들의 자조치료 모임인 A.A(Alcoholic Anonymous, 금주동맹)가 처음 만들어질 때 종교적인 운동과 연합되어 결성되었다. 강력한 영적 체험 후에 알코올 중독에서 치료된 빌 윌슨이라는 사람이 영성 운동가가 되어 의사와 함께 미국에서 1935년 처음 알코올 의존증 환자들의 재활을 돕기 위해 만든 단체다. A.A는 현재 180개국에서 약 200만 명의 회원이 가입된 거대한 단체로 성장했다. 이들이 사용하는 12단계의 프로그램은 영성적인 이론과 심리학의 이론을 합쳐서 만든 것인데 쾌락을 향한 갈망에 의해 만들어진 고통을 솔직히 마주 보고 거기에서 벗어나는 길을 제시한다. 그 과정은 다분히 종교적이다.

아무튼 쾌감을 향한 이들의 허기짐을 더 높은 차원으로 승화시켜 주어야 하는 것이다. 어떻게 하든 결국 그곳을 빠져나올 궁리를 해야 한다. 그곳에서 미적거리고 있다가는 갠지스 강에서 목욕하다 빠져 죽게 되는 것이나 마찬가지이고 탈바꿈하지 못하고 고치 속에서 썩어 가는 애벌레가 된다. 그들도 깨끗이 정화된 몸으로 한결 격이 높은 어른이 되어야 하고 고치 안에서 애를 쓰다가 탈바꿈하여 화려한 날개를 펼치는 멋진 나비가 되어야 하지 않겠는가?

도망치는 자아에서 새로운 자아로 탈바꿈하는 여러 가지 치료적 과정이 필요하다. 주변의 많은 도움, 약물치료의 도움, 치료자들의 도움이 필요하지만 궁극적으로는 자신의 변화에 대한 열망이 필요하다.

태초의 어머니

난 우울로 도망칩니다. 우울로.......우울로......
우울은 거대한 아가리를 하고 세상 모든 것을
삼켜버립니다.
넓은 바다와 같이
깊은 블랙홀 같이

그 모든 것을 흔적도 없이 삼켜버립니다.
난 그 안에서 해파리처럼 춤을 춥니다.
온 몸을 투명하게 내 보이면서
구석구석까지 뒤틀면서
그 안에서 춤을 춥니다.

때로 우울은 태초의 어머니 같습니다.
그같이 나의 모든 결손을,
불구 같은 나의 몸과 영혼을 받아들입니다.
아무런 판단 없이 그저 받아드립니다.
태초의 신 같이

난 그 품에 안겨 맘껏 엄살하고
실컷 아프고 비통하게 웁니다.
갠지스 강에서 목욕하듯이
그리하여 깨끗해지려고
탈바꿈하는 나비가 꼬치 안에서 몸부림치듯이
그리하여 아름다워지려고

그러니 당신이여.
제발 나의 우울을 욕하지 말아주세요.
모든 못난 인간들의 우울을 욕하지 말아주세요.
우리는 그저 탈바꿈을 하고 있을 뿐이니까.

17장 우울증이 우리 인생에 주는 의미

다소 아이러니하게 들릴지 모르지만 나는 우울증이야말로 하늘이 인간에게 내린 축복이고 기회라고 생각한다. 우울을 통해 우리는 감정의 다양성을 경험할 수 있고 성숙하게 되고 자기 자신을 알게 되기 때문이다.

그러니 우울의 고통만을 너무 확대해서 생각할 것이 아니라 인생 전체에 주는 의미를 생각할 일이다. 일방적으로 건강, 행복만을 강조하다 보면 균형이 깨지고 만다.

건강과 질병, 불행과 행복, 고통과 즐거움 등은 모두 인생의 중요한 요소다. 그 누구의 인생도 행복만 있거나 건강만 있을 수는 없다. 우리는 우리가 느끼는 모든 감정의 영역을 모두 경험하고 살게 되어 있기 때문이다. 고통을 느껴본 사람만이 행복의 진정한 가치도 느낄 수 있다. 한 가지 음 만으로는 음악이 생길 수 없고 한 가지 색깔과 형태로는 그림이 될 수 없듯이 한 가지 감정과 감각으로는 인생의 아름다움과 가치가 완성될 수 없다. 비가 오고 나야 햇빛이 감사하다고 느끼듯이 우리는 우울증을 앓아 봐야 진정한 건강의 고마움을 알게 된다.

사람은 모든 빛을 다 감지하는 것이 아니라 어느 한정된 스펙트럼의 빛만을 가시광선으로 느낄 수 있다. 청각도 마찬가지이고 미각도 후각도 우리 뇌가 인지할 수 있는 것만을 인지할 뿐이다. 후각은 다른 포유류의 감각을 못 따라가고 시력은 날아다니는 새들에 못 미치지만 우리에서 허용된 감각은 살아가는데 절대적으로 필요한 것이다. 뇌는 감각기관을 통해 들어온 정보를 분석하고 종합하여 어떤 운동출력(생각은 내면화된 운동이다)을 낼까를 매 순간 결정하게 되기 때문이다. 그래서 오감각의 능력 중 어느 하나를 상실해도 생존에 엄청난 불이익을 당한다.

감정의 역할

감정도 감각 기능처럼 인간의 생존에 필수적이다. 감정은 인생의 불확실성에 대처하기 위해 발달시킨 진화의 결과다.(겐이치로) 이성이 감정을 억제하기만 하는 것이 아니라 감정과 이성 두 가지가 합쳐져서 중요한 두뇌 인지과정에 참여하여 무슨 일이 일어날지 모르는 불확실성에 대처한다. 들어오는 정보를 종합 분석하고 어떤 결론을 내리기 위한 과정에서 감정은 아주 중요한 역할을 하는 것이다. 위험을 감지하면 도망간다든가, 붙어서 싸우든가 하는 행동을 결정하기 위해 느껴야 하는 불안과 긴장감이 우리에게 필요한 대표적 정서다.

인간은 이런 신체적 방어인 자율신경계의 조절과 더불어 심리적인 방어기제도 발전시켜 왔다. 이 방어기전에는 억압, 투사, 반동, 전환, 부정, 합리화, 승화 등이 있으며 이것은 무의식적으로 선택되는 자아의 기능이다.(조두영) 이 방어기전을 시작시키는 것이 바로 원초적인 감정이다. 사회적 동물인 인간은 집단생활을 하면서 불안이나 공포, 분노, 사랑 등의 감정을 그대로 표출할 경우 너무나 많은 상실이 예상되기 때문에 감정 그대로 표출하기가 어려웠을 것이다. 그래서 무의식적으로 이런 방어기제를 사용하도록 진화된 것인데 이 방어기전에 따라 증상도 나타나고 다양한 감정도 나타날 것이라 추측된다. 가장 원시적인 감정중추(편도와 같은)에서 공포라거나, 생존에 필요한 기본적 욕구와 관련된 기쁨, 슬픔 이라는 일차적인 감정이 나타나지만 대뇌피질과 여러 가지 연결망을 통한 방어 기전을 통해 다양한 감정으로 분화되는 것이다.

우울증에서의 감정은 슬픔뿐인가? 불안, 분노, 공포, 후회, 절망, 상실감, 열등감, 고독감, 질투, 원망, 미움, 증오 너무나 다양한 감정이 있다. 실제로 우리가 느끼는 감정은 한가지로 말할 수 없는 복합적인 경우가 많다. 우울증이라 해서 다 슬픈 것만 있는 게 아니다. 슬픔 속에 쾌감도 있고 절망감 속에서 평온함을 느낄 수도 있다. 사랑과 증오 사이에 수많은 단계의 감정이 있듯이 기쁨과 슬픔 사이에도 수많은 다양한 복합적인 감정이 있다. 삼원색을 섞어서 거의 무한정한 종류의 색깔을 만들고 감지할 수 있듯이 우리가 느끼는 감정이란 것도 실로 무궁무진한 복합적인 색깔을 낼 수 있다. 그래서 자신의 감정을 잘 관찰할 수 있는 능력은 생존의 무기가 될 수도 있는 것이다. 아마도 인간들만큼 다양한 감정을 경험하는 동물은 없을 것이다. 인간의 감정이 이렇게 풍부한 것은 일차적인 공포, 불안, 기쁨, 슬픔 등의 감정이 무의식적 욕구나 과거의 기억등과 뒤섞이면서 다양하게 변하는 것이 아니가 생각된다.

감정에 대한 전통적인 생각은, 원시적인 뇌에서 나오는 충동과 욕망 같이 무분별한 것이라서 이성을 관장하는 대뇌피질이 그것들을 억제해야 인간다운 사회적 생활을 영위할 수 있다는 통념이 지배적이었다. 그러나 감정 연구의 새로운 조류에 의하면 감정과 이성이 일체라는 주장이 제기되고 있다. 감정은 이성 작용을 포함해 두뇌 인지 과정의 모든 부분에 필수불가결한 형태로 관여하고 있다. 예를 들면 어떤 기억을 장기 기억으로 변환시킬까 결정하는 데 감정의 역할이 중요하다. 그래서 강한 감정적 상태에 있을 때의 장면은 오래도록 잊혀 지지 않는 것이다. 사람이 어떤 목적을 향해 꾸준히 노력하게 되는 동기부여라는 것도 감정이 없으면 불가능하고, 신앙심이나 여러가지 신념도 강렬한 감정의 뒷받침이 없이는 불가능한 것이다. 또 직관이라는 중요한 기능은 감정과 사고의 결합체이다

결론적으로 말하면, 감정은 억압되어야 할 열등한 것이 아니다. 감정은 다양하고도 중요한 기능을 갖고 있다. 무조건 감정을 억누르려고 하지 말고 감정이 어떻게 변화하는가를 잘 관찰하면 우리가 사용하는 방어기전이 무엇이고 무의식에 어떤 내용들이 있는지를 알 수 있게 될 것이다. 감정과 관련된 상황과 신체 증상, 생각 등을 분석하는 인지치료도 감정을 통해서 가능한 것이다. 또, 그 감정들을 이용하여 여러 가지 예술적 창작도 할 수 있다. 당신의 마음 밭에 피어있는 감정의 꽃들을 들여다보라. 단, 그것에 휩쓸리거나 사로잡히지는 말고 관찰하라.

무의식의 힘

무의식적이라는 말에는 실은 자동화라는 뜻도 포함된다. 우리 몸에서 일어나는 거의 모든 기능은 무의식적이다. 심장이 뛰고 내장

이 움직이고 신장에서 피를 걸러내는 일, 임신하고 출산하는 일 등은 우리가 의식으로 통제할 수 있는 것이 아니다. 마찬가지로 심리 방어 기전 중 많은 것은 의식이 인지하기도 전에 자동적으로 이루어진다. 프로이드가 생각한 것처럼 의식에서 받아들일 수 없는 불쾌한 것만 무의식으로 쫓겨나는 것이 아니라 인간의 진화 과정 중에서 생존에 필요한 것이지만 꼭 의식 차원으로 인식할 필요가 없는 많은 정보들이 그대로 무의식 차원에 남아 있는 것이다.

그래서 질 들뢰즈 같은 철학자는 우리의 무의식엔 각기 생존하려고 욕망하는 기관들(심장, 폐, 신장, 위장, 자궁 등)이 있을 뿐, 부모라는 이미지가 없다고 까지 했다. 나는 그의 말에 동의할 수는 없으나 아무튼 몸은 무의식에 대해서 훨씬 더 많이 알고 있다는 데는 동의한다. 임신했을 때의 태아가 남자인지 여자인지 요즘은 초음파 검사로 알 수 있다. 그러나 초음파가 없던 시절에도 우리는 태몽으로 아기의 성별을 미리 아는 경우가 많았다. 태아를 담고 있는 우리 몸이 그것의 성별을 알고 있는 것은 당연하지 않은가? 단지 무의식적으로 알고 있는 것인데 꿈의 형태를 통해서 의식차원으로 인지되었던 것이다. 우리의 의식만이 눈으로 직접 보아야 알 수 있다고 착각할 뿐이다.

무의식은 인류의 진화역사가 고스란히 입력된 보물창고 같은 것인지도 모른다. 융이 지적했듯이 무의식은 창조의 근원이며 절대지(絶對知, 무의식은 모든 것을 다 알고 있다)를 간직한 그 무엇인지도 모른다. 그렇다면 이 무의식에 모든 병을 극복할 수 있는 또 다른 전략이 분명히 숨어있지 않을까? 융의 제자 폰 프란츠는 집단적 무의식 안에 죽음을 뛰어넘는 삶의 무한성이 존재한다고 까지 했다.(이

부영)

우울증에서는 자아가 빈곤해지고 삶의 에너지인 리비도가 사라진다고 했는데 그것은 사라지는 게 아니라 실은 무의식에 정체되는 것이다. 따라서 무의식을 알아낼 수 있는 절호의 기회가 될 수도 있다. 우리가 그 기회를 잘 활용하기만 한다면 무궁무진한 무의식의 지혜들을 알아낼 수가 있다는 얘기다. 감정의 변화, 그 관찰을 통해 우리가 무의식에 접근할 수 있다면, 꿈이나 우리가 만들어낸 창작물을 분석해서 무의식의 엄청난 정보를 알아낼 수만 있다면, 고통을 극복하는 비밀도 알아낼 수 있을 것이다.

또 우울증을 앓던 많은 음악가에서 보았듯이 그들이 자가 치료 방법으로 선택한 예술 작업은 인간의 위대한 창조의 근원인 것이다. 표현하고자 하는 내적 욕구가 바로 우울증의 정서일 가능성도 있다. 모든 우울증 환자들이 다 창의적이라는 말은 아니다. 일부 창의적인 우울증 환자들은 우울증의 고통을 창조의 기쁨으로, 또 아름다움이라는 가치로 변환시킬 수 있는 힘이 있는데, 그게 바로 무의식의 힘인 것이다. 그러나 창의성이라는 게 특정인에게만 있는 것은 아니다. 누구나 예술 작업등을 통해서 그 능력을 계발할 수 있다.

프로이드에게 질병이란 어느 문제의 결과일 뿐 그 목적이 있는 것은 아니었다. 그러나 융은 항상 어느 질병이든 지향하는바 목적이 있다고 한다. 우리 무의식은 항상 정신의 의식부분에서 부족한 것을 추가해서 보충해 주고자 하며 위험한 균형 상실을 예방해 주려고 한다. 무의식의 지향성을 잘 이해한다면 가야할 목표와 관련된 과정으로 들어설 수 있는 것이다.

기력이 쇠잔해져서 외부에 대한 사랑과 흥미를 잃은 상태인 우울증, 반쯤 죽은 그런 상태가 무슨 의미가 있을까 하고 당신은 생각할 것이다. 우울증을 중한 병으로 인식하는 현대인일수록 그 의미를 알려하지 않는다. 반쯤은 죽은 상태에서 우리는 보통의 삶에서 감추어져 있던 진실들을 발견하고 삶이 얼마나 감동적이고 찬란한 것인가를 알게 되는 것이 아닐까? 살고자 하는 발버둥에서 벗어나기만 한다면 반쯤은 죽은 상태도 편히 느낄 수가 있다.

삶의 대열에서 어느 정도 벗어나서 인생을 보는 것은 또 다른 지평을 여는 관조의 시작이 된다. 명상과 참선은 모든 잡념을 버리고 뇌의 활동을 정지시키는 것이다. 생각의 중지란 삶의 일시정지다. 본능적 욕구를 모두 버리고 죽지 않을 정도의 음식만 섭취하면서 수련을 하는 종교 수행자들이 많다. 그 뿐인가? 오체투지를 하고 고통을 유발하여 적극적으로 느끼기도 한다. 초기 기독교 수도자들은 사막을 건너는 오랜 금욕생활로 신께 가까이 가고자 했다. 당신은 모든 현인들이 왜 삶의 정지를 통해 혹은 고통을 통해 인생의 진리를 깨우치려 했나 의심해본 적이 없는가? 죽음을 체험해야 우리는 삶의 진리를 깨닫게 되고 우울이라는 바닥을 통해 반등해야만 삶의 빛을 감지할 수 있는 것이다.

실제로 아주 심한 우울증을 겪고 난 사람들은 훨씬 더 성숙한 모습을 보인다.

암을 앓거나 죽을 고비를 넘기고 살아난 사람들에게도 우리는 전에 볼 수 없었던 너그러움을 발견할 수 있다. 그들에게 삶은 아주 새로운 의미가 있는 것이다.

만일 다시 살아날 수만 있다면 반쯤은 죽어보는 것도 그리 나쁜 일은 아닌 것이다.

추락

나는 한 개의 작은 돌멩이가 되어
깊은 웅덩이 속으로 한없이 추락한다.
언제 바닥에 도달할지 알 수 없는 채
세상의 모든 살아있는 것들은 모두 저 위에서
햇빛을 머금고 있는데,

나 혼자 어두운 지하 세계 속으로 한없이 빨려 들어가고 있다.
아직 숨 쉬는 나의 육신이 소리친다.
난 무죄야, 난 잘못한 것이 없어, 난 지옥으로 갈 이유가 없어,
죄가 있다면 저들 저기에서 햇빛을 머금고 있는 자들이야.
내가 아니야.
주님, 난 아닙니다.

언제 그것은 바닥에 도달할까?
돌멩이는 더 이상 내려갈 수 없는 지점에 도달하여 쉬고 싶다.
그곳이 진창이든, 먼지구덩이든, 그곳에서 쉬고 싶다.
오랜 세월동안 공포 속에서 추락하느라
탈진상태이기 때문이다.
아무도 발견할 수 없는 곳에서 아무도 들어올 수 없는 곳에서
쉬고 싶다.

그곳에서 기절하여 잠들어 있다가 깨어나 눈을 떠 보면
거기 빛이 하나 보일지도 모른다.
나의 나머지 세월동안 내 영혼을 안내할 빛.
길은 보이지 않지만 빛을 따라가 보면
난 언제쯤인가,
진정한 자유의 땅에 도착할 수 있을 지도 모른다.
무한한 희망과 사랑이 넘치는 곳에.

[4부]

정신과에 관련된 몇 가지 편견들

18장 "또라이"라는 사회적 오명

또라이 기질이란 무얼까? 보통 사람들이 어떨 때 "사이코" "또라이" "미친놈"이라고 하는지 생각해 보면 알 것이다. 통상 말과 행동에서 뭔가 상식적인 틀에서 벗어나서 한편으론 이해하기 힘들고 한편으론 거부감이 느껴지는 것을 또라이 기질이라 한다. 그들을 비하하고 무시하고 깔아뭉개는 욕으로 "또라이"라는 말을 쓴다. 한 수 낮추어서 "괴짜" 혹은 "화성인" 혹은 "사차원"이라는 말을 쓰기도 한다.

이런 비하적 발언은 상대방을 자기 힘으로 설득할 수 없을 때 위험한 이방인을 자신들의 영역 경계선 밖으로 내쫓으려는 자기 방어이며 다수의 사람들이 한 사람의 침입자를 소외시키려는 잔인한 가학 행위에 속할 수도 있다. 동물들이 자신의 배설물로 영역을 표시하는 것과 같은 행위일지도 모른다. 그런데 욕이나 농담의 형태로 한 사람에 대한 다수의 가학 행위가 사회에서 용인되어 왔다. 이지메, 왕따 시키는 행위가 유행처럼 번지는 현상도 이렇게 설명할 수 있다.

인류역사 이래 광기는 그 "이해하지 못할 속성" 때문에 많은 시련을 겪어왔다. 17세기 서구 고전주의는 이성을 확고히 하기 위해 끊임없이 비이성인 광기를 몰아내려 했다. 결국 권력으로 광인들을 감금하기에 이른다. 미셸 푸코가 쓴 "광기의 역사"에 이런 문장이 나온다.

"미친 주정뱅이, 기억과 이해력을 상실한 광인, 마비되고 반쯤 죽은 상태인 광인, 현기증나고 텅 빈 머리를 가진 광인, 이 모든 형태의 세계의 무질서들은 각기 나름대로 완전한 질서 속에서 이성을 찬미하는데 이용되었다."

17세기 이후 광기의 이미지는 감옥에 갇혀야 할 "비이성"에서, 난폭하게 다루어도 되는 "난폭한 동물성"으로, 다시 수용소에서 누군가의 보호를 받아야 할 "미성년"으로 바뀌어 갔다. 그리고 현대에도 그런 이미지가 남아있고 사람들은 그들을 자기들과는 다른 집단으로 규정하려 한다.

힘이 없는 보통 사람들은 그 사회에서 정상으로 인정되는 어떤 습관이나 반응 유형을 설정하고 그 다수의 집단에 속해야 한다는 사회적 압력을 받게 된다. 이것이 집단강박관념이다. 집단심리(혹은 군중심리)의 족쇄에 걸린 대부분의 사람들은 그 다수에 속하지 못할까 두려워한다. 자신이 소외될 가능성이 있다는 걸 강력하게 부인하는 방어의식의 발로이기도 하다. 또라이라고 비난하는 마음의 저변엔 "나도 또라이일지 몰라, 하지만 난 그리 되면 안 돼, 안 돼." 라는 두려움이 있는 것이다.

그 두려움은 어둠의 공포-죽음의 공포와 맥락을 같이 하는데 그것은 다른 말로 하면 각자의 무의식에 있는 어두운 그림자에 대한 공포와 다름 아니다. 자기도 언젠가는 그 그림자에 짓눌려 미칠 수 있다는 걸 모두가 알기 때문에 더욱 두려워한다.

그 집단욕구가 있음에도 왜 어떤 사람들은 "또라이" 라고 손가락

질 받는 행동이나 반응을 보이는 수밖에 없는 것인가? 현실 판단력에 지장이 생긴 정신병 환자의 경우는 물론 그럴 수 있다.

예를 들면, 아무 소리도 안 들리는데 그 사람만 어떤 소리를 듣게 되어(환청) 그 소리와 대화하느라 중얼거린다면 그는 분명 정신질환자다. 한 여름에 두터운 코트를 입고 알 수 없는 웃음을 웃고 다닌다거나, 한 겨울에 맨발로 뛰어다닌다면 그는 보통의 평균적인 사람들이 느끼는 소위 정상의 감각을 벗어난 것이니까 사이코(정신병을 일컫는 사이코시스의 약자)다. 보통사람들은 그런 사람들이 정상과는 다른 세계에서 살고 있어 위협적으로 느껴지고 어떻게 상대해야 하는지 잘 몰라 피하게 된다. 즉 모르는 것에 대한 두려움과 위협에 의한 자기 보호 본능의 발로로 피하는 것이다.

그런데 요즘 길거리에서 혼자 중얼거리고 웃고 다니는 사람들이 얼마나 많은가? 모두들 핸드폰으로 누구와 교신을 하면서 알 수 없는 대화들을 한다. 그러나 그들을 두려워하는 사람들은 없다. 즉 어떤 기구를 통해 누군가 대화를 하고 있다는 사실을 알고 있기 때문이다. 실은 정신병자들도 자기들만의 대화를 하는 것이다. 위협적이라는 편견의 한 꺼풀만 벗으면 그들은 보통사람들에게는 보이지 않는 칸막이 안에 들어앉아 자기만의 현실을 열심히 살아가고 있는 중인 것을 알게 된다. 그리고 깊이 들어가면 그들의 언어는 세계가 밝히기 꺼려하는 숨겨진 비밀을 말하고 있을지도 모른다. 우리들 자신의 발가벗겨진 진실을 우리 대신 말하고 있을지도 모른다. 광기의 세계에서 우리 대신 피를 흘리며 싸움을 하고 있는지도 모른다. 사실 그들이 나타내는 증상에는 건강한 사람들의 무의식에 있는 내용들(혹은 우리의 상상력)과 상통하는 바가 분명 있다.

그들은 위기 상태에서 스스로를 지키려고 애쓰는 정말 불행한 사람들인 것이다. 건강한 사람들이라면 그들을 비난해선 안 된다. 도와주고 위로해 주지 못할지라도 이해해 주려고 노력을 해야 하는 것 아닌가? 누구라도 그럴 수가 있으니까…. 아무리 현실 감각이 떨어진 상태라 해도 그들에게도 일부의 건강한 자아가 있으며 그 자아는 타인의 진정한 사랑이나 긍정적인 관심을 느낄 수가 있기 때문이다.

이런 편견의 이면에는 정신질환이 다른 질환과는 거리가 멀다는 의학적 편견도 자리한다. 몸의 병이 아닌 정신의 병이 왜 그렇게 많은 사람들을 공포로 집어넣는가? 물질로 증명될 수 없는 병, 병리학적 소견을 발견할 수 없는 병, 형이상학적이고 정신분석적인 논의로만 설명될 수 있는 병은 도무지 현대 의학에서 뚜렷한 입지를 차지하기가 힘들다. 그것이 또한 정신과 의사들의 아킬레스건이기도 하다. 그래서 많은 정신의학자들은 뇌의 병리적 소견이 나타나면 환호한다. "그래, 우울증도 다른 질병과 마찬가지로 확실한 질병인거야, 정신분석? 필요 없어, 창조성? 상관없어. 그냥 병인거야. 그러니 정신과에 와서 열심히 프로작 같은 약만 먹으면 돼." 그 대표적 주자가 "프로작에게 듣는다."라는 책을 써서 베스트셀러 작가가 된 피터 크레이머다.

정말 이들이 원하는 대로 정신질환도 다른 병과 마찬가지로 병리적으로 확인될 수 있는 병으로 판명되면 정신질환에 대한 편견은 조금 줄어들까? 그렇게 된다 해서 편견이 다 사라질 것 같지는 않다는 게 내 생각이다. 뇌라는 것은 우리가 살아가는 데 가장 중요한 도구이므로 그것에 병이 나면 현실감과 판단력이 떨어질 수밖에 없기 때문이다. 오히려 지금 어느 정도 남아있는 환상, 정신질환이 창조성의 원천이 된다든가, 정신분석으로 하여 그들의 증상이 소설같이 잘 이해된다든다, 수많은 예술가에서 보았듯이 정신 병리적인 독특한 개성이 나름 매력이 있다든가 등의 아련한 환상이 사라질지도 모른다. 정신이 뇌의 물질로 환원되면 어쩌면 그들에 대한 편견이 더 강해질지도 모른다. 뇌질환 이상도 이하도 아닌 질병에 어떤 환상을 부여할 수 있겠는가? 정신질환이 뇌질환이라 해도 혹은 아니라고 해도 결국 감정과 사고의 변화로 증상이 나타나는 이상 어떤 종류의 편견에서도 완전히 자유로울 수는 없을 것 같다. 그래도 다행인 것은 좋은 약물들이 많이 나와서 과거엔 "고칠 수 없는 광인"이라는 이미지에서 "쉽게 고쳐지는 정신질환"이라고 인식이 바뀌고 있다는 사실이다.

그러나 명백히 정신병적 증상을 보이는 사람들을 제외하고 마음에 안 드는 사람들을 "또라이", "사이코", "미친놈"이라고 욕하는 경우가 훨씬 더 많다. 군중심리에 의한 사회적 현상으로 치부하기엔 너무 심한 경향이 있다. 현대처럼 다양성과 개성을 존중하는 시대에 아직도 그런 욕이 존재한다는 건 좀 애석한 일이긴 하지만 너무 개별화되고 격리된 각자의 생활이 되다 보니까 오히려 정상적인 집단에 속해야 한다는 강박관념은 더 강해졌을 수도 있다. 자신이 "소외된 자"가 되지 않을까 에 대한 두려움과 공포가 그들에 대한 혐오감으로 변형된 것이니 현대인들은 모두 다 온라인 상으로만 연결되어 있는 고독한 섬들이다.

게다가 "또라이"라는 증거가 정신과를 방문하는 것이라도 되는 듯 착각하면서 덩달아 정신과에 대한 오해도 사라질 줄 모른다.

다시 한 번 생각해 보자. "또라이"면 어떤가? 미치면 어떤가? 그것이 병이면 고치면 되고 성격이면 개성으로 알고 살면 되는 것이다. 그것이 창조성이 될 수도 있지 않을까? 새로운 예술이나 새로운 철학의 모태가 될 수도 있지 않은가? 항상 어느 시대에서나 괴짜들이 독특한 창의성으로 시대를 앞서가는 일은 수없이 많았다. 새로운 예술이나 학문의 창시자, 독특한 아이디어로 사업을 해서 성공한 귀재들. 그들 모두 괴짜였다, 조울증을 앓았던 괴테를 비롯하여 정치가인 윈스턴 처칠과 에이브러험 링컨, 문학가 버지니아 울프와 헤밍웨이, 모차르트, 베토벤 등 수많은 작곡가들이 우울증을 앓았으며, 화가 반 고흐, 무용가 니진스키, 로댕의 연인이었던 조각가 카미유 클로델, 뷰티풀 마인드의 주인공 수학자 존 내쉬, 모두 정신분열증 환자들이었다. 키에르케고르의 철학은 우울증의 언어로 점철되어 있다. 현존하는 천재 수학자 페렐만도 자폐증 같은 질환을 앓았다고 한다. 정신질환을 일으킬 수 있는 어떤 뇌신경의 예민성이 또한 창의성을 발휘할 수도 있다는 이야기다. 또 우울증을 일으킬 수 있는 성실성과 완벽성이 사회적 성공을 이루게도 하는 것이다.

사실, 역사상 광기에 대해 좋지 않은 편견만 있었던 것은 아니다.

서양 고전주의가 나타나기 전 르네상스 시대엔 광기에 대해 나름대로의 자유를 허용한 적이 있었다. 풍자적 희극에 광인바보가 등장하여 인생의 진리나 사물의 중용에 대해 알려주는 역할을 하고 광인들을 태운 배(바보들의 배, Narrenschiff)에 대한 창작이 유행된 적이 있다. 광인들을 태운 배는 여기저기를 순례하면서 인간본성의 비밀, 접근할 수 없는 진리처럼 숨어서 광기의 매혹을 보여주었다. 당시 광기는 지식인 문학의 지적인 소일거리였다.(푸코) 적어도 17세기에 그들을 감금시키기 전까지는 그랬다.

그러나 난 아직도 그런 광기에의 매혹이 남아있다고 생각한다. 우울증을 창의성과 연관시키는 문화적 오류를 일일이 지적하고 그것을 없애고자 투쟁하는 피터 크레이머의 책을 볼 때 더욱 강하게 느낀다. 우리에게 우울증을 이렇게 미화시키는 문화적 특성이 있었던가 하고 새삼 느끼게 된다. "우울증 근절"을 캐치프레이즈로 인류역사에 만연한 끈질긴 우울증을 반대한 그의 노력이 오히려 우울증의 매력들을 돋보이게 하고 있는 것이다.

무위식의 어둠은 우리를 공포로 내몰지만 동시에 큰 매력으로 잡아당기기도 한다. 숨겨져 있을 땐 그 공포와 매력이 커질 수 밖에 없다. 그 안으로 들어가 들여다보고 표현하고 분해하면 그저 우리의 온전한 통합적인 정신이 있을 뿐이다.

그걸 받아들인다면 "또라이" 혹은 "사이코"라는 오명으로 한 인간을 소외시키는 일은 없어질 것이다. 모든 인간은 각자 모두 광활한 우주다. 그 안에 무엇이 들었는지 얼마나 큰 아름다움과 얼마나 대단한 창의력이 숨어있는지 우리는 모른다. 모르기 때문에 그것을 인정하고 존중해 주어야 하는 것이다. 소수에 대한 경멸과 위협은 다수의 횡포이지만 소수에 대한 배려와 관심이 오히려 다수를 보호해 주기도 한다는 것을 잊어선 안 된다.

결박된 자들

긴긴 세월 육신의 고통으로
멸시와 부당한 처사로
머리에 붉은 띠를 두르고 외치는 사람들,
한줌의 권리를, 정당한 대우를 달라고.
이들의 적은 불평등한 사회의 위정자, 불합리한 관습과 지식.

진찰실에서 마주친 병든 영혼.
이들의 적은 온 세상, 온 세상을 채우는
공기 입자 한 개 한 개.
굳어져 버린 자세로 앉아 있는 닫혀진 입,
무표정한 눈에서
흘려지지 않는 결박된 눈물.
붉은 띠의 아우성보다 천 배나 만 배나 더
곤혹스러운 얼어붙은 눈물의 자취.

현실을 뛰어넘는 또 하나의 현실에서 그들이 느끼는
고통의 환희,
환상의 손이 구름을 잡고 무지개를 잡을 수 있다는 것을,
붉은 띠의 사람들은 알까?
서로서로 모르며 알려하지 않으며
그렇게, 그렇게 서로 붙잡으려고 애쓰다가
놓쳐버리고 말 것인가?

19장 정신과에 가는 사람들

과거엔 아주 심한 사람들만 정신과 병원에 간다고 생각하던 시절이 있었다. 만성 환자들을 입원 치료하는 대형 정신병원에 대한 선입관념 때문이었다. 물론 아직도 그런 대형병원은 존재한다. 그러나 외래환자들의 상담을 위주로 하는 보통 개인의원 형태의 정신과가 많이 생기고 심리학과 정신분석에 대한 일반인들의 이해도가 높아지면서 그런 오해는 많이 가라앉는 추세이긴 하다. 그러나 아직도 편견은 존재한다.

요즘은 많은 사람들이 살아가면서 부득이하게 불안이나 불면증, 스트레스로 인한 질환 등을 흔히 경험할 수 있다는 걸 알게 되었다. 그리고 정신과 치료가 필요하다는 것도 안다. 그럼에도 아직도 정신과에 가는 걸 꺼려하는 사람들이 더 많다. 다른 과에서 치료받다가 정신과에 가보라고 하면 기겁을 하고 신경성이란 걸 인정하긴 하지만 될 수 있으면 정신과에서 치료받으려 하지 않는다. 처음에도 인용했지만 조사에 의하면 우울증이 있음에도 20%의 사람들은 정신과 환자로 밝혀질까 봐 두려워 병원에 가기를 거부한다고 한다. 왜 정신과에 가기를 거부하는가? 미친 사람들만 정신과에 간다는 생각이 아직도 우리 사회에 만연하는 편견이다. 그래서 수면유도제도 내과에서 처방받으려 하고 신체적 증상을 보이는 많은 신경성 환자들이 내과, 신경과, 심지어 정형외과나 신경외과에서도 치료받는다.

그런 기피의 이면에는 민간 보험회사에서 정신과적 치료의 병력이 있을 때 여러 보장성 보험 가입을 거부한다는 현실적 이유도 있다. 정신과 질환이 있다고 사고, 질병의 위험이나 사망의 위험이 더 많다고 생각하는 타당한 이유를 설명해 주었으면 좋겠다. 또 판, 검사 등 고급 공무원 채용시험이나 대기업 입사시험에서 정신과의 병력이 있으면 불이익을 당할 수 있다는 현실적 두려움도 있는 것이 사실이다. 사실이 아니길 바리지만 속사정은 알 길이 없다.

국가공무원법이나 의료법 등에서 정신질환자는 면허증, 자격증 취득과 취업에서 제한을 주는 법들이 존재하는데 심한 병이나 가벼운 병이나 다 똑같이 정신질환으로 취급하고 있어서 문제다. 그런데 최근 보건복지부에서 가벼운 우울증 같은 것은 정신질환자에서 제외할 것을 추진하고 있다는 소식이 들려 다행으로 생각한다.

그런 편견을 바꾸기 위해서 일부 병원에서는 진료과목을 "신경정신과" 에서 "정신건강의학과"로 명칭을 바꾸기도 하지만 그런 피상적인 것들의 변화는 중요한 게 아니다. 사람들의 인식 변화가 먼저이지 부르는 명칭이 뭐 중요하겠는가?

지난 30여 년의 내 정신과 의사 경험에 의하면, 대체로 정신과에서 검진받고 상담하려는 사람들이 훨씬 더 양심적이고 순수한 사람들이 많다. 융통성이 없고 이기적인 사람, 자존심이 강하고 체면을 중시하는 사람들이 정신과에 대한 거부감이 더 강하다. 그들은 웬만큼 심하지 않으면 병원에 스스로 가지 않으며 주변사람이나 가족들이 데리고 가려고 해도 응하지 않는다. 그래서 실은 실제로 치료받아야 할 많은 사람들은 오히려 병원에 가지 않는 경향이 있는 것이다. 매스컴에 보도되는 강력범죄를 일으키는 사이코패스들은 절대로 병원에 가지 않는다. 병에 대한 인식이 없기 때문이다. 사회를 살아가는 데 불편을 느끼고 갈등요인이 있어야 병원에 가는데 그런 사람들은 갈등과 불편을 자기 외부요인 때문이라고 생각하고 타인에게 가해함으로 풀기 때문에 스스로의 문제인식을 못한다.

사람들은 대체로 불편한 증상의 원인과 더불어 자기 자신에 대해 알고 싶은 욕구에서 병원에 가게 되는데 그 자체가 치료의 시작이 되는 경우가 많다. 즉 병원에 가고자 하는 그 최초의 욕구 자체가 치료에서 가장 중요한 부분이라는 이야기다.

병에 대한 인식도 없고 자기 자신이 문제가 있다는 것을 인정하지 않는 사람들은 증상이 주는 고통에도 불구하고 치료에 대한 동기부여가 잘 안 되어 치료도 잘 안 되고 본인도 괴롭고 주변사람들도 괴롭히고 사회적으로 해악의 요인이 되는 수가 많다. 그러나 그런 사람들은 그 괴로움을 주변의 탓으로 돌리기만 한다.

예를 들면, 한 가정에서 가장 문제가 많은 사람은 다른 가족에게 폭력을 행사하거나 지극히 독재적인 가장 등의 가해자임에도 불구하고, 그들은 병원에 가지 않고 오히려 피해자가 되는 가족구성원이 병원에 가는 경우가 더 많다.

한 사회에서의 경우도 마찬가지다. 사회의 구조적, 정치적인 병폐 때문에 많은 사람들이 고통에 빠지고 아픈 경우가 많다. 사회의 지도자급에 있는 사람들이 정신적으로 건전하지 못하면 그 사회는 다수의 보통사람들이 고통을 받는 불행한 사회가 되는 것이다. 그런 사회에서도 가장 병적인 권력층은 병원에 가지 않고 다수의 순진한 피해자들만 병원에 가야 하는 신세가 되는 경우가 얼마든지 있다.

성폭행이나 성추행에서도 마찬가지다. 피해자들은 병원에 가서 치료받는데 가해자들은 절대로 병원에 가지 않는다. 누가 더 위험하고 병적인 사람들인가? 정신과에 가는 사람들인가, 가지 않는 사람들인가?

물론 피해당하는 사람들이 정신적으로 아주 강인하여 그 모든 고통을 잘 견딜 수 있다면 병에 걸리지 않을 수도 있다. 일차적으로는 본인의 문제에서 기인하지만 본인의 문제라는 것도, 유전적으로 약하게 태어났다거나 문제가 많은 가정에서 양육되었다거나 현재도 많은 스트레스에 노출되어 있다거나 등등 자기도 어찌할 수 없는 원인인 경우가 많다. 본인의 잘못도 아니면서 자기가 아무리 노력해도 안 되는 것이 바로 정신질환의 증상이기 때문에 증상을 느낄 땐 누구라도 정신과를 방문해야 하는 것이 원칙이다. 절대로 정신과에 가는 걸 부끄러워하거나 숨길 필요가 없다.

정신과를 가지 않고 방치했다가는 병이 더 깊어지는 수가 있고 쓸데없는 경제적, 시간적 손해를 보는 수가 있다. 물론 종교단체, 자가치료 동아리, 심리상담소 등 다른 데서도 어느 정도는 치료효과를 얻을 수 있지만, 많은 환자들은 결국에는 약물치료, 상담치료 등 전문적인 정신과 치료를 받아야만 해결된다.

현대는 얼마나 스트레스 요인이 많은가? 수없이 겪는 경제적 위기, 불안정한 정치상황, 이상 기후 등에 의한 자연재해, 가치관의 변화에 의한 가정의 해체, 청년 실업으로 인한 젊은이들의 방황, 조기퇴직으로 인한 중년기의 경제적 문제와 더불어 평균수명이 늘어난 결과 외롭고 가난한 노인들이 증가하고 그로 인한 치매, 노인성 정신병과 더불어 우울증이 증가하는 등 이루 헤아릴 수 없이 많은 요인들이 정신과적 질환을 유발한다.

이런 상황에서는 정신과에 대한 친밀감을 갖고 정신과적 치료, 혹은 서비스를 이 사회에서 자기가 받을 정당한 대우라고 생각해야 할 일이다. 최근 정신보건에 대한 사회적 관심이 많아지면서 각 행정구역마다 정신보건센터가 생겨 그 지역에 거주하는 정신질환자들을 위해서 많은 서비스를 해주고 있다. 이런 시스템을 잘 이용하는 것도 도움이 된다.

무엇보다 정신과에 대한 편견을 없애도록 사회적 인식이 바뀌어야 하고 정신질환에 대한 오해도 없어져야 할 것이다. 정신과에 가기만 해도 "또라이" 취급하고 정신과에 가기만 해도 "또라이"라고 낙인찍힐 것 같은 불안을 갖는 사람들이 없어져야 한다.

사람들이 어디에 가서 자기 고민을 털어놓을 것인가? 가족들에게도 친구들에게도 할 수 없는 이야기를 정신과 의사들이 들어준다. 그리고 그들은 히포크라테스 선서대로 절대로 당신의 비밀을 지켜준다. 아무 편견 없이 이야기를 들어주는 사람이 있다는 것만으로도 큰 위안이 되는, 이런 삭막한 현대 사회에서 어쩌면 정신과 의사들은 사막의 오아시스 같은 역할을 하고 있는지도 모른다.

물론 정신과 의사 말고도 심리적 서비스를 받을 수 있는 많은 곳들이 있다. 심리학을 전공하고 상담사 자격증을 받은 사람들, 사회사업가들, 분석가 자격증을 받은 일반인들, 또한 종교적인 분야에서 상담학을 전공한 사람들 등등이 치료적인 상담을 해줄 수 있다.

의사와 비의사의 경계가 모호해지는 부분도 바로 상담치료 부분이다. 의사들만 정신치료를 할 수 있다고 생각하는 사람들은 이제 별로 없다. 심리 상담사, 미술 치료사, 음악 치료사. 향기 치료사. 운동 치료사, 웃음 치료사 등등, 실로 정신과에서는 각종 치료사들로 넘쳐나고 있다.

이런 상황에서 정신과 병원은 중한 환자들만 가는 곳이라는 편견과 환자로 밝혀져서 받을지 모르는 불이익 때문에 정신과 병원이나 의원 대신 심리상담소를 찾으려는 경향이 많아지고 있다.

이제는 좀 반대 급부적인 생각을 해 보자.

정신치료 서비스가 너무 강화되고 있는 현실이 주는 부작용 말이다.

사실 최근 이십 여 년 간 심리 서비스에 대한 수요가 폭발적으로 증가하고 있다. 과거에는 그저 수줍음이 많은 것으로 보이던 것이 지금은 "사회불안장애"라고 진단되고 여러 가지 가정적 사회적 불안 요소가 다 질병으로 분류되고 있는 실정이다. 적응장애, 스트레스장애, 학습장애. 등등…… 최신 질병분류인 DSM-IV(1994년 발간)에는 무려 297개의 진단명이 있다. 누구라도 그 많은 진단명에서 벗어나는 게 힘들 정도로 많다.

DSM(Diagnostic and Statistical Manual of Mental Disorders, 정신질환을 위한 진단과 통계요람)이라는 진단분류는 1952년 미국에서 처음 만들어졌는데 시대적인 조류의 변화에 따라 진화를 거듭, 1968년 DSM-II엔 189 개의 진단명이 생겼고 1980년 DSM-III엔 265개가, 1994년 DSM-IV엔 무려 297개의 진단명이 생겼다.

너무 많은 것들이 병으로 진단되고 있다는 건 서비스가 보편화 되었다는 의미에서는 좋은 일이지만 진단을 받는 환자들 입장에서는 결코 바람직한 현상은 아니다. 정신질환의 꼬리표를 달고 있다는 건 그리 유쾌한 일은 아니기 때문이다. 그래서 일부 학자들은 이렇게 지나치게 세분화되고 질환화되는 것을 반대하고 있다.(Edward Shorter) 일상적 삶의 문제가 질환으로 인식되면 개인이 경험하는 불편의 총량도 늘어날 수 밖에 없다는 것이다.

어찌보면 문명화되고 기계화된 결과다. 사람들은 여름엔 에어컨이 나오는 곳에서 겨울엔 난방이 되는 곳에서만 살 수 있게 된 것과 마찬가지로 육체적 고통에 대해서나 정신적 고통에 대해서나 참을 수 없게 된 것이다. 조금의 스트레스나 불안에도 상담소를 찾고 의원을 찾아 약을 먹게끔 되어버렸다. 여기에는 이윤을 좇으려는 제약회사들이 하루가 멀다 하고 좋고 비싼 약들을 출시하고 있는 데도 원인이 있다. 아무튼 그런 약물이 소비될 시장이 필요하므로 정신질환이 보편화 되어야만 하는 것이다. 제약회사와 정신과 의사들이 손을 잡고 환자들을 늘리려 한다는 곱지 않은 시선도 있는 게 사실이다. 사실 정신과 의사인 나로서도 날이 갈수록 수면유도제나 항불안제의 소비가 늘어나는 것이 피부로 느껴지고 있고 그것이 그리 바람직한 현상은 아니라는 생각이 든다.

정신과에 꼭 와서 치료받아야 할 사람들은 유기 방치되어 있고 꼭 필요하지도 않은 사람들이 서비스 받듯 정신과 약물을 처방 받는 현실이 안타까울 때도 있다. 치료자가 아니라 서비스맨이 된 것 같은 느낌이 들 때도 있다. "여기 카푸치노 한 잔, 케익 한 조각……" 하듯이 그들은 "진단서 한 장, 수면제 일주일 분……" 이라고 주문한다.

요컨대 정신과에 대한 지나친 거부감도 지나친 의존도 좋은 것이 아니다. 미친 사람만 정신과에 간다는 편견도 안 좋은 것이지만 약물만 처방받아 가는 곳이라는 생각도 안 좋은 편견의 일종이다.

간극

장맛비가 주룩주룩
밖은 한밤중처럼 컴컴
피곤함은 내 어깨와 두 눈 위에서 비틀비틀
너는 무슨 할 말이 이리도 많은가?
이것과 저것의 간극, 여기와 저기의 간극,
현실과 희망 사항과의 간극,
이루어지지 못한 것과 이루어져야만 하는 것의 간극,
살아야 할 것들과 죽어야 할 것들의 간극
아무리 얘기해도 소용없어.
아무리 떠들어도 아무도 알려주지 않아.
네가 모르는 것은 나도 역시 몰라.

장맛비가 주룩주룩
빗방울은 너의 우산을 뚫고 너의 온몸을 적시는데
적시고 또 적시게 놓아두렴.
비가 그치면 햇살이 구름을 뚫고 너의 눈으로
사정없이 쏟아져 꽂힐 텐데 비가 오게 내버려 두렴.
오다가, 오다가 지치면 그치겠지.
그 때가 될 때까지 기다리렴.
기다리렴.
구석방으로 기어 들어가 음악이나 듣든지
화판 위에 색종이를 오려서 붙이든지.
춤을 추든지...... 하렴.

네가 온 곳과 네가 갈 곳의 간극은 저기 빗소리에 녹아들고
죽어야 할 자들과 살아남아야 할 자들은 저기 어둠에서 갈라지고
곤곤한 현실들과 희망사항들은 저기 빗방울로 그려지는
그림들과 같은데 나도 모른다.
네가 가야 할 곳을.

네가 극복해야 할 것들을.
나도 모른단다.
단지 네가 말하는 것들이 저기 빗소리와 함께 조화로운
음악이 되길
네가 원하는 것들이 저 어둠을 극복하고 어느 날 빛이 되기를
너의 간절한 호소가 동작이 되고 춤이 되기를
나는 원할 뿐이란다.

20장 정신과 약에 대한 편견

많은 병에 약이 필요하다는 것을 부정하는 사람은 없다. 그러나 아주 많은 사람들이 정신과 약에 대한 오해를 하고 있다. 여러 가지 종류의 건강식품은 아무런 거리낌 없이 먹고 일 년에 몇 번씩 보약 형태의 한약을 지어먹는 사람들이(우리나라 사람처럼 보약을 좋아하는 민족은 드물 것이다) 유독 정신과 약에 대한 오해를 갖는 이유는 무엇일까?

보통 심한 정신병적 발작을 보일 경우 과거에 쓰던 약물들은 뇌에서 도파민을 억제하는 효과를 보이는데 이때 부작용으로 "추체외로"(뇌의 특정 신경회로를 말함, 이 부위에 도파민이 부족해지면 파킨슨 증상이 생긴다)증상을 나타내게 된다. 걸음걸이가 로봇같이 뻣뻣하고 파킨슨 환자처럼 손을 떠는 현상이 그 부작용이다. 또 눈동자도 멍하고 바보처럼 보이는 경우도 있기 때문에 이런 오해가 생긴 듯하다. 그러나 이것은 과거 일부 약물의 이야기다. 요즘의 약물들은 부작용이 많이 없어져서 이런 부작용은 훨씬 덜하다. 또 부작용이 생긴다 해도 일시적인 것이 대부분이고 영구적인 뇌 기능에 손상을 주는 것은 없다.

이런 부작용을 가까이에서 본 일반인들은 정신과 약이 독하고 부작용이 심하다는 선입견을 갖게 되고 심지어는 뇌 세포가 죽는다거나 바보가 된다거나 치매가 온다든가 하는 엉뚱한 오해를 하는 사람들도 있다.

사실 세상에 존재하는 모든 약이 다 조금씩 부작용은 있다. 약포장지 안에 든 설명서를 자세히 읽어보면 그 많은 부작용 나열에 머리가 지끈거릴 지경이다. 효과가 강력한 것일수록 부작용이 많다. 예를 들면 암 치료에 필수적인 항암제들은 정상세포들마저 죽이는 부작용을 감수하고서라도 치료를 해야 하는 것이다.

정신과 약들은 중추신경계에 작용을 하니 중추신경의 다른 부위에 영향을 미치는 것은 당연하고 그래서 어느 정도 부작용이 나타나는 걸 인정해야 한다. 극히 일부에서는 특이반응으로 치명적인 결과를 가져올 수도 있으니 이런 경우엔 각 약물마다 치료자와 상의해서 해결해야 할 일이다. 그렇지만 보편적으로는 쓰이는 항불안제나 항우울제들은 영구적인 부작용은 없으니 그리 불안해할 이유가 없다.

또 한 가지 문제는 정신과 약들을 보통 오랫동안 사용해야 한다는 사실이다. 정신과 질환 중에는 만성적인 경우가 많고 재발을 많이 하는 경향이 있어서 그렇다. 그러나 정신과 질환만 그런 건 아니다. 현대인들을 괴롭히는 대부분의 성인병, 고혈압, 당뇨, 고지혈증, 관절염 등등 평생 치료해야 할 병들이 더 많다.

어떻게 보면 질병이란 우리 몸이 적절한 균형이 깨졌다는 신호이고, 치료는 그것을 교정하기 위해 보충해주는 일종의 영양소 같은 것으로 보아야 한다. 정신과 질병 또한 마찬가지다.

살기 위해 필요한 정신의 균형을 잡아주기 위해서 뇌가 필요로 하는 물질을 보충해 주는 것이라는 이야기다. 물론 몸이 그 자체의 균형을 되찾게 되면 약은 더 이상 필요 없어질 때가 온다. 그러나 그때가 되기까지 약은 참으로 필요하고도 중요한 치료 방법이니 약물치료에 대해 지나친 불안감이나 편견은 버려야 할 것이다.

그런데 미국에서는 1990년 이후로 약에 대한 또 다른 풍조가 생겨나고 있다고 한다. "미용 정신약물"이라고도 하고 "약물 쾌락주의"라고도 하는 이 새로운 풍조로 "유쾌하고 날씬하게 살자"면서 정신질환자도 아닌 사람들이 항불안제, 항우울제 등의 약을 복용하고 있다는 것이다.(Edward Shorter) 비만과의 전쟁을 하고 있는 시대상에 맞춰 체중 감량을 일으키는 항우울제들이 마구마구 팔려나가고 있다고 한다.

우리나라는 아직 이런 단계는 아닌 것 같지만 비만치료제나 피로회복제, 혹은 "공부 잘하는 약"으로 둔갑한 정신과 약물들이 비공식적인 통로를 통해 팔리고 있는 게 현실이다. 각종 중추신경흥분제들이 비만치료제에 섞여 팔리고, 피로회복제라면서 수면마취제인 "프로포폴"(일명 우유주사)도 사용되고, 과잉행동장애(ADHD)의 치료약인 "페니드" 계통의 약이 수험생들에게 공부 잘하는 약으로 소비되기도 한다. 정신과 약물에 대해 부정적인 편견이 없어진 건 좋은 일이지만 필요도 없는 약물에 의존하는 일은 그리 바람직한 현상은 아니라고 보인다. 정상적으로 느껴야만 하는 불안이나 우울의 감정은 오히려 살아가는 데 유용할 수도 있는데 사람들이 전부 다 도망만 치려고 하는 것이다. 마약이 아니라도 지나친 약물의존이 좋을 건 없다. 과거 기호식품이었다가 지금은 유해물질이 된 담배나 술처럼 미래에 이런 약물들에 금지약물의 꼬리표가 붙을 가능성도 없지는 않다.

습관성의 문제는 아주 미묘하다. 실제로 내성과 습관성이 있는 수면유도제나 항불안제들이 있다. 같은 분량의 약을 써도 점차 수면효과 등이 줄어들어 더 많은 약물이 추가되는 경우가 종종 있게 되는 것이다. 그래서 수면제를 쓸 땐 동일 약물을 6개월 이상 쓰지 않는 것을 원칙으로 해야 하는데 그것이 지켜지는 것은 결코 쉬운 일이 아니다. 대부분의 경우 약 자체에 의한 내성보다는 환자들의 심리적 의존성이 더 큰 문제가 된다. 약을 쓰지 않을 경우 불안해져서 잠이 더 안 온다든지 수면에 대한 강박관념으로 일정 시간 이상 자지 않으면 못 견디는 환자들에서 습관성의 문제가 커진다. 처음엔 불면증 자체가 문제가 되나 나중에는 불면공포증이라는 이차적인 문제가 생겨나는 것이다.

우울증 약을 먹다가 기분은 정상이 되었는데 결국 잠을 못 자서 할 수 없이 계속 먹어야 하는 경우도 많다. 이런 경우도 불면에 대한 지나친 걱정을 삼가고, 수면에 대한 부정적인 생각을 버리고, 수면을 방해하는 습관을 바꾸면서 점차로 먹던 약의 용량을 줄여나가는 방법을 쓰면 효과적으로 끊을 수 있다. 약을 꼭 끊고 싶어하는 사람들, 임신 수유 등으로 약을 끊어야 하는 사람들에게는 습관성 약물을 끊는 프로그램으로 많은 환자들이 도움을 받고 있다

먹던 양의 절반씩 줄여먹는 방법으로 3~4주에 걸쳐서 끊을 수도 있고 요일을 정해 놓고 일주일에 한 번이나 두 번, 약 휴일을 정해 놓고 끊는 시도를 시작할 수도 있다. 첫 날 잠을 설치고 불안했다 해서 다시 약을 먹는 대신 하루 못자면 못자는 대로 “다음날 자면 되지.” 하는 느긋한 마음을 먹으면 의외로 잘 극복될 수 있다. 자기 전 삼십분 가량 명상이나 참선을 하면 많은 도움이 된다. 생각을 끊는

훈련이 잘 안 된다 하더라도 조용히 자기 내부를 들여다보면 몸이 이완되면서 졸음이 오는 경우가 있다. 또 종교가 있는 사람일 경우 기도문을 외우거나 불경을 외우게 하면 반복되는 같은 문장을 외우는 것 자체가 뇌에 들어오는 자극을 줄여주어 수면 뇌파로의 이행을 쉽게 해준다.

그러나 아무리 습관성이나 부작용이 있더라도 약을 거의 평생 먹어야 하는 경우도 있다.

정신분열증, 조울증, 반복적 우울증일 경우엔 실제로 약을 끊기 힘들다. 이때는 증상에 따라 약을 줄였다가 늘렸다가 하면서 지속적으로 쓰도록 도와줘야 한다.

젊을 때 몇 번의 우울증 경험이 있는 사람 중에서 수십 년 간 항우울제를 투약 받는 노인도 많은데 그들의 이야기인즉 감기가 와도 배탈이 나도 다른 약은 도통 듣지 않는다는 것이다. 꼭 이 약을 먹어야 낫는다고 하니 그들에게 약을 딱 끊으라고 하는 것은 불가능한 주문일 수도 있다. 삶의 질을 생각해볼 때 그런 분들에겐 약을 소량 지속적으로 쓰게 하는 것이 더 나을 수도 있다. 물론 이런 경우도 아주 치명적으로 가는 예는 많지 않고 치료자와 상담하면서 적당한 조절을 하면 그리 큰 문제가 생기지는 않는다. 내 환자들 중 수십 년간 소량의 항우울증 약을 드시는 몇 명의 80대 이상 노인들이 있는데 기대 수명 이상을 사시고 계신다. 최근 밝혀진 바에 의하면 세로토닌 계에 작용하는 우울증 약물들은 해마의 신경세포들을 활성화시키고 파괴를 막아준다고 한다. 그래서 치매 노인들에게 치매약과 같이 쓰는 경우도 있다.

결론은, 필요한 약을 먹는 것은 치료의 기본이고 약을 언제까지 먹을지, 부작용 문제는 어떻게 해결하는지, 끊을 때는 어떻게 해야 하는지 모든 것을 주치 의사와 상의하는 것이 가장 좋은 방법이다. 정신과 약이 다른 약들에 비해 절대로 더 독하지 않다. 바보가 되거나 치매가 빨리 오거나 하지도 않는다. 잘 쓰면 생명을 구할 수도 있는 중요한 역할을 하는 약들인 것이다. 그러나 절대로 약물의존이나 남용은 되지 않도록 의사의 처방에 따라서만 복용해야 한다.

사월의 그림자

나는 책상 앞에 넋 놓고 앉아있고
시간의 춤은 하염없이 지속되고 창문 뒤에선 봄이 꿈틀댄다.
잠시만 일체의 인연과 일체의 강박과 생각에서 벗어나서
절대의 자유와 절대의 평화 속에 있기를 꿈꾸는 나는 어디에 있는가
내가 숨 쉬는 공기는 어디에 있으며 내 생명은 어디에 있는가.
내가 살아 숨 쉰다는 것은 무엇을 뜻하는가.
저들이 살아있다는 건 또 무얼 뜻하는 것일까?

내가 이다지도 허황한 자유를 꿈꾸는데 난 무슨 권리로
내 환자들의 상상과 자유를 말살하려 하는가.
그들이 가야할 바, 그들의 권리에 의한 상상의 방종,
그들이 풀어 마땅할 분노와 원한의 감정,
그들이 내 뱉어야 마땅할 그런 저속한 응어리들,
난 무슨 권한으로 그걸 억누르고 감정을 둔화시키는 것일까?

모든 사고의 근저에 도사린 유물론,
영혼과 가치관과 감정이 모두 뇌 세포의 신진대사에 관련된다는
지극히 일차원적인 과학적 태도에 의해 우리는 우리의 의사 짓을
정당화시키고 있다.
과연 그럴 수 있을까? 그것이 그런 식으로 정당화될 수 있을까?
사회적 질서, 수요와 공급의 법칙, 그런 태도에 의해
정당화될 수 있는 걸까?
그런 과학적 태도와 학문이란 것이 전혀 황당무계한 망상일 수도
있는데,
나의 태도가 지극히 잘못된 비인간적 태도일 수도 있는데,

난 어찌하여 저들 아픈 인간들을 치료한다고 하는 걸까?
해마다 사월이 되면 난 내 인생의 근본적인 회의에 빠져든다.
내가 인연을 맺고 있는 모든 사람들과의 관계, 내가 하고 있는 역할,
짓거리.
그 따위 것들에 대해 난 회의하고 또 회의한다.
그리하여 내 얼굴엔 새파란 사월의 그림자가 드리워진다.

21장 정신병은 유전병인가?

많은 사람들이 정신병은 유전된다고 믿고 있다. 실제 정신병의 유전성향을 알아내기 위해 많은 연구들이 있어 왔으나 효소부족질환, 혈우병이나 색맹 등과 같이 한 가지 유전자에 의해 전달되는 것은 아닌 것 같다는 결론이다. 일군의 정신병, 특히 조울증에서 가족력이 있는 경우가 있으나, 실제로 뚜렷한 가족력이 없는 상태에서 발병하는 경우가 더 많다. 조울증의 유전인자는 200명 중의 한 명 꼴로 갖고 있는 비교적 흔한 유전자임에도 그걸 갖고 있는 사람들이 모두 발병하지는 않으며 유전자를 갖고 있지 않는 사람도 걸릴 수 있다. 정신질환 중에서는 정신분열증과 조울증이 가장 유전적 경향이 많지만 유전자가 동일한 일란성 쌍생아에서 둘 다 그 병에 걸릴 확률은 정신분열증이 47%, 조울증이 67%이다.(Kaplan) 그러니까 일부 질병에선 유전적 요인이 중요하지만 그게 전부 다는 아니라는 뜻인데 단극성 우울증(우리가 알고 있는 보통의 우울증)은 유전성향이 훨씬 덜 하다. 환경적 스트레스에 의한 일시적인 우울증이나 성호르몬 불균형으로 일어나는 산후 우울증, 갱년기 우울증 등은 유전성이 뚜렷하지 않다.

우리 몸은 어머니 쪽으로 절반의 유전자를, 아버지 쪽으로부터 절반의 유전자를 받아 생성되는 것이니 우리의 외모, 성격 등도 역시 부모의 성향을 닮을 수 밖에 없고 그런 의미에서 정신병적인 소질도 닮을 것이라 예상할 수는 있다.

그러나 지구상의 모든 사람의 얼굴이 모두 다르듯 개인이 환경에 대처하는 능력이나 방법이 모두 다르고 처한 환경도 모두 다르고, 스트레스에 대한 반응도 모두 다를 수 밖에 없으니 어떤 사람이 정신질환에 걸리는가는 실로 다양한 변수의 결과라 할 수 있다.

우리의 뇌는 300억 개의 신경세포(뉴론)와 1000조의 신경접합부(시냅스)로 이루어진 매우 방대한 연결회로를 가진 놀라운 존재다. 그런 뇌에서 일어나는 일이 어떤 것인지 아직도 아주 조금 밖에 밝혀진 바가 없으니 정신질환의 원인을 정확히 알아낸다는 건 아직 요원한 상태다. 우리의 뇌는 살아가면서 외부에서 오는 자극으로부터 기억 과정과 선택 과정을 통해 어떤 운동 출력을 내는 기관이다. 생각도 일종의 운동 출력이다. 그 과정에서 학습화되고 패턴화되면서 소위 성격이 형성된다고 본다. 선천적으로 갖고 태어난 뇌는 후천적으로 더 많은 변화를 겪는다는 사실은 인간의 성장과정을 지켜보면 충분히 알 수 있다.

태어날 때 숨 쉬고 입으로 빠는 일 밖에 못하는 무력한 인간 아기가 성장과정을 통해 성인이 되기까지 경이로운 변화와 발전과정을 거듭한다. 물론 그 과정에서 어떤 유전자의 영향으로 뇌의 일부분의 신경전달물질이 부적절하게 작용하여 인지과정에 영향을 끼치고 증상을 나타내는 수도 있지만 그것은 뇌의 일부분에서 일어나는 변화의 발현일 뿐 그 뇌 전체, 혹은 그 인격 전체의 표현이 아니다.

유전성이 아니고도 어머니 태 안에서의 약물노출이나 감염, 탄생시의 뇌의 충격, 성장 과정 중의 뇌 외상, 호르몬 불균형, 중금속 중독 등 다른 영향으로도 정신병적 증상은 나타날 수 있다. 또 병의 증상이 뇌의 일부분에서 생기는 아주 작은 생화학적 변화로도 표출될 수 있는 것이고 그것은 아주 간단한 약물치료로도 호전될 수 있는 것이기 때문에 결코 한 인격을 그 증상으로 규정짓거나 병적 현상을 그 사람의 본질로 오해해서는 안 된다. 실제 내가 치료한 환자 중에 일란성 쌍둥이들이 몇 있었는데 외모나 성격 등이 똑같지 않았다. 일반화할 수는 없겠지만 둘 다 같은 증상으로 치료받는 경우는 없었다.

정신의학의 발달로 그런 뇌의 생화학적 변화를 정상화시킬 수 있는 좋은 약물들이 많이 있으니 정신질환들도 살아가면서 경험하는 몸의 질병인 다른 병과 마찬가지로 받아들여야 할 일이다. 약물뿐이 아니고 뇌라는 유연한 기관을 통해 일어날 수 있는 모든 변화들, 상담이나 명상, 습관 바꾸기, 생각 바꾸기 등의 치료법으로 오히려 다른 질병보다 치료의 가능성이 더 많은 것이 정신과 질환이다. 뇌는 끊임없이 밖의 세계와 교류한다. 그것이 뇌의 중요한 임무다. 그러므로 외부의 변화는 그대로 뇌에 영향을 미친다. 외부를 치료적으로 바꾸는 것만으로도 뇌 내부를 변화시킬 수 있다는 건 설령 유전적인 특질이 있는 뇌라 하더라도 변화가능하다는 걸 암시하는 것 아닐까?

확실한 것은 어떤 사람에게 정신병이라는 꼬리표를 붙이는 일처럼 정신병에 유전병이라는 꼬리표를 붙이는 일은 아주 위험한 일이라는 사실이다.

예컨대 당뇨나 고혈압, 고지혈증 등도 유전적 성향이 뚜렷하고 상당히 삶의 질을 떨어뜨리고 합병증도 만만치 않은 만성질환이다. 그러나 그런 내과적 질환에는 크게 개의치 않으면서도 정신병의 가족력이 있는 경우 결혼 상대자 선택에서 많이 꺼리는 것이 현실이다.

심지어는 결혼 후 정신병의 과거력이 발견되면 이혼 사유로 몰아가기도 하고 결혼 후의 스트레스로 발병하는 경우라도 이혼하려는 사람들이 많다. 참으로 슬픈 현실이 아닐 수 없다. 가족이란 상대방의 어려움이나 병까지 끌어안아 치료해줘야 하는 것 아닌가? 그것이 내과적 병이든 정신과적 병이든 차이가 없어야 한다.

그러나 엄밀히 말하자면 그것은 단지 유전성이 있기 때문만은 아닐 것이다. 아직도 많은 사람들이 "정신병" 혹은 "정신질환" 등에 대한 막연한 불안과 공포가 있다. "현실 감각이 없어지는 상태", "자아가 사라지는 상태"에 대한 두려움은 무의식에서 나오는 암흑에의 공포와 일맥상통한다고 보인다. 거의 집단적인 그런 공포를 없애려면 아직도 많은 세월이 지나가야 할 것 같다. 그러나 누구나 살다보면 정신적인 증상을 보일 수 있고 아플 수 있다는 걸 받아들이면 좋겠다. 당신이 아프게 될 때 가장 가까운 가족과 친지들이 당신을 거부한다면 당신 기분이 어떻겠는가?

결론을 말하면, 다른 질병과 마찬가지로 정신질환도 어느정도 유전적 경향이 있다. 그러나 다른 병처럼 치료될 수 있다는 것을 확실히 안다면 정신질환을 나쁜 유전병 취급하는 일은 없어져야 할 것이다.

● 실수 ●

실수, 잘못, 자책.
사랑하는 사람들에 대한 절절한 미안함의 고통.
실수의 삶이, 그 시초가
언제부터인가 몰라.
언제까지일지도 몰라.
그저 기억이 거슬러 올라갈 수 있는
그 시점부터였던 것 같아.
그리고 그것이 나 홀로의 잘못도 아니었던 것 같아.
나와 내 주위의 모든 사람들과
산과 하늘이…… 온 우주가
내 실수를 위해 같이 춤을 추었지.

그러니 누굴 원망해.
실패의 삶을 훈장처럼 매달고
십자가처럼 등에 지고
골고다의 언덕을 향해
최후의 죽음을 향해
그리고 부활의 역사를 위해
우리는 묵묵히 우리 몫의 고통을
감당해야 할 뿐.

용서하라.
그때 내 실수를 위해 춤추었던
그 모두를, 특히 내 자신을
용서하라. 포용하라.
예수가 빌라도와 유대인들을 용서했듯.

22장 정신질환자들과 정상인들

도대체 정상이란 게 무얼 의미하는가? 다양한 성격의 사람들이 어우러져 살면서 수많은 관계 속에서 이러 저런 감정반응을 보이고 경쟁하는 사회에서 우리는 무얼 정상으로 보아야 하는가? 어떤 감정반응과 행동을 정상으로 보는가?

자기주장이 강하고 잘 싸워 절대로 손해보지 않는 사람이 정상인가? 아니면 다 양보하고 천사처럼 사는 사람들이 정상인가? 가까운 사람이 죽었을 때 슬픔을 억누르지 못하는 게 정상인가? 슬픔을 억제하고 이성을 유지하는 게 정상인가? 정상적인 슬픔과 비정상적인 슬픔의 차이는 무엇인가? 어떤 성격이 정상인가?

명확한 "정신건강과 정상"이라는 정의를 내리기 위해 학자들이 많은 이론을 전개한다.

오토 랑크 – 정상이란 두려움, 죄책감 없이 살 수 있는 능력, 자기 행동에 책임지는 능력
알프레드 아들러 – 자신감을 고취시키고 현실적응을 가능케 하는 일할 능력
칼 메닝거 – 외부 환경에 만족스럽게 적응할 수 있는 능력
하인츠 하트만 – 갈등이 없는 자율적인 자아의 기능
로렌스 큐비 – 변화하는 환경에 적응하기 위해 경험을 통해 학습

할 수 있는 능력

에릭 에릭슨 – 인생의 여러 발달단계의 과제를 완수하는 능력

멜라니 클라인 – 갈등 없이 기쁨을 경험할 수 있고 사랑할 수 있는 능력

커트 아이슬러 – 정상인이란 자신의 생각과 느낌을 완전히 깨달은 사람이다. 그러므로 절대적인 정상이란 없다.

지그문트 프로이드 – 정상이란 이상화된 픽션이다.

이쯤되면 "정상"이란 것이 얼마나 규정되기 힘든 것인지 알 것이다.

그러므로 정신과 영역에서는 통상적으로 건강을 "정신질환이 없는 상태"라고 말하는데, "정신질환"이라는 것을 규정하는 것도 애매하기는 마찬가지다.

망상이나 환청 등의 뚜렷한 정신병적 증상은 비교적 쉽게 알 수 있지만 다른 증상들은 객관적으로 나타나는 것으로는 충분히 알 수가 없다.

다른 내과적 질병은 혈액검사, 방사선, 초음파, 단층촬영, 조직검사 등등 모두 어떤 임상적 검사에 의해 쉽게 진단할 수 있는데 정신과 질환들은 심리검사 이외에는 불행히도 아직 이렇다 할 객관적 검사가 없다. 물론 최근엔 특수 뇌파검사를 한다거나 뇌혈류 검사 등을 이용하여 뇌 기능을 측정하기도 하지만 어떤 패턴이 나왔다고 어떤 병이라고 완전히 진단할 수는 없다. 표준화된 검사 도구를 이용하여 판단하는 것이 대부분인데 표준화된 심리검사라는 것도 환자의 주관적인 기술, 평가와 더불어 검사자가 환자의 반응을 객관적으

로 관찰, 평가하는 검사가 대부분이다. 그러므로 아직 정신과에서의 진단은 환자와의 면담을 통해 그의 정신 상태를 측정하는 다소 원시적인 수준에 머문다고 말할 수 있다. 정신과 질환도 피 검사나 뇌 영상 사진 한 장으로 진단할 날이 빨리 왔으면 좋겠지만 과연 그럴 때가 언제 올 수 있을까?

환자가 보이는 행동이나 정서에 대해서도 판단하는 기준이 여러 가지 있을 수 있다.

여기엔 그 행동이 그 개체의 생존에 도움이 되는가 하는 진화 생물학적인 평가도 있을 수 있고 또 사회 문화적인 척도에 의해 다수에 속하는가 아닌가에 따라 정상, 비정상을 나누는 수도 있고 건강한 자아의식이라는 정신분석적인 개념으로도 평가할 수 있다. 아니면 종교적 도덕적 기준에 따라 성숙도를 평가할 수도 있다.

그런데 이런 평가라는 것이 항상 일정한 것은 아니다. 이를테면 타인을 위해 자신의 생명을 버리는 희생, 순교 등의 행위는 개체 생존에 해가 되는 일이지만 병적이라고 보는 대신 위대한 희생이라고 평가한다. 또 다수의 사람들이 보이는 반응, 사회적 현상을 항상 건강하다고 평가할 수도 없다. 집단이 보이는 다양한 행동 중에 많은 경우가 히스테리나 공포반응 등의 신경증적 증상일 수도 있는 것이기 때문이다. 로또 복권에 열광한다든지 무조건 유행을 따라서 하는 행동 등은 유아적 반응으로 볼 수 있는 것이다.

또한 정신분석적 개념으로 보자면 문제는 더욱 복잡해진다. 어떤 한 개인이 어떤 생각을 하거나 행동을 할 때 남들이 보기에 이해할 수 없는 것이라 할지라도 그 개인 심리를 분석해 보면 충분히 그럴 만한 이유가 있는 경우가 많기 때문이다. 정신분석은 진단에 도움이 된다기 보다는 정신병리 현상의 이해에 도움이 되는 것이다.

그래서 어떤 정신의학자들은 진단은 전혀 중요치 않다고 말하기까지 하고 심지어는 정신과적인 병은 없다, 단지 사회 안에서 다른 행동을 보이는 인간을 격리하기 위해 구별 짓고 꼬리표를 붙이는 일이라고 주장하는 학자도 있다.(토마스 사츠, 미셸 푸코 등 반정신운동) 그러나 그들의 주장은 지나치게 낭만적이다. 환자들이 겪는 증상은 그렇게 낭만적으로 보기엔 너무 고통스러운 것들이 많다.

아무튼 병원에 찾아오는 환자들을 치료하기 위해서는 진단이 필요하다. 어떤 사람들을 환자로 보는가? 정신과 의사들은 그들 경험상 어떤 증상을 보이는 환자들을 어떤 질환으로 구분하자는 표준화된 분류체계를 만들어내었고 지금까지도 대체로 그것을 이용하여 진단을 한다. 위에서 여러 번 말한 DSM이 그것이다. 정신과를 제외한 어떤 질환에서도 이렇게 증상만으로 진단을 내리지는 않는다. 즉 이런 진단은 상당히 불명확할 확률이 많다는 것이다. 한 의사가 이렇게 진단을 하여도 다른 의사는 달리 진단하는 경우가 비일비재하다. 그럼에도 다른 질병보다 정신과 질병에 대한 오해와 편견이 많다는 것은 참으로 아이러니다.

정신분열증, 조울증, 우울증, 여러 가지 신경증 등등은 물론 치료받아야 할 병이다. 그러나 겉으로 나타나는 몇 가지 증상들이 그 인간의 본질을 말하지는 않는다. 그런 병이 있다고 위험하다고 생각하는 것은 많은 사람들의 기우다. 아주 심한 증상도 약물치료로 한두 달 안에 치료되는 환자들이 많고 증상이 아무리 이해할 수 없는 것이라 해도 그 사람 전체 정신 중에서 작은 한 조각에 불과한 경우가 대부분이다. 정말 몇 가지 증상을 제외하고는 정상인들보다 더 현명하고 지혜로운 환자들도 많다.

내 경험을 일일이 나열할 수 없다는 게 아쉬운 일이지만, 나는 수십 년간 진료실에서 너무나 훌륭한 환자들을 많이 만나면서 살아왔다. 증상이 가벼운 환자들에게는 물론 아주 심한 증상을 보이던 환자들에게서도 나는 인생의 지혜를 많이 배웠다고 생각한다. 자신의 치명적인 약점을 병으로 받아들이는 용기, 주변의 권고에 귀를 기울일 줄 아는 겸손, 마음을 비워 자신이 가진 몇 가지 안 되는 것들을 소중히 여길 줄 아는 지혜, 최악의 상태에서도 열심히 살아보려는 강인한 생명력 등등 정상인도 갖기 어려운 덕목들을 그들에게서 배운다.

보험회사 이야기는 위에서도 한 것 같은데 다시 한 번 더 말한다. 정신과 병력이 있으면 무조건 민간보험(질병보험, 생명보험 등 대부분의 보장성 보험)가입이 안 될 뿐 아니라, 최근 보험회사에서 많이 판매하는 의료실비보험에서도 정신과 진료비는 보상해 주지 않는단다. 병명에 정신과 질병코드 F가 들어있는 질환이 있으면 무조건 안 된다나? 정신질환은 병이 아니고 무어란 말인가? 그런 약관들은 그렇지 않아도 정신과에 가는 것을 겁내는 사람들에게 더욱 정신과를 기피하는 결과를 만든다. 정신과를 다니는 환자 중에 심각한 정신병으로 다니는 사람들은 실제로 많지 않다. 일시적인 불안, 불면증은 누구라도 겪는 일이 아닌가? 심각한 정신병이라 해도 다른 질병에 걸리는 확률이 높아지거나 사망, 사고확률이 높아지는 것이 아닌데도 정신과에 다닌다는 것만으로도 그런 불이익을 준다는 건 정신과 환자들에 대한 인격모독이며 사회적으로 정신질환자에 대한 편견을 부추기는 역시대적인 발상이다. 하루 빨리 그런 말도 안 되는 약관은 없어져야 할 일이다.

또 무슨 사건이 나면 범인이 정신질환을 앓고 있었다는 등 정확하지 않은 보도를 하는 매스컴도 문제다. 그런 태도는 일반인들의 정신질환자에 대한 편견과 공포를 불러 일으키는 결과를 가져온다. 강력범죄 중에서 정말 정신질환자가 일으키는 확률이 얼마나 되나, 비정신질환자(일반인)들이 일으키는 것보다 유의하게 높은 확률로 일어나는지 알고나 하는 이야기인가? 강력 범죄를 일으키는 사람의 정서가 정상일 리는 없다. 격한 분노나 억제할 수 없는 충동으로 일을 저지르긴 하지만 그것을 정신질환자의 증상으로 연결시키는 것은 잘못된 추정이다.

2000년 대검찰청에서 발간한 "범죄백서"에 의하면 일반인의 범죄 발생률은 인구 10만명 당 2545명으로 2.5%인 반면, 정신질환자들의 범죄율은 전체 17만 6396명(정신분열증 등 정신병을 앓는 사람들)중 3,201명인 1.8%로 낮은 양상을 보이고 있다. 강력범죄는 전체 34 만 2천 건 중 306건 만이(단 0.1%) 정신질환자에 의해 저질러졌다고 한다.(2001년 범죄통계) 통계수치로도 사람들의 추측과는 반대로 그들은 그리 위험하지 않다는 것이 증명된다.

소위 정신분열증이나 주요 정신병을 앓는 사람들은 자해나 자살 위험은 다소 높을지 몰라도 남을 해칠 가능성이 높지는 않다. 자아의 힘이 약하기 때문에 오히려 남들 앞에서 기가 죽어 있고, 착하고 순진한 사람들이 더 많다. 계획적인 살해를 할 만큼 용의주도하지도 못하다. 또 우울한 사람들은 정서적으로 불안하여 화를 잘 내기는 하지만 누군가를 해칠 만큼의 에너지를 낼 수 없는 경우가 대부분이다.

사회적으로 문제가 되는 싸이코패스라는 인격 장애도 물론 정신질환의 일종으로 분류할 수는 있지만 인격 장애라는 진단은 엄밀히 말해 정신과의 소관이 아니다. 그런 사람들은 특이한 반사회적인 성격으로 평생을 살기 때문에 절대로 병에 대한 인식이나 문제의식을 느끼지도 않고 별다른 갈등도 겪지 않으므로 치료받으러 가지 않을 뿐더러 상담이나 약물치료로 치료도 잘 안 된다. 그러므로 그런 극단적인 경우를 마치 정신질환 전반의 문제인양 호도한다거나 일반인들의 편견을 부추기는 보도 태도는 삼가야 할 일이다.

사람의 외적 형태가 비슷하듯 신체 기능이나 심리 기전도 비슷하다. 누구라도 고혈압이나 암에 걸릴 수 있듯이 누구라도 정신질환에 걸릴 수 있다. 식생활의 변화로 많은 대사성 질환이 늘어나는 현상과 마찬가지로 여러 가지 사회적 스트레스가 많아져서 우울증 등의 정신질환이 늘어나는 것이다. 소수자들의 인권을 존중한다는 의미에서 장애인들에 대한 편견을 버리자고 항변하는 이 마당에 정신질환자들에 대한 편견도 당연히 버려야 하지 않겠는가?

당신의 부모 형제라도, 당신 자신이라도, 혹은 당신의 자녀들이라도 얼마든지 정신질환에 걸릴 수 있다는 걸 명심하길 바란다. 그리고 그들을 자세히 관찰하면 보통 사람들과 조금도 다르지 않다는 걸 확실히 알 수 있을 것이다. 또 아주 심한 환자들이라도 좋은 약물들이 많이 나와서 치료되는 확률이 나날이 높아지고 있다. 정신질환자들과 정상인들의 차이는 백지 한 장 차이에 불과하다.

질병

아프다는 것,
누구나 느끼는 기이한 부조화의 느낌,
그것을 통해 살아있음을 느끼기도 하는 위태로운 줄다리기,
누구나 아프지 않기를 바라지만
아픔이 없는 세상을 상상할 수 있는가?
감기 배탈 한 번 안 걸리고 평생을 산다는 걸 상상할 수 있는가?

생명이라는 일시적인 에너지,
죽음과 위태로운 균형을 유지하는 불안정한 에너지,
줄타기하는 광대가 긴 막대기를 들고 균형을 유지하듯
우리는 질병과 아픔을 통해 생명줄을 이어나갈 수 있다.
쉬어야 해, 자야 해, 먹어야 해.

모든 물질은 질서에서 무질서의 상태로 가려는 경향이 있다
…… 엔트로피의 법칙
살아있는 모든 것들은 죽음을 향해 간다
…… 죽음의 법칙
죽음을 극복한 삶은 아름답다
…… 미학의 법칙

육체의 아픔이나 질병이 생명 현상의 한 부분이듯이
두려움, 불안, 우울함도 살아있는 정신의 한 부분이다.
감기, 배탈, 두통 없는 삶을 상상할 수 없듯이
두려움이나 공포, 분노 없는 삶도 상상할 수 없다.

아픔과 더불어 사는 삶이
아름답다고 하면
당신은 이해할 수 있는가?
죽음과 더불어 사는 삶이
아름답다고 하면 ?
당신의 뒤통수에 붙은 고통이라는 종양덩어리가 아름답다고 하면?

23장 정신질환, 부모 때문인가?

프로이드 이래 정신분석은 정신과 치료의 기본이 되었다. 그는 인간의 심리발달을 기간 별로 분석하여 어떻게 성장하는가를 밝혀내고 정신을 분할하여 서로의 유기적 관계에 대해 설명하고 특히 무의식의 존재를 알아내어 그로 인하여 정신분석학은 황금기를 맞이하게 되었다. 그런 훌륭한 분의 이론에 반기를 드는 건 아니지만 때론 그런 이론의 족쇄들이 우리를 곤혹스럽게 한다.

심리 발달을 중시하므로 정신분석 교과서에 나오는 내용 중에 어린 시절의 부모 자식 관계에 관한 것이 많다. 어머니 태 안에서 9개월간이나 공생관계로 있다가 너무나도 무력한 상태로 세상 밖으로 나와 누군가의 절대적인 양육을 받아야 생존할 수 있는 인간의 진화적 성장 특성상 부모 자식 관계는 중요할 수 밖에 없다. 그래서 자칫 어머니는 마치 한 사람의 성격을 형성하는데 거의 절대적인 존재인 것 같이 묘사되곤 한다.

그래서 세상의 어머니들은 많은 지탄을 받게 된다.

너무 과잉보호하는 엄마. 너무 냉정한 엄마, 너무 불안한 엄마, 너무 우울한 엄마, 너무 컨트롤하는 지배적인 엄마. 심지어 이중적인 메시지를 주는 혼란스런 엄마…… 그래서 아이가 불안해지고, 정신이 헷갈려 분열되고, 우울해지고, 반항하고, 폭력적이 되고 등등의 말들이 나온다. 심지어 정신분열증을 만드는 어머니(schizophrenogenic mother)라는 용어도 있다.

그리고 그 아이들이 커서 정신과적 증상을 보이면 병원에 가서 상담을 받게 되는데 그러면 항상 그 배후에 문제 엄마가 등장하게 되고 그건 거의 망상 수준으로 그들의 마음속에 입력된다. 그렇지 않아도 병이 든 사람들은 자신들이 괴로우므로 가장 가까운 어머니라는 존재에게 모든 것을 투사하는 경향이 있다. 화가 나도 엄마에게 풀고 자신이 실패하는 것도 자신의 능력이 모자라는 것도 모두 엄마를 탓한다. 그들은 평생 "엄마 때문에……"라고 한탄하고 엄마를 미워하고 증오하고 원망한다.

나는 이런 태도가 결코 치료에 도움이 되지는 않는다고 생각한다. 그 엄마들은 그렇지 않아도 아픈 자식들 때문에 괴로운 판에 발병 원인이 그들에게 있는 듯 지탄받고 평생 자식의 원망을 들어야 하니 말이다. 사실이 그렇다 하여도 치료적인 측면을 고려한다면 엄마들의 올가미를 벗겨줘야 한다고 생각한다. 그러나 사실이 그렇다는 증거도 없다. 아이들의 병약한 특성 때문에 부모가 그렇게 되어버리는 수도 있기 때문이다. 세상의 모든 사람들이 완벽하지 않은데 환자의 엄마라고 어떻게 완벽할 수 있겠는가? 완벽하지 않다고 어찌 병을 일으킨 엄마라고 지탄할 수 있는가? 실제로 아주 열악한 환경에서 성장한 아이들 중에 건강하게 성장하는 경우가 얼마든지 있는 것이 사실이고, 정말로 건강한 부모 밑에서 아무 문제없이 자라도 환자가 되는 경우도 얼마든지 있다.

환자들에게 정신병이라는 올가미를 씌우는 일이나 그 어머니들에게 문제 엄마라는 올가미를 씌우는 일이나 다 마찬가지로 피해야 할 일이다. 사실 여부를 떠나서(어차피 이건 증명될 수 있는 문제가 아니니) 인권보호의 차원에서 환자나 가족들 모두 사회적 오명에서 보호해 줘야 하는 것이다.

병든 사람들은 그 어머니가 살아있다면 평생 그 어머니의 도움을 받고 살아야 할 가능성이 많다. 평생 서로 의지하면서 살아야 할 관계인데 평생 서로의 가슴에 상처를 내면서도 헤어질 수 없는 고통스러운 관계로 살아가게 해서는 안 되지 않는가?

차라리 반대의 전략이 필요하다.

증상이 있는 모든 환자들의 어머니는 그 고통을 견디며 사는 것만으로도 존경받아야 하고 위로 받고 격려 받아야 한다. 당신은 훌륭한 어머니이십니다. 이미 자식의 발병으로 가슴에 큰 상처를 받으셨으니 얼마나 괴로우시겠습니까? 앞으로도 그 많은 세월 그 자식을 돌보아야 하니 얼마나 힘드십니까? 용기를 내십시오, 라고.

물론 다소 경하기는 하지만 문제 아버지도 항상 등장한다. 특히 지나치게 엄한 아버지, 알코올 중독의 폭군적인 아버지, 가정을 안 돌보는 아버지, 무능한 아버지 등등…….

그들에게도 짐을 좀 벗어주면 안될까? 세상의 아버지들도 힘들긴 마찬가지다. 특히 증상이 심하여 경제 자립 능력이 없는 환자를 자식으로 둔 부모들은 자신들이 죽은 후에 그 병든 자식을 누가 돌볼까가 가장 큰 걱정인데 그런 부모에게 당신들 때문이라고 한다면 너무 잔인한 것 아닌가?

또 하나, 우리 무의식에 반대 성의 부모를 향한 성적인 결합욕구가 있다는 프로이드의 그 유명한 "오이디푸스 콤플렉스" 이론은 지난 백 년간 모든 문학이나 예술에서 단골 메뉴로 등장해 왔다. 그것이 아니면 정신분석도 문학도 영화도 예술도 설 자리를 잃을 것처럼…….

물론 임상 경험을 하다 보면 상당히 프로이드 이론이 맞다, 라고 느껴지는 경우, 즉 부모와의 삼각관계라는 형태로 설명될 수 있는 많은 증상들과 감정들이 있다. 아버지로부터 매 맞고 사는 어머니를 보면서 참다못해 부모를 이혼시키는 아들들이 있다. 아들과 어머니가 아버지를 상대로 재산분할 청구소송을 내는 경우도 있다. 부모가 이혼할 때 어머니를 버리고 아버지를 따라가는 딸들도 있다. 아버지와 경쟁하는 듯 보이는 아들, 어머니와 경쟁하는 듯 보이는 딸들……. 오이디푸스 콤플렉스의 탓일까? 그럴 수도 있다.

그럼에도 불구하고 꿰어 맞추기 식의 억지 설명이라는 느낌도 지울 수 없는 것이 사실이다. 부모에 대한 애착과 사랑과 질투라는 감정은 무의식적 성적 욕구라는 그런 콤플렉스의 탓이 아닐 수도 있는데 그것만이 진실이라고 주장하고 믿는다는 건 해악적 요소와 부작용이 크다.

그 오이디푸스 콤플렉스 이론에서, 모든 부모 자식은 음흉한 성적 욕구라는 틀에서 서로 서로 필연적으로 적이 되고 죄책감을 가질 수밖에 없는 불편한 관계로 만들어지고 그것을 극복해야 하는 엄중한 과제를 선사 받는다. 세상의 모든 사람들이 그 굴레에서 자유로울 수가 없게 되는 것이다. 그것이 성공적으로 극복되고 이상적으로 발전하는 좋은 시나리오가 물론 있지만 그런 아름다운 시나리오처럼 전개되는 건강한 인간은 흔하지 않다.

프로이드의 이 이론에 이의를 제기하는 학자들도 많다. 아들러는 프로이드의 성적 욕구보다는 권력 욕구를 더 중요하게 보았으며 융은 부모와의 성적 애착보다는 정신적 의존심을 더 강조했다. 신 프로이드 학파에 속하는 에리히 프롬은 이 콤플렉스가 부권이 권위적인 사회에서 생기는 것으로, 카렌 호나이는 부모 자식 관계의 문제가 있을 경우에만 발생하는 것이라고 했다. 문화인류학자들도 여러 문화에서 조사해 본 결과 이것이 인류 보편적인 현상은 아니라고 했다. 프랑스 철학자인 질 들뢰즈는 인간의 무의식엔 부모라는 이미지가 없으므로 프로이드의 오이디푸스 이론은 엉터리라고 했다. 오이디푸스 이론 때문에 가족주의가 단단해지고 그로 인한 가족 중심의 소비 형태가 자본주의를 발달시키는 데 기여했을 뿐이라는 다소 엉뚱한 이론까지 전개했다.

진화 생물학적으로 보더라도 유전적 다양성을 확보하기 위해, 또 열성 유전인자의 발현을 피하기 위해 근친상간은 좋지 않다. 그래서 동물계에서는 오랫동안 근친상간을 피하는 적응 메커니즘이 진화한 것이다. 많은 파트너와 자유롭게 교접을 하는 야생 침팬지에서도 근친상간적 성관계는 극히 드문 현상이라고 한다.(Pusey) 심지어 암술과 수술을 동시에 갖고 있는 암수한몸의 식물도 같은 꽃의 암술과 수술 간에는 꽃가루를 주고받지 않는다.(최재천) 우리가 근친상간에 대한 보편적인 혐오감이 있는 것은 이런 진화의 결과인 것이다. 그런데 프로이드는 바로 그런 혐오감이 우리 무의식에 강한 근친상간의 욕구가 있다는 반증이라고 본 것이다.

무의식은 글자 그대로 우리가 의식하지 못하는 어떤 것이다. 그러므로 어떠한 설명을 갖다 붙여도 그것이 사실인지 아닌지 검증할 수가 없다. 그런 의미에서 그저 어떤 흔적으로 그럴 거라는 추론을 할 뿐인 정신분석은 참으로 애매모호하고 폭력적인 학문이라는 생각까지 든다. 미셸 푸코는 광인들에 대한 감금의 역사는 정신분석에서 다시 새롭게 시작된다고 경고한다. 그는 "광기의 역사" 말미에 다음과 같은 말을 한다.

"기억에도 없는 오래된 미움과 오랫동안 이어져온 가족 내의 불경의 흔적이, 그리고 근친상간과 처벌에 대한 잊혀진 기호들이 서서히 그 모습을 드러내려고 한다. 고질화된 침묵 속에서 죄는 담화의 바로 그 원천을 넘겨받은 것이다."

푸코는 정신질환자들에게 다시 죄인의 올가미를 씌우려는 정신과 의사들이 휘두르는 권력을 아주 혐오한 것 같다. 정신과 의사들이 정말 권력자였던가?

오이디푸스 이론은 이미 너무 유명해져서 영화, 문학의 한 장르로 인정될 정도인데 오히려 그것 때문에 새로운 콤플렉스가 생길 것만 같다. 문학이나 한 인간사를 프로이드 식으로 해석하려는 학문적 태도가 과연 옳은 일인가 생각해 본다. 어떤 문학작품을 작가의 부모에 대한 금지된 성적 욕구 같은 콤플렉스의 표출로 설명하려는 그 시도들은 이미 하나의 허구에다 허구를 갖다 붙이는 오락 게임 같은 느낌이 들기도 하는 것이다. 최면을 걸어 전생을 회상시키고 전생의 어떤 인연 때문에 지금 누군가와 이런 관계를 이루고 산다는 해석처럼 황당한 시도일 수도 있지 않을까?

모든 문제는 사실을 검증할 수 없다는 데 있다. 모르면 모른다고 해야 하는 게 순진한 태도이다. 환자들의 인생에 픽션을 달아서 설명해 줄 필요가 없다. 우리는 "프로이드는 이렇게 말했다." 라고 해야 한다. 정신과 의사라고 해서, 교과서에 수없이 나왔다고 해서, 그것이 유일한 진리인 듯 믿어서는 안 될 것 같다는 말이다. 사실 요즘엔 프로이드의 성욕이론을 찬성하는 정신과 의사는 별로 없는 것도 같다.

다른 어떤 학문적 태도도 너무 독단적으로 흐르면 안 된다. 최근엔 뇌 과학만이 유일한 해결책인 듯 말하는 학자들이 너무 많다. 뇌의 기능이 다 밝혀지면 진단도 치료도 다 이루어지고 심지어 인간의 구원이 이루어질 듯 말한다. 뇌신경생리학자들은 그들이 뇌의 질병에 대한 원인을 다 밝혀낼 것처럼 이야기하고 컴퓨터 공학자들은 인간의 지능을 능가하는 로봇을 만들어 낼 것처럼 흥분한다. 또 진화생물학자들은 다윈의 자연선택론으로 인간의 모든 행동과 사회 현상에 대한 설명이 가능한 것처럼 말한다. 그래서 요즘은 심리학적 분석은 낡은 시대 유물같이 느껴지기도 한다.

그러나 정신을 그저 물질적인 현상으로만 환원한다면 아주 위험한 결과가 올 수도 있다. 다양성이 파괴되고 획일적인 치료 모델이 제시되면 자연적인 고통의 의미가 상실될 수도 있고 자연의 아름다운 변화를 질병으로 보는 독단적인 시각이 독재자처럼 지배할 위험성도 있기 때문이다. 과학도 변하고 학문도 변한다. 일방적인 시각을 벗어나는 일이야말로 우리가 취해야 할 태도가 아닌가 생각된다.

앙띠 오이디푸스

질 들뢰즈
정신분석학에 대한 경멸,
프로이드에 대한 반항
인간은 여러 가지 욕망 하는 기계들의 집합체라고?
그래서 우리 무의식엔 부모라는 이미지가 없다고?
그래서 오이디푸스 콤플렉스는 거짓이라고.
철학은 자유다. 심리학이 자유이듯이
철학은 그럴듯하다. 정신분석학이 그럴듯하듯이.

그런데 지금 내 앞에서 나와 대화하는 그들은
갖가지 기계들이 자기들의 욕망을 관철시키려고
피부라는 껍데기를 뒤집어쓰고
인간인 척 하면서 앉아 있는가?
난 그들의 두뇌가 만들어낸 언어 속으로 빠져들어
그들의 조각난 욕망을 추론해야 하는가?
난 조각난 욕망과 전체의 욕망 사이에서
줄다리기를 해야 하는데.

누구의 말도 믿을 수 없어.
내가 믿는 것은 질 들뢰즈도 아니고
프로이드도 아니고
오이디푸스도 아니고
앙띠 오이디푸스도 아니고
새빨간 거짓말을 할지도 모르는 내 고객들.
그들의 방광이 두뇌를 향해 거짓말하고
그들의 심장이 자궁을 향해 거짓말을 해도
속아 넘어가기만 하는
난 분석할 줄 모르는 바보 의사다.

맺는 말

이상 우울증이라는 질병(혹은 현상)을 이해하기 위해, 실질적인 증상과 치료 뿐 아니라, 관련 주제에 대한 여러 가지 고찰을 해 보았다. 이런 지식과 경험의 나열이 우울한 사람들에게 무슨 도움이 될까 생각해 본다. 당사자들이 느끼는 슬픔, 절망감, 고통은 결국 본인들만이 해결해야 하는데, 자칫 이런 조언들은 말장난 같고 지적 호기심을 약간 충족시키는 것 이외에 무슨 소용이 있을까?

정말 가장 중요하고도 필요한 이야기를 못했다는 느낌을 지울 수 없다. 그게 무얼까?

내가 성직자나 철학자라면 도움을 줄 감동적인 말을 해줄 수 있을 텐데, 불행하게도 난 그저 평범한 정신과 의사일 뿐이다. 정신의학적으로 말해줄 수 있을 뿐이겠지만 좀 긍정적인 메시지를 줄 수는 없을까?

우리 몸의 병은 몸을 이루는 여러 가지 종류의 세포가 끊임없이 변화를 거듭하는 과정에서 부족 되거나 반대로 과잉의 변화를 일으켜서 생기게 되는 경우가 대부분이다. 뭔가 문제가 나타나서 몸에서 부조화를 느끼게 되면 의식으로 통제할 수 없다 하더라도 우리 몸 스스로가 그것을 정상화시키고자 노력하게 된다. 통증을 느끼거나 열이 나는 건 우리 몸이 싸우고 있다는 증거이지 병 그 자체가 아니듯이 불안하거나 우울한 것은 뭔가를 변화시키려고 우리 몸(혹은 정신)이 노력하고 있다는 뜻이다.

정신 증상이란 뇌에서 기인하는 현상인데 모든 과학 중에서 뇌만큼 알려지지 않은 것도 없다. 인간의 행동을 분석하고 최면을 걸고 의식과 무의식을 추론해 내고 설명을 붙였지만 아직도 뇌는 망망대해 밑에 깔린 암흑이다.

최근에 뇌 과학이 발달하여 모든 인간의 정신 활동을 뇌의 변화로 설명하고 컴퓨터 공학을 인간의 뇌와 연결시켜 인공 지능의 로봇들을 만들어내고 있긴 하지만, 뇌는 여전히 미지의 존재다. 미지의 존재에서 일어나는 증상들을 치료하는 정신과 의사들은 그래서, 의학에서의 위치가 애매모호하다. 다른 과 의사들이나 다른 과학자들이 정신과 의사를 못마땅해 하는 이유가 여기에 있다.

그러나 분명한 것은 많은 정신과적 증상을 보이는 환자들이 존재한다는 사실이고 누군가 그들을 치료해 줘야 한다는 절박한 현실이다. 뇌에 대해 알려진 바가 없다고 해도 뇌는 여전히 모든 사람의 인체 안에서 기묘한 작동을 지속하고 있다. 우리가 모른다 해서 그것이 가만히 있는 것은 아니다. 그것들도 모두들 스스로 치유하려고 엄청 애를 쓰고 있는 것이다.

내가 긍정적인 메지지를 줄 수 있는 것도 바로 이 부분이다.

스스로 최선을 다해 노력하는 우리들의 몸과 정신에 대해 경외심을 가질 수 밖에 없다는 말을 하고 싶은 것이다.

당신의 고통에 고개를 처박고 있는 한 고통은 그대로 거기에 있다. "나는 우울하다"는 생각을 계속 하는 한 당신은 계속 우울할 것이다. 고개를 쳐들고 하늘을 보라. 공간이 어디까지 퍼져 나갈지 가늠할 수 없다. 밤하늘을 보면 수많은 별들이 있다. 천문학자들은 허블망원경으로 120광년 떨어진 별들을 관찰하고 우주의 탄생을 추적하려고 애쓴다. 하늘에는, 우리 눈에는 보이지 않지만 137억 년 전부터 현재까지의 시간이 한 공간 안에 수많은 별로 박제된 채 존재한다. 경이롭지 않은가? 그 경이로움이 아름다움의 본질이다.

당신은 생각할 것이다. "아니, 그게 대체 나랑 무슨 상관이람? 난 이렇게 괴로워 죽겠는데 저 하늘의 별들이 나랑 무슨 상관이야?" 라고.

아니다. 상관이 있다. 137억 년 전쯤 우주가 탄생하고 별들이 진화하고, 46억 년 전쯤 지구가 생겨나고, 35억 년 전쯤 최초의 단세포 생물이 생겨나고, 진화를 거쳐. 100만 년 전쯤 인류의 조상이 나타나고, 천 구백 몇 년인가 당신이 태어나기까지 역사를 되짚어보면 137억년 우주의 역사가 바로 당신의 역사가 되는 것이다.

우주 최초의 물질이 당신 몸 안에 있고, 최초의 DNA가 당신의 세포마다 다 들어있고, 진화과정에서 획득한 무수한 정보가 당신의 유전자 안에 있다.

당신은 잉여 물질로 우연히 만들어진 쓰레기 같은 존재가 아니다. 있어도 그만, 없어도 그만인 이슬 같은 존재가 아니다. 인간이 소우주라는 건 거짓말이 아니다.

당신은 또 이렇게 말한다. "그래, 그래서 뭐가 어떻단 거야?"

당신도 자연을 보고 감탄하지 않았던가? 겨울 추위를 이겨내고 땅위로 고개 내민 연두색의 여린 싹들을 보고, 제각기 다른 색깔로 잔치를 벌이는 아름다운 꽃들을 보고, 밤하늘의 무수한 별들을 보고, 남극의 혹한 속에서 발 등에 알을 품고 두 달간 먹지도 않고 견뎌내는 아빠 펭귄들의 모습을 보고, 살아남으려고 제각기 다른 모습으로 진화한 수많은 동식물들을 보고, 경이로움을 느끼지 않았던가? 당신들도 그렇게 경이롭고 아름답다.

사람들은 살아남으려 기를 쓰고 지지 않으려고 온갖 노력은 다 하면서도 막상 자신의 가치에 대해 잘 모른다. 기껏해야 한 계절 피어나는 한 송이 꽃, 한 순간 피어났다가 잠시 후 꺼지는 작은 불꽃이라고 생각한다. 인생은 그런 거라고…… 그래서 더욱 더 표면적인 것에 집착한다. 그러나 우리가 피어내는 꽃은 지고 말면 그 뿐인 꽃이 아니다. 그 안에 사라지지 않는, 찬란하게 빛나는, 견고한 보석 한 개씩을 머금고 있는 꽃, 그래서 꽃이 져도 영원히 남는 그런 존재다.

환자들을 볼 때, 항상 그런 것은 아니지만, 그들에게 진정으로 집중하면 그들이 얼마나 아름답고 대단한 존재인가 감탄할 때가 많다. 어떤 진단을 붙일 수 있든, 어떤 증상을 보이든, 어떤 외적 조건과 외모를 가지든 상관없이 천편일률적으로 판단되어질 수 없는 그들만의 특별한 개성과 아름다움이 있다. 내가 보기엔 세상에 장점이 하나도 없는 사람은 단 한 명도 없다. 심지어 그들이 보이는 어떤 병약함이나 단점이 다시 장점이 되기도 하고 살게 해주는 힘이 될 수도 있는 것이다. 그래서 모든 존재는 모두 다 빛나고 찬란한 보석을 한 개 머금은 꽃들인 것이다.

나는 생각한다. 내가 느끼는 그런 아름다움을 그들에게 전해줄 수 있다면, 그래서 그들 스스로 자신이 제각기 다른 색깔의 광채를 내는 빛나는 보석이라는 걸 진정으로 알게 된다면 더 이상 무슨 정신 치료가 필요 하겠는가 라고....

그리고 또 생각한다. 모두 다 그 사실을 알고, 또 다른 모든 존재들도 그렇다는 걸 알면 우리들 관계에 무슨 문제가 생기겠는가 하고.......

그런데도 당신이 동의할 수 없다면 나도 어쩔 수 없다.

그럼에도 당신들이 아프고 우울하다면 의사를 찾아가는 수 밖에 없다. 아마도 그들이 당신들을 도와줄 것이다. 그럼, 정신과 의사는 어떤 사람들인가?

강력한 최면과 분석으로 환자들의 사고를 완벽한 하나의 논리 체계로 변화시키는 강력한 힘을 지닌 치료자도 있지만 평범한 의사들의 치료 행위는 그저 당신들의 불안을 완화시켜 주고 조언을 해주는 역할을 할 뿐이다. 효과가 있다고 검증된 약물을 처방해 주고 그것을 먹을 수 있도록 설득하는 역할을 한다. 그리고 본인의 문제를 스스로 깨닫도록 약간의 도움을 주는 존재다. 즉 당신들의 뇌나 몸이 스스로 치유하려는 자가 치료에 약간의 도움을 줄 뿐인 것이다.

그래서 정신과 의사는 마치 거울 같은 존재여야 한다. 개인의 카리스마가 너무 강하거나 너무 특별한 사람처럼 보이면 환자는 그를 통해 자기 자신을 들여다보기가 어렵게 된다.

환자들은 의사 앞에서 자신의 이야기를 하면서 자기의 진솔한 모습을 보게 되고 자신의 문제를 알게 된다. 그러므로 자신을 드러내는데 부담감을 주지 않으며 말을 하는데 방해하지 않고 상대방의 말을 아무 편견 없이 그대로 받아들여주는 의사가 좋은 의사라고 할 수 있다. 최신 지식도 중요하고 경험에서 우러나오는 산지식도 중요하지만 환자들을 하나의 인간으로 존중해주는 태도가 지식보다 훨씬 더 중요하다. 아마도 대부분의 정신과 의사들은 그럴 것이라 믿어도 좋다. 오래 환자들을 진료하다 보면 여러 가지 인생 경험들을 직, 간접적으로 겪고, 갈고 닦여 어느 정도는 성숙한 태도를 갖게 된다.

물론 의사들도 인간인지라 치료가 잘 안 되는 환자들을 만나면 무척 힘들다.

생각해 보라. 일 년 내내, 하루 종일 작은 진료실에 들어앉아 고통스러운 사람들의 고통에 대한 이야기를 듣는 게 일인데 어찌 피곤하지 않겠는가? 성격이 유별나서 치료자에게 도전적이 되거나 아무리 노력해도 치료가 잘 안 되는 환자들이나 치료자의 지시를 잘 안 따르는 환자들은 힘이 든다. 그런가 하면 의사들 개인적인 심리적 문제가 있을 때 환자를 보기 힘들어지는 때도 있다. 또 환자를 습관적으로 치료하다 보면 일종의 매너리즘에 빠져 자기가 올바로 치료하고 있는지 아닌지 회의하게 되는 순간들이 온다. 그러므로 꾸준한 자기성찰과 더불어 나날이 발전해 가는 의학 지식을 습득해야 한다. 환자들이 치료가 잘 되고 고마워할 때 느끼는 보람이 없다면, 그들의 고통에 귀 기울여줘야 한다는 일종의 사명감(직업적 혹은 종교적 소명감)이 없이는 힘 드는 직업이다.

정신과 의사는 당신의 정신이나 영혼 속으로 파고들어 그것을 고치거나 바꿔주는 사람이 아니다. 종양을 제거하거나 꿰매주거나 하는 의사도 아니다. 당신이 당신 그대로의 길로 가게 도와주는 안내자이다. 어쩌면 당신 고통의 증인, 당신의 아픔을 같이 바라보아 주면서 의논해주는 한시적인 인생의 동반자라고 해야 옳다. 그는 결코 종교적인 신앙의 대상이 되어서도 안 되고 기분에 따라 바꿔버려도 되는 미용사처럼 여겨도 안 된다. 단, 당신들처럼 그도 인간이라 실수도 할 수 있고 마음에 안 들 수도 있다는 것을 인정해 줄 마음의 여유를 가져주길 바랄 뿐이다. 그리고 그들에게서 어떤 도움이라도 받기를 원한다.

영원한 평화를 빕니다

가만히 누워있으면 그리워지는 평화, 바로 죽음의 평화,
욕구도 없고 갈망도 없는 상태…… 바로 죽음입니다.
하늘이 되고 나무가 되고 숲이 되고,
물방울이 되고 자유로운 영혼이 되어 여기저기 자유롭게
날아다니며
그렇게, 그렇게 그리워 하다보면
더욱 더 큰 갈등과 더욱 더 큰 고통이 다가옵니다.
갈 수 없는 유토피아를 짝사랑하는 방랑자처럼.

그런데 당신이 말씀하십니다.
가만히 있어도 넌 언젠가는 나의 품으로 올 것이다.
네가 그리도 그리워하는 평화는 조만간 너의 모든 것을 삼키면서
너의 생명을 살라먹을 테니
그 때가 빨리 오지 않는다고 한탄할 일이 아니다,
그 때까지 생명이 주는 즐거움을 느껴보라고.
생명을 가진 모든 것들의 특권인 감각과 감정을 향유하라고.
그런 모든 것들이 행복의 원천이 된다고 당신은 가르치십니다.

네가 되고 싶은 모든 것들,
하늘과 숲과 물방울과 구름과 햇빛을 사랑하라고.
당신이 사랑하는 것들을 너도 같이 사랑하라고.
사람들을 사랑하라고.
네 생명이 어느 날 그 기력을 다할 때까지
그 때까지 네가 느낄 수 있는 환희를 느껴보라고.
즐겨보라고.

참고문헌

김광수; 주요우울장애의 유병율과 장애도, 우울,조울병 1;5-10, 2003

김병오; 영혼과 우울증, 도서출판 대서,2010

김정택; 이냐시오 영신수련에 대한 분석심리학적 고찰. 심성연구 25;1, 2010

노구치 다카시; 우울증인 사람이 더 강해질 수 있다. 황소연 역, 전나무숲, 2008

대한신경정신과개원의 협의회; 신경정신과 지필검사집, Beck우울척도, 2005

데니스 그린버거, 크리스탈 페데스키; 기분 다스리기, 권정혜 역, 학지사, 2010

데이비드 로젠; 우울증 거듭나기, 이도희 역, 학지사, 2009

돈 캄벨; 모차르트 이펙트, 조수철 역, 황금가지, 1999

로돌포 R 이나스; 꿈꾸는 기계의 진화, 김미선 역, 북센스, 2008

리처드 도킨스; 만들어진 신, 이한음 역, 김영사, 2007

리쳐드 도킨스; 눈먼 시계공, 이용철 역, 사이언스북스, 2004

R 네스, G 윌리엄즈; 인간은 왜 병에 걸리는가, 최재천 역, 사이언스북스, 2000

모기 겐이치로; 창조성의 비밀, 이경덕 역, 브레인월드,2007

미셸 푸꼬; 광기의 역사, 김부용 역, 인간사랑, 1994

미하이 칙센트미하이; 몰입의 즐거움, 이희재 역, 해냄, 1999

박문호; 뇌, 생각의 출현, 휴머니스트, 2009

브라이언 피어스; 동행, 틱낫한과 마이스터 에크하르트에게 배운다. 류해욱 역, 생활성서, 2009

스피노자; 에티카, 차근호 역, 혜원출판사, 1997

시걸, 윌리엄스; 마음챙김 명상에 근거한 인지치료, 이우경 역, 학지사, 2006

아니엘라 야훼; C.G.Jung의 회상, 꿈 그리고 사상, 이부영 역, 집문당, 1989

안토니오 다마지오; 스피노자의 뇌, 임지원 역, 사이언스북스, 2007

알바 노에; 뇌 과학의 함정, 김미선 역, 갤리온, 2009

알프레드 아들러; 심리학이란 무엇인가?, 김문성 역, 스타북스, 2011

앤드류 뉴버그; 신은 왜 우리 곁을 떠나지 않는가?, 이충호 역, 한울림, 2001

에단 와터스; 미국처럼 미쳐가는 세계, 김한영 역, 아카이브, 2011

에드워드 쇼터; 정신의학의 역사, 최보문 역, 바다출판사, 2004

우에노 레이; 유쾌한 우울증 생활, 장연숙 역, 열린세상, 2006

우석훈, 박권일 ; 88만원 세대, 레디앙, 2007

유정희; 한 정신분열증 환자의 시에 표현된 정신병리, 임상예술, vol 1, 27-38, 1985

이도희; 자살의 이해와 대책, 심성연구 22(1);29-53, 2007

이부영; 분석심리학, 일조각, 1979

이부영; 자기와 지기실현, 한길사, 2002

이부영; 한국의 샤머니즘과 분석 심리학, 한길사, 2012

이영호, 송종용; BDI, SDS, MMPI-D 척도의 신뢰도 및 타당도에 대한 연구, 한국심리학회지; 임상, 15(1);98-113, 1991

이죽내; 원효의 지관과 융의 상징적 이해, 심성연구 23(2),;81-92, 2008

윌 듀런트; 철학 이야기, 박상수 역, 육문사, 1991

정여주: 만다라와 미술치료, 학지사, 2007

제럴드 메이; 영혼의 어두운 밤, 신선명 신현복 역, 아침영성지도연구원, 2006

제럴드 에델먼; 뇌는 하늘보다 넓다, 김한영 역, 해나무, 2006

제럴드 에델먼; 세컨드 네이쳐, 김창대 역, 이음, 2006

조두영; 행동과학-의사와 환자. 일조각, 2001

조맹제; 장기 수용시설 노인들의 인지기능 장애와 우울증 증상의 유병율, 신경정신의학 37; 913-920, 1998

질 들뢰즈, 펠릭스 가타리; 앙띠 오이디푸스, 자본주의와 정신분열증, 최영관 역, 민음사,2000

최재천; 다윈지능, 사이언스북스, 2012

프로이드; 무의식에 관하여, 윤희기 역, 프로이드 전집 13권, 열린책들, 1998

프로이드; 종교의 기원, 이윤기 역, 프로이드 전집 16권, 열린책들, 1998

피터 크레이머; 우울증에 반대한다, 고정아 역, 플레닛, 2006

Adler, A.; The Practice and Theory of Individual Psychology, Littlefield Adams, Totowa N.J.1968

Andreason, N; Creativity and Mental Illness, Am. J. Psychiatry 122;1288-1292, 1987

American Psychiatric Association; Diagnostic and Statistical Manual of Mental Disorders, Third Edition, 1980

Beck, A.T. et al; Cognitive Therapy of Depression, The guilford press, New York, 1983

Cavanagh, J.T. et al; Psychological autopsy studies of suicide; a systemic review, Psychol. Med. 33; 395–405, 2003

Conwell Y. et al; Relationship of age and Axis 1 diagnosis in victims of completed suicide, Am J. Psychiatry 153;1001–118, 1996

Douglas, J.D.; The Social Meanings of Suicide, Princeton University press, Princeton,1967

Durkheim E.; Suicide, Glencoe, Free Press, 1950

Engel, G.; Psychological Development in Health and Disease, W.B.Saunders, Philadelphia, 1962

Fenichel O.; Psychoanalytic Theory of Neurosis, W.W. Norton & Company, Inc, New York, 1945

Frederick, C.& Resnik, H.L.P.; How suicidal behaviors are learned, Am.J.Psychother,15;37 1971

Freud, S,; Creative writers and day–dreaming ,(in) C.W vol 9, The Hogarth Press, London, 1973

Harlow, H.F.; Learning to Love, Aronson, New York, 1974

Hayes, S.C. et al.; Acceptance and Commitment Therapy, Guilford Press, New York, 1999

Helga de la Motte–Haber; Manual on Music Psychology, Labber, Laaber–Verlag, 1985

Hendin, H.; Suicide and Scandinavia , Grune & Stratter, New York, 1964

Heninger,O.E.; Poetry Therapy (in) American Handbook of Psychiatry, vol 7, Basic Books, New York, 1981

Hobson, A. ; The Dreaming Brain, Basic Book, New York, 1988

Horney, K.; Neurosis and Human Growth, W.W.Norton, New York, 1950

Hudson,J.L.& Pope,H.G.; Affective Spectrum Disorder, Am. J. Psychiatry, 147; 552–564, 1990

Hugh, J. et al; National Patterns of Psychotherapeutic Drug, Archives of General Psychiatry,28; 769–783, 1973

Humphry, D.; Final Exit, The Praticalities of Self–Deliverance and Assisted Suicide for the Dying, Carol/ Hemlock Society, New York, 1991

Jung, C.G. ; Aion, Researches into the Phenomenology of the Self, CW, vol 9, 1968

Jung, C.G.; The Spirit in Man, Art, and Literature, Bollingen Series 20, 1971

Jung, C.G.; Aion, Christ, a Symbol of The Self, Pantheon Books, New York, 1959

Kaufman, J.C & Rosenbaum, L.A.; The Reaction to Separation in infant monkeys: Anaclitic Depression and Conservation–Withdrawal, Psychosom. Med. 29;648, 1967

Kaplan, H.I & Sadock, B.J. ; Comprehensive Textbook of Psychiatry, Williams and Wilkins, 2000

Keller, M.B. & Hanks, D.L.; Anxiety symptom relief in depression treatment outcome, J. Clin. Psychiatry, 56 Suppl 6; 22–29, 1995

Klerman, G.L.; Overview of Affective Disorder, (in) Comprehensive Textbook of Psychiatry, 3rd ed, vol 2, Williams & Wilkins, Baltimore, 1980

Kohut, H.; The Analysis of the Self, International Universities Press, New York, 1971

Kolb, L.C. & Brodie, H.K.; Modern Clinical Pstchiatry, W.B.Saunders, Philadelphia, 1982

M, J. van Lieburg ;Depression and Music, Organon International, The Netherlands, 1989

Pusey, A.; Inbreeding Avoidance in Chimpanzee. Animal Behavior; 28;543–52, 1980

Rajkowska, G.; Morphometric Evidence for Neuronal and Glial Prefrontal Cell Pathology in Major Depression , Biological Psychiatry 45; 1085–1098, 1999

Sainsbury, P.; Suicide in London, An Ectopic Study, Basic Books, New York, 1956

Sapolsky, R.M.; Stress and Depression, Possible Links to Neuron Death in the Hippocampus, Bipolar Disorders 4; 117–128, 2002

Shorter, E. & Keefe, P.H.; From the Mind into the Body, The Cultural Origins of Psychosomatic Symptoms, Free Press, 1994

Schumale, A.; Separation and Depression , King, Baltimore, 1973

Shipley, C.R. & Facio, A.F.; Pilot study of a treatment for psychological depression, Journal of Abnormal Psychology, 1973, 28, 372–376

Stahl, S.M.; Psychopharmacology of Antidepressants, Martin Dunitz,

London, 1997

Szaz T.S.; The Manufacture of Madness, Harper & Row, New York, 1970

Thich Nhat Hanh; The miracle of Mindfulness; A Manual on Meditation, Beacon Press, Boston. 1975

Von Franz, M.L.; Traum und Tod, Kősel Verlag, Műnchen, 1984

Zimmerman, M. et al; Frequency of anxiety disorders in psychiatric outpatients with major depressive disorder. Am. J. Psychiatry 157; 1337–1340, 2000

저 자 약 력

유 정 희

1978년 서울대학교 의과대학 졸업
1979년부터 1983년까지, 서울대학교 병원 정신과 수련 ,
1983년 정신과, 신경과 전문의 취득
1983년부터 1995년까지, 용인정신병원, 을지병원 정신과 과장 역임.
1988년 스위스 융 연구소 수학
1991년 서울대학교 의과대학 박사학위 취득,
1995년부터 현재까지, 신경정신과 개원 중(유정신경정신과)

우울의 힘

우울증은 무엇이며 어떻게 극복해야 하는가?

초판 인쇄일 • 2012년 11월 20일
초판 발행일 • 2012년 11월 30일

저　　자 • 유 정 희
펴 낸 이 • 오 무 근
펴 낸 곳 • 도서출판 하나의학사

주　　소 • 서울시 종로구 홍파동 13-4 한솔빌딩 1층
등록번호 • 제300-2011-21호(1988. 4. 1)
전　　화 • (02)730-2555, 2556
팩　　스 • (02)730-2557
E-mail • hanampc@yahoo.co.kr

정가 17,000원

ISBN 978-89-92141-88-8 93510